中国石油大学（北京）
中国科学院大学

资助

国家自然科学基金面上项目（41971266）
国家自然科学基金面上项目（41871219）
国家重点研发计划（973）项目（2016YFA0602702）
中国石油大学（北京）教改项目

朱潜挺　吴　静 编

ECONOMICS
OF CLIMATE CHANGE

气候变化经济学

知识产权出版社
全国百佳图书出版单位
—北京—

图书在版编目（CIP）数据

气候变化经济学/朱潜挺，吴静编. —北京：知识产权出版社，2021.8
ISBN 978-7-5130-7632-6

Ⅰ. ①气… Ⅱ. ①朱… ②吴… Ⅲ. ①气候变化—影响—经济发展—研究 Ⅳ. ①F061.3

中国版本图书馆 CIP 数据核字（2021）第 146697 号

内容提要

气候变化问题已成为全球环境、经济、政治等多领域交叉的热点问题之一。以经济学思维解析气候变化问题，对研究人类如何应对气候变化及其所产生的多维度经济社会影响具有重要的科学和现实意义。本书从应对气候变化的理论和应用两个维度逐次展开。在理论维度，本书一方面从气候系统历史演变出发，阐述气候变化经济学学科基础和未来发展趋势；另一方面结合相关经济理论，剖析气候变化问题的经济学本质。在应用维度，本书介绍了国内外主流气候变化经济学模型，结合当前全球应对气候变化的主要政策分析工具，为全球减排的热点问题提供基础的解决方案；采用社会经济福利量化温室气体减排的成本效益，探索全球合作减排过程中的区域减排策略。

本书可作为高等院校经济学、管理学、环境科学等相关专业本科生气候变化经济学课程教材，也可为气候变化研究相关领域研究人员提供参考。

责任编辑：栾晓航　　　　　　　　　责任校对：谷　洋
封面设计：北京乾达文化艺术有限公司　责任印制：孙婷婷

气候变化经济学

朱潜挺　吴静　编

出版发行：	知识产权出版社有限责任公司	网　　址：	http://www.ipph.cn
社　　址：	北京市海淀区气象路50号院	邮　　编：	100081
责编电话：	010-82000860 转 8382	责编邮箱：	luanxiaohang@cnipr.com
发行电话：	010-82000860 转 8101/8102	发行传真：	010-82000893/82005070/82000270
印　　刷：	北京建宏印刷有限公司	经　　销：	各大网上书店、新华书店及相关专业书店
开　　本：	720mm×1000mm 1/16	印　　张：	14
版　　次：	2021年8月第1版	印　　次：	2021年8月第1次印刷
字　　数：	245 千字	定　　价：	68.00 元
ISBN 978-7-5130-7632-6			

出版权专有　侵权必究
如有印装质量问题，本社负责调换。

前 言

气候变化已经引起当前各国政府和学术界的普遍关注。多数研究认为，气候变化（或者说全球变暖）关乎全球福祉，并将影响人类未来的生存和发展。为应对气候变化，国际上开展了大量工作，试图寻求相关问题的解决方案。

根据《联合国气候变化框架公约》(United Nations Framework Convention on Climate Change, UNFCCC) 第1款，气候变化被定义为：经过相当一段时间的观察，在自然气候变化之外由人类活动直接或间接地改变全球大气组成所导致的气候改变。该定义的一个重要特征是，将人类活动引起的"气候变化"与自然原因引起的"气候变率"做出直接区分。尽管引起气候变化的原因可能是自然内部的因素，也可能是外界强迫或者人为造成的，但近百年来人们所观察到的全球变暖现象被公认为主要是由人类排放的二氧化碳等温室气体引起的。

气候变化对人类的影响是全方位、多尺度和多层次的。大量统计数据和研究结果表明，虽然气候变化可能带来有利影响，例如升温可使中纬度一些地区的作物增产、增加一些缺水地区的可用水量、降低中高纬度地区居民因冬季寒冷的死亡率并减少取暖所需能源等，但其负面效应却更受关注，因为它直接关系到人类未来的生存与发展。例如当前的全球变暖现象不仅已经对自然生态系统带来负面效应，而且已在不同程度上影响到人类社会、经济的各个领域，包括能源和水资源供需、农作物及畜牧业生产、人类居住环境与健康等。

目前关于气候变化问题的相关研究主要是从成因、影响和应对三个方面展开，然而，要实现从气候变化归因分析到影响机制评估，再到应对策略制定的这一规范技术路线仍存在相当大的困难。因为气候变化不仅仅是一个自然科学问题，更是一个社会科学问题，而尤为重要的是，它与人类活动之间存在着复杂的动态交互耦合关系且具很大的不确定性。为了克服这些障碍，科学认识气候变化本质机理以及合理制定应对气候变化的行动策略，采用跨学科研究框架已成为必要基础。可喜的是，将气候变化与经济学相融合的气候变化经济学，因其独特的研究对象、研究基础和研究方法，在众多关于气候变化问题的相关研究中脱颖而出且备受关注。所谓"气候变化经济学"，是指专门研究气候变化尤其是在应对气候变化过程中所出现的经济学问题的跨学科理论和方法集合。

气候变化经济学的一个核心理论基础是温室气体外部性。政府间气候变化专门委员会（Intergovernmental Panel on Climate Change，IPCC）报告指出，当前所观测到的全球变暖现象主要归因为温室气体的过量排放。由于温室气体是一种典型的公共物品，其排放是跨越区域边界约束的，即单区域温室气体的排放可通过地球碳循环系统影响地球上的其他区域，从而导致经济学中典型的公共物品外部性效应。更确切地说，温室气体排放具有负的外部性，而温室气体减排具有正的外部性。正是因为外部性的存在，使得全球在实施温室气体减排过程中出现了"搭便车"现象：没有受到约束的经济主体可以不计后果地排放温室气体且没有足够的动力来减少温室气体排放。这种现象所产生的一个直接不利结果是，市场经济机制失灵、运行效率降低。要减少公共物品带来的"搭便车"行为，新古典经济学的外部性理论认为，外部成本内部化是解决该问题的根本途径。

如果将外部成本内部化应用到温室气体减排上，那么全球应对气候变化的问题就转换为：在全球范围内的各个国家应该如何选择合适的减排工具并制定有效的减排政策，以实现将本国所排放温室气体的外部成本纳入该国内部经济活动当中的这一基本要求。就温室气体减排可选择的政策工具而言，其外部成本内部化可采用三种方式实现，包括政府管制、碳排放权交易（简称碳交易）和碳税。与政府管制不同，碳交易和碳税因其本质均是通过改变市场价格来实现温室气体的减排目标，它们在当前应用上更受关注。那么，碳交易和碳税该如何选择呢？正确的回答是，各国需视实际情况而定。因为碳交易属纯市场手段，较为灵活，但建立它所依赖的配额分配及交易监管机制则较为复杂。碳税实施较易，可它属于国家税收，在定价上障碍较多，一般需要人大通过，因而周期较长且不易修改，而如果是在国家间颁布和实施碳税，这个过程将更加复杂。

选取高效合理的减排政策工具是十分困难的，它需要一个基本的假设前提，即对温室气体减排的社会经济影响开展全方位量化评估，或者说，温室气体减排的成本和效益已被充分获悉。然而，温室气体减排的成本效益分析过程相当复杂，因为它不仅包括了气候变化带来的生产成本、消费收益变化和为应对气候变化而采用的能源替代及其价格波动、为技术改进而新增投资等市场经济问题，还涉及气候变化对区域经济增长的冲击和为应对气候变化而实施产业转型等发展经济问题，以及由于市场经济和发展经济问题所引起的就业变化和人口迁移等社会治理问题。这些问题给传统技术经济学的成本效益分析带来了很大的挑战。为了尽可能充分地刻画上述成本效益分析中与市场经济、发展经济和社会治理等问题相关的社会经济过程，尤其是对气候、经济和能源这三者间的动态交互耦合关系，当前国际上较为流行的一个研究创新思想是，采用将宏观气候经济的动态交互集成与微观技术经济的成本效益分析结合而形成的一种新型气候经济集成评价模型，并融入一些更为详尽的技术经济动态分析工具，以量化不同减排政策的成本效益及其对经济增长和可持续发展的影响。这种思想在理论上是可行的，也正在进一步地接受实践检验。

气候变化的成本效益分析可以量化一个特定减排政策给不同社会主体带来的经济影响，但当我们要比较不同减排政策的优劣时，则更加关注该政策能否在总体上提高经济效益以及增加社会总福利。这就涉及经济学的一个重要分支——福利经济学。气候变化的福利经济分析主要研究如何通过温室气体减排政策进行帕累托改进，实现帕累托最优，简单地说，就是让经济社会到达福利最优化的一个稳定状态。在实现帕累托最优的过程中,针对某一产品的成本效益分析,可以追溯到对其生产要素所有者的福利效用影响,例如地租的改变。除合理分配这些生产要素外,还需要考虑其他代替用途的经济行为(机会成本)带来的全社会福利效用变化。需要强调的是,气候变化经济学的社会福利分析涉及社会道德和价值判断,例如贴现率取值问题。一般而言,贴现率的大小体现了人们对代际公平的一个主观态度,高贴现率意味着对未来的忽视,而低贴现率恰好相反。事实上,有关贴现率大小的争议,是当前气候变化经济学领域颇为热门的一个话题。

从应对气候变化的长期行动来看,由于温室气体排放具有全球性特征,国际合作在理论上已成为全球治理温室气体外部性无效率的最佳途径。因为在以国家为排放主体单元情境下,任何单一国家的排放方案都是基于国内排放收益等于国内排放成本的原则而做出的最优决策,它并不考虑国内排放对全球其他国家的影响。在将所有国家纳入国际范畴后,以全球为唯一决策主体的全球排放方案必然是根据全球排放收益等于全球排放成本的原则所做出的最优决策。换言之,全球排放方案内部化了所有单一国家排放方案情境下的所有外部成本。然而,现实并非如此简单。全球减排意味着一些国家将要多减排,而一些国家将要少减排。由于排放权就意味着发展权,减排多的国家付出的经济成本也多。如果从博弈的角度来看,当前应对气候变化的长期行动已形成了一个无限次重复的多方博弈格局,而应对这一博弈的最优策略就是国际合作,且需要一个必要前提,即存在一个具有法律约束力的全球减排协议。遗憾的是,自 1994 年 3 月 21 日第一个为应对气候变化给全球带来不利影响而采取全面控制温室气体排放的国际条约 UNFCCC 正式生效以来,全球气候变化谈判虽每年如期召开,但其谈判结果一直不尽如人意。唯一一个具有法律约束力的温室气体量化减排文件《京都议定书》的第二阶段也将于 2020 年年底到期,而近年来达成的最佳阶段性成果——《巴黎协定》,其影响仅停留在促进应对气候变化的国际合作,以及稳固各国在国内层面开展更有力的气候行动的信心层,离 UNFCCC 终极目标"将大气温室气体浓度维持在一个稳定的水平,在该水平上人类活动对气候系统的危险干扰不会发生"下全球碳减排需求及国家碳排放空间分配的实现,还相距甚远。更为遗憾的是,随着以美国为首的一些发达国家退出全球气候谈判,全球温室气体减排正在转向非合作博弈状态。不减排或者少减排成为了各国在温室气体减排博弈中的最优策略，而全球都不减排则成了一个纳什均衡稳定解。可以预见，随着全球能源短缺问题的日益严峻，世界各国在争夺化石能源使用释放碳排放权方面必将更加激烈，国际合作减排步履亦将更为艰难。在未来，通过强化国家信任机制，尝试"以牙还牙"策略，创新实现国际合作的博弈策略，或许是使全球走出非合作困境的唯一办法，也或许是人类应对气候变化的唯一出路。总之，应对气候变化的国际合作引出了全球治理中的地缘政治经济学问题，这是一个复杂而又敏感的话题，未来仍需深入探讨。

2018年10月1日的诺贝尔经济学奖被授予气候变化经济学研究的开创者诺德豪斯（William D. Nordhaus）。关于气候变化经济学的重要性，诺德豪斯（1982）给出了两点理由：一方面，旨在减少温室气体排放的政策措施，必须经由经济系统才可起作用；另一方面，气候变化也会对经济系统的生产过程和最终产出带来影响。应对气候变化问题必然要考虑其与经济系统的耦合问题。伴随着诺贝尔经济学奖的颁发，气候变化经济学正被推上前所未有的高度，并已成为当前应用经济学科领域最前沿、最热门的话题。无论是政府部门还是学术界，对气候变化经济学相关理论和知识的需求也在不断上升。

然而，一个学科的发展离不开高等教育，可以预计，未来将会有更多高校开设与气候变化经济学相关的课程。可惜的是，目前国内几乎没有以本科生为对象的气候变化经济学教材。身为中国石油大学（北京）能源经济本科专业的专任教师，笔者深感教材缺失给相关教学带来的困难。为解决这一问题，本书的撰写和出版被提上日程。在内容设置上，本教材系统介绍气候变化经济学课程在本科阶段应学习的主要内容，涉及五个章节：第一章主要介绍气候变化经济学概述，包括气候变化历史、全球气候系统、气候变化成因和气候变化经济学等基础知识；第二章主要介绍气候变化经济学的一些理论基础，例如外部性理论、环境库兹涅茨曲线、不确定与决策、时间偏好与跨期选择、博弈论等；第三章主要讨论气候变化经济学应用模型的典型代表集成评估模型；第四章主要讨论应对气候变化的市场经济政策工具，包括碳交易和碳税；第五章主要介绍应对气候变化的全球合作，包括气候谈判历程、全球主要国家减排立场、未来减排合作趋势。作为专门针对高校能源经济等相关专业的本科基础教材，本书将为相关专业学生深入学习气候变化经济学的相关知识提供便利，同时，也可作为国家和各地区决策者及气候变化碳交易政策模拟领域的研究人员的参考用书。

　　本书由朱潜挺和吴静主编，中国石油大学（北京）能经专业同学参与了大量的审阅和修改校订工作。由于本书编写人员较多、编者水平有限、统稿工作难度较大，书稿在多个方面尚存不足，望有关专家和学者多提宝贵意见，我们会在下个版本中予以修正。最后，衷心感谢所有参与本书编写的老师和同学。

朱潜挺

2020 年 12 月 20 日

/ 目 录 /

■ **第一章 气候变化经济学概述** …………………………………………… 001

第一节 气候变化历史 / 001
　一、千年前气候变化：从生物大灭绝到全新世 / 002
　二、近千年气候变化："曲棍球杆"VS"湿面条" / 005
　三、近百年气候变化：全球变暖 / 006

第二节 全球气候系统 / 012
　一、气候系统组成 / 012
　二、气候圈层交互 / 021

第三节 气候变化成因 / 026
　一、温室效应与全球变暖潜势 / 026
　二、气候变化驱动因子与辐射强迫 / 034
　三、人类活动与气候模式 / 037

第四节 什么是气候变化经济学 / 041
　一、从气候到气候变化 / 041
　二、从气候变化到气候变化经济学 / 043
　三、学科基础与发展趋势：基于IPCC评估报告框架 / 044

■ **第二章 气候变化经济学的理论基础** ……………………………………… 050

第一节 共有资源的外部性原理 / 051
　一、共有资源与外部性 / 051

二、市场失灵与社会福利 / 056

三、外部成本内部化 / 060

第二节 经济增长的环境库兹涅茨曲线 / 065

一、库兹涅茨曲线 / 065

二、环境库兹涅茨曲线 / 067

三、经济增长与碳排放的关系 / 068

第三节 气候不确定性下的经济决策 / 071

一、不确定性与风险偏好 / 071

二、降低风险与不确定性决策 / 076

三、贴现率与跨期选择 / 080

第四节 全球减排中的气候经济博弈 / 086

一、什么是博弈论 / 086

二、经济博弈策略 / 089

三、全球减排博弈 / 097

第三章 气候变化经济学的集成评估建模 …………………… 101

第一节 集成评估模型 / 101

一、什么是集成评估模型 / 103

二、集成评估模型的分类 / 107

第二节 DICE/RICE：经典的集成评估模型 / 111

一、DICE/RICE 模型概述 / 112

二、DICE/RICE 模型结构 / 113

三、DICE/RICE 模型发展 / 119

第三节 可计算一般均衡模型 / 123

一、CGE 模型概述 / 123

二、CGE 模型结构 / 127

三、CGE 模型发展 / 144

第四章 应对气候变化的经济政策工具 …………………… 146

第一节 碳交易 / 147

一、基本概念 / 147
　　二、交易机制 / 148
　　三、碳市场 / 151
第二节　EUETS：代表性区域碳市场 / 160
　　一、EUETS 的发展历程 / 161
　　二、EUETS 的核心机制 / 166
第三节　碳税 / 169
　　一、基本概念 / 169
　　二、发展历程 / 172

■ 第五章　应对气候变化的国际合作 …………………………… 177

第一节　国际气候谈判 / 177
　　一、前京都议定书时期（1972—1996 年）/ 178
　　二、京都议定书第一期谈判时期（1997—2004 年）/ 179
　　三、京都议定书第二期谈判时期（2005—2012 年）/ 179
　　四、后京都议定书时期（2013 年至今）/ 181
第二节　主要国家应对气候变化的立场演变 / 182
　　一、气候谈判的国家集团立场 / 182
　　二、世界主要国家的谈判立场演变 / 184

■ 参考文献 …………………………………………………………… 201

第一章　气候变化经济学概述

气候变化已经引起各国政府和学术界的热门关注。大量研究结果表明，气候变化，或当前人类最为关注的近百年全球变暖现象，不仅关乎全球各国福祉，而且将会对人类未来的生存和经济发展带来巨大影响。为了应对气候变化，寻求减缓和适应气候变化的有效方法和途径，无论是政府部门还是研究学者都已开展了大量相关工作。了解气候变化的历史并正确认识气候变化的内在机理，是人类应对气候变化的必要基础。本章力图通过对气候变化经济学的概述，为后续章节的学习提供相关基础，相关内容简介如下：

- 对自地球诞生以来不同年代尺度上的全球气候变化历史做简要回顾。
- 分析引起气候变化的主要驱动因子，其中重点解释温室效应机理。
- 对地球气候系统进行解构，分别介绍气候系统组成以及影响气候变化碳循环。
- 以IPCC评估报告为基础框架，探讨气候变化经济学的核心议题及其未来发展方向。

第一节　气候变化历史

地球在变暖吗？千年气候争论是什么？近百年前气候有什么特征？我们可能在不同场合听说过这些问题。读完本节，你或许能够总结出答案。作为气候变化经济学的开篇，本节将分别以不同历史年代为尺度对地球的气候变化历史做简要回顾，包括：千年前气候变化历史、近千年气候变化历史以及近百年气候变化历史。其中，重点介绍科学界提出的近百年来全球变暖及其对自然系统，如大气温度、海洋温度、降水、海平面、海洋酸化和冰冻圈等带来的影响。通过本节学习，我们最终将得出一个结论：基于不同年代尺度所得到的历史气候变化规律是不一致的。虽然根据地球气候变化历史来推演未来的长期气候变化具有很大的不确定性，但了解地球气候变化历史仍是一个重要课题，尤其是它对后续章节将介绍的百年尺度气候变化成因，地球未来短期气候变化趋势预测，以及当前人类应对全球气候变化行动来说，具有重要的参考价值。

一、千年前气候变化：从生物大灭绝到全新世

作为一颗行星，地球起源于46亿年以前的原始太阳星云。和其他行星一样，地球的形成经历了吸积、碰撞等一系列的物理演化过程。地球自形成以来，地球气候就从未停止过变化。根据古老的地球起源学说，地球起初是一个熔融体，并经历了一个由热变冷的阶段❶。在由天文时期（地壳出现之前）过渡到地质时期，再经过几十亿年的地质演化历程之后，地球至今仍保持着热量。

据史前化石考证，地球上曾发生过5次生物大灭绝：奥陶纪大灭绝、泥盆纪大灭绝、二叠纪大灭绝、三叠纪大灭绝和白垩纪大灭绝。所谓生物大灭绝（或称生物绝种），是指大规模的集群灭绝，即整科、整目甚至整纲的生物在很短的时间内彻底消失或仅有极少数存留下来。研究表明，气候变化很可能是导致前3次生物大灭绝的根本原因。

古生物学家认为，地球气候变冷是第1次生物大灭绝——奥陶纪大灭绝的主因。在大约4.4亿年前，撒哈拉所在的陆地曾经位于南极，当陆地汇集在极点附近时，造成了厚的积冰。大片的冰川使洋流和大气环流变冷，整个地球的温度下降，冰川锁住水，海平面降低，原先丰富的沿海生态系统被破坏，导致85%的物种灭绝。与第1次生物大灭绝相似，对古气候的研究结果

---

❶ 关于地球起源和演化、原始地球温度、生物大灭绝原因，尚存在不同说法，本书选用多数学者赞成的主流说法。

表明，第 2 次生物大灭绝——泥盆纪大灭绝也归因为地球气候变冷以及海洋退却。化石记录显示，泥盆纪时期是温暖的，当时远至北极地区都处于温带气候。在大约 3.65 亿年前，晚泥盆纪至早石炭纪间历经了一次与奥陶纪末相似的全球变冷事件，并呈现出间隔 100 万年的两次灭绝高峰，最终海洋生物受到重创，导致 82% 的海洋物种灭绝。第 3 次生物大灭绝发生在古生代的最后一个二叠纪。这次被称为史上最严重物种大灭绝，这次大灭绝主要归因为气候突变、沙漠范围扩大、火山爆发等一系列气候变化事件驱动下的海平面下降和大陆漂移。科学界认为，二叠纪大量物种灭绝是因为失去了生存空间。更严重的是，当浅层的大陆架暴露出来后，原先埋藏在海底的有机质被氧化，这个过程消耗了氧气，释放出二氧化碳。随着气温升高，海平面上升，又使许多陆地生物遭到灭顶之灾，海洋里也成了缺氧地带。

自 6500 万年前第 5 次生物大灭绝后，地球开始进入新生代（见表 1-1）。至新生代最后一个纪——第四纪，生物界面貌已很接近于现代，而人类的出现与进化则更是第四纪最重要的事件之一。如果把地球历史比作一天，那么第四纪相当于这一天的 38~56 秒。这段时间对于人类来讲太重要，它不仅代表了人类起源，更在其最后 1 万年发展出了现代文明。

表 1-1 地质年代表

宙	代	纪	世	年代开始（百万年前）	宙	代	纪/世	年代开始（百万年前）
显生宙	新生代	第四纪	全新世	0.0117	元古宙	新元古代	成冰纪	720
			更新世	2.58			拉伸纪	1000
		新近纪	上新世	5.333		中元古代	狭带纪	1200
			中新世	23.03			延展纪	1400
		古近纪	渐新世	33.9			盖层纪	1600
			始新世	56.0		古元古代	固结纪	1800
			古新世	66.0			造山纪	2050
	中生代	白垩纪		145.0			层侵纪	2300
		侏罗纪		201.3±0.2			成铁纪	2500
		三叠纪		251.902±0.024	太古宙	新太古代		2800
	古生代	二叠纪		298.9±0.15		中太古代		3200

续表

宙	代	纪	世	年代开始（百万年前）	宙	代	纪/世	年代开始（百万年前）
显生宙	古生代	石炭纪		358.9±0.4	中太古代		古太古代	3600
		泥盆纪		419.2±3.2			始太古代	4000
		志留纪		443.8±1.5	冥古宙		早雨海代	3850
		奥陶纪		485.4±1.9			酒神代	3950
		寒武纪		541.0±1.0			原生代	4150
元古宙	新元古代	埃迪卡拉纪		630+5/−30			隐生代	4570

从第四纪开始至今的258万年间，地球至少经历了24个冰期—间冰期旋回。所谓冰期是指发生强烈冰川作用的时期，在这期间气候变冷以至于陆地表面出现大规模冰盖和山地冰川；间冰期是指相邻两次冰期之间气候温暖的时期。气候的大幅度冷暖交替变化以及因此而造成的冰川大规模扩展和退缩的循环变化被称为冰期—间冰期旋回。根据米兰科维奇（Milankovitch）假说，第四纪冰期—间冰期旋回的成因是地球轨道要素的周期性变化改变了季节之间的热平衡，尤其是北半球高纬度夏季太阳辐射的变化。这个理论的核心是单一敏感区的触发驱动机制，即北半球高纬度气候变化信号被放大、传输进而影响全球。通过分析地球轨道要素，可以了解不同纬度不同季节接受太阳辐射的变化。米兰科维奇指出，地球气候变化存在着3个天文周期：每隔约2万年，地球的自转轴变化一个周期；每隔约4万年，地球黄道与赤道的交角变化一个周期；每隔约10万年，地球公转轨道的偏心率变化一个周期。据南极冰芯资料显示，近40万年来，10万年周期及4.1万年周期是第四纪气候变化的主旋律，尤其是10万年左右的旋回非常突出，且这种趋势可向前延伸至大约70万年前。然而，间冰期的长度并不固定。一般来讲，间冰期只占冰期—间冰期旋回长度的20%左右。据估算，虽然目前地球处于间冰期已持续1万年左右，但未来3万年进入冰期的可能性并不大。

第四纪末次冰期冰盛期以后，地球气候于大约1.7万年前开始变暖，气温逐渐回升，两极、北美和北欧的冰川开始消融。但就在气候已回暖到接近现代的情况下，距今约1.28万年时发生了一次激烈的气候突变，被称为新仙女木事件（Younger Dryas Event）：以北大西洋北部为中心，气候迅速变冷，但寒冷仅持续了一千年左右，紧接着又快速回暖。新仙女木事件期间的温度变化幅度达到了冰期—间冰期旋回的 3/4。这是末次冰期中最后一次气候突变。

自新仙女木事件以后，地球开始进入全新世。全新世是最年轻的地质年代，从 1.17 万年前开始一直持续至今。全新世气候与人类社会发展密切相关，人类社会的一切繁荣、富强、发展、进步都发生于此。格陵兰岛冰芯的年纪分辨率气候变化显示，全新世初期，地球气温普遍转暖，中、高纬度的冰川大量消融，海平面迅速上升，喜暖动植物逐渐向较高纬度和较高山脉迁移，全球自然地理环境完全演进到现代面貌。虽然全新世作为间冰期气候温暖湿润，但全新世也有一系列的冷事件发生。证据表明，全新世北大西洋共发生 9 次冷事件。由于这些冷事件的发生频率、变化过程及形成原因与冰期中的千年尺度气候震荡类似，通常也被称为"气候突变"。但需要强调的是，全新世的冷事件与冰期中的千年尺度气候震荡在振幅和成因上都有很大差异。

二、近千年气候变化："曲棍球杆" VS "湿面条"

近千年全球气候变化及其形成机制已成为气候变化领域的一个热门问题。一般认为，近千年气候主要包括两个重要时期，即中世纪暖期（Medieval Warm Period）和小冰期（Little Ice Age）。其中，中世纪暖期是欧洲中世纪时代的一个不寻常温暖期，从大约 10 世纪一直持续到 14 世纪，全球温度大概与 20 世纪后期相当。小冰期是指从中世纪温暖期之后开始，于 20 世纪初期结束的这一时段，当时全球温度比 20 世纪后期要低 1℃ 左右。然而，人们在近千年全球气候变化及其形成机制上存在较大争议，主要集中在以下两个方面。

（1）中世纪暖期和小冰期是区域性的还是全球性的气候变化问题。最初关于中世纪暖期和小冰期的研究大部分是在欧洲完成的，因为那里的大气资料相对完善和清楚。基于此，人们认为这两个时期的气温异常是全球性的，但这种观点遭到了质疑。一些研究表明，当前证据并不能证明在上述时间段中，气温异常有着全球性的同步状况。

（2）近千年全球平均温度变化特征类似于"曲棍球杆"还是"湿面条"？IPCC 第三次科学评估报告引用了曼恩（Michael Mann）等在 1998 年建立的近

千年北半球温度变化曲线。有趣的是，中世纪暖期和小冰期消失后，近千年温度变化曲线变成了一条平缓的曲线，到20世纪突然上翘，形状酷似一根曲棍球杆。

基于该曲线，曼恩等指出，20世纪变暖是近千年来前所未有的，20世纪变暖是人类活动影响造成的，也就是温室效应加剧的结果。由于这根"曲棍球杆"，扭曲了很多科学家长期研究认识到的中世纪暖期和小冰期的显著差异，因此IPCC报告引起了很多科学家对这一序列的争议。加拿大统计学家麦克朗泰尔对曲棍球杆曲线的数据和计算程序进行了验证，发现曼恩的计算是错误的。其结果是2004年曼恩等不得不在《自然》杂志上刊登了一份更正错误的声明；2008年曼恩等又给出了近两千年的全球温度序列，而这次的序列不再是"曲棍球杆"了，而像是一根"湿面条"。

三、近百年气候变化：全球变暖

当前地球正处于气候相对温和的第四纪间冰期，与过去1万多年间冰期不同的是，人类活动开始对气候产生影响。一般认为，自工业革命以后，人类活动对全球气候的影响逐渐显著。但这种观点仍存在争议，主要是因为在工业革命初期地球尚处于小冰期中的最后一个冷期，之后的气候变暖可能主要是自然因素所致。但无论是"曲棍球杆"曲线还是"湿面条"曲线，近百年来的全球气候确实在变暖。全球变暖会使全球降水量重新分配、冰川和冻土消融、海平面上升等，不仅危害自然生态系统的平衡，还威胁人类的生存。对近百年全球变暖现象开展研究具有重要意义，主要包括：①它是预测未来气候变化的基础；②它是研究全球气候变化成因的最好样本；③它是探讨人类活动对气候影响的最重要时期。

所谓全球变暖，是指整个地球的变暖现象，其基于地球表面整体平均温度。自20世纪初期，科学家们就开始观测到一些过往任何自然气候变化都无法解释的气候现象，全球出现人类自有记录以来发生最快的变暖现象。虽然全球变暖会使高纬度地区气候变暖，降水增加，适宜农作物生长，但也造成了其他影响，包括极地冰原融化、海平面上升、高山积雪减少、土地干旱、农业受灾、农作物质量将损耗、极端气候增加、气候带转化、引发地质灾害、生物多样性受到影响等。总体来说，弊大于利。

根据IPCC第5次评估报告，近百年全球变暖下可观测到的气候系统变化主要表现在大气和海洋平均温度上升、降水量增多、冰冻圈减少、海平面上升平均速率增大以及海洋酸化等问题。

1. 大气

过去30年的地表已连续偏暖于1850年以来的任何一个10年。在北半球，1983—2012年可能是过去1400年中最暖的30年（中等信度）。

- 全球平均陆地和海洋表面温度的线性趋势计算结果表明，在1880—2012年期间（存在多套独立制作的数据集）温度升高了0.85℃（0.65~1.06℃）[1]。基于现有的一个单一最长数据集，1850—1900年时期和2003—2012年时期的平均温度之间的总升温幅度为0.78℃（0.72~0.85℃）。

- 在有足够完整的资料以计算区域趋势的最长时期内（1901—2012年），全球几乎所有地区都经历了地表增暖。除了存在确凿的多年代际变暖外，全球地表平均温度还表现出明显的年代际和年际变化。

- 大陆尺度的地表温度重建表明：具有高信度的是在中世纪气候异常期（950—1250年）中的多个年代内一些区域的温暖程度与20世纪后期相当，但是这些区域性暖期并没有像20世纪后期的变暖那样出现区域一致性。

- 几乎确定的是，自20世纪中叶以来，全球范围内的对流层已变暖，更完整的观测是北半球热带以外地区的对流层温度变化的估算值比其他地区具有更高的信度，同时，北半球热带以外地区的对流层变暖速率及其垂直结构变化具有中等信度，而在其他地区只具有低信度。

- 1901年以来，全球陆地区域平均降水变化在1951年之前为低信度，之后为中等信度。1901年以来，北半球中纬度陆地区域平均降水已增加（在1951年之前为中等信度，之后为高信度）。对于其他纬度，区域平均降水的增加或减少的长期趋势只具有低信度。

- 约自1950年以来，已观测到许多极端天气和气候变化事件。很可能的是在全球尺度上冷昼和冷夜的天数已减少，而暖昼和暖夜的天数已增加。在欧洲、亚洲和澳大利亚的大部分地区，热浪的发生频率可能已增加。与降水

---

[1] 括号前数值为括号中区间数值的中位数，本书中其他类似格式含义相同。

减少的区域相比，更多陆地区域出现强降水事件的数量可能已增加。在北美洲和欧洲，强降水事件的频率或强度可能均已增加。在其他洲，强降水事件变化的信度最高为中等。

2. 海洋

海洋变暖在气候系统储存能量的增加中占主导地位，1971—2010 年间累积能量的 90% 以上可由此加以解释（高信度）。几乎确定的是，1971—2010 年，海洋上层（0~700m）已经变暖。19 世纪 70 年代至 1971 年间，海洋上层可能已变暖。

- 全球尺度上，海洋表层温度升幅是最大的。1971—2010 年期间，在海洋上层 75m 以上深度的海水温度升幅为每 10 年升高 0.11℃（0.09~0.13）℃。随着海洋上层温度记录中的仪器测量偏差被逐步发现并减少，其评估变化的信度水平已得到增强。

- 1957—2009 年间，海洋在 700~2000m 深度可能已经变暖。1992—2005 年期间，已有充分的观测可用于评估全球 2000m 以下海水温度的变化。在此期间，可能的是，2000~3000m 之间的海洋没有观测到显著的温度变化。在这一时期，从 3000 米至洋底海洋可能已经变暖，其中，在南大洋观测到的海水温度升幅最大。

- 在观测数据相对充足的 1971—2010 年这 40 年间，气候系统增加的净能量中有 60% 以上储存在海洋上层（0~700m），另有大约 30% 储存在 700m 以下。通过线性趋势估算，在此时期，海洋上层的热含量可能增加了 17j（15~19）×10^{22}j。

- 多半可能的是，与 1993—2002 年相比，2003—2010 年间海洋上层（0~700m）热含量的增速较为缓慢，1993—2009 年间，在年际变率较小的 700~2000m 深处，海洋吸收的热量可能没有减少。

- 很可能的是，自 20 世纪 50 年代以来，以蒸发为主的高盐度海区的海水已变得更咸，而以降水为主的低盐度海区的海水已变得更淡。这些区域性海洋盐度的变化趋势间接表明，海洋表面的蒸发和降水已发生变化（中等信度）。

- 根据完整的大西洋经向翻转环流（AMOC）十年期记录和有关 AMOC

各分量的更长记录，尚无观测证据表明 AMOC 出现变化趋势。

3. 冰冻圈

过去 20 年以来，格陵兰冰盖和南极冰盖的冰量一直在损失，全球范围内的冰川几乎都在继续退缩，北极海冰和北半球春季积雪范围在继续缩小（高信度）。

- 在 1971—2009 年间，全世界冰川的冰量损失平均速率（不包括冰盖外围的冰川）很可能是每年 226Gt（91~361Gt）（$1Gt=10^9t$），在 1993—2009 年间很可能是每年 275Gt（140~410Gt）。
- 格陵兰冰盖的冰量损失平均速率很可能已从 1992—2001 年间的每年 34Gt（-6~74Gt）大幅度增至 2002—2011 年间的每年 215Gt（157~274Gt）。
- 南极冰盖的冰量损失平均速率可能从 1992—2001 年间的每年 30Gt（-37~97Gt）增至 2002—2011 年间的每年 147Gt（72~221Gt）。具有很高信度的是这些冰量损失主要发生在南极半岛北部和南极西部的阿蒙森海区。
- 1979—2012 年间北极年均海冰范围在缩小，缩小速率很可能是在每 10 年 3.5%~4.1%（$0.45×10^6$~$0.51×10^6$ km^2），夏季最低海冰范围（多年海冰）很可能每 10 年缩小 9.4%~13.6%（$0.73×10^6$~$1.07×10^6$ km^2）。北极海冰每 10 年平均范围的平均减少速度在夏季最高（高信度）。1979 年以来连续的各个 10 年，每个季节北极海冰的空间范围都在缩小（高信度）。根据资料重建，具有中等信度的是在过去 30 年间，北极夏季海冰范围退缩史无前例，北极海表温度至少在过去 1450 年来异常偏高。
- 在 1979—2012 年期间南极年均海冰范围很可能以每 10 年 1.2%~1.8%（$0.13×10^6$~$0.20×10^6$ km^2）的速度增加。具有高信度的是这一速率存在很大的区域差异，有些区域在增加，有些区域在减小。
- 具有很高信度的是，自 20 世纪中叶以来，北半球积雪范围已缩小。在 1967—2012 年时期，北半球 3 月和 4 月份平均积雪范围每 10 年缩小 1.6%（0.8%~2.4%），6 月份每 10 年缩小 11.7%（8.8%~14.6%）。在此期间，北半球积雪范围在任何月份都没有显现具有统计意义的显著增加。
- 具有高信度的是，自 20 世纪 80 年代初以来，大多数地区多年冻土温度已升高。在阿拉斯加北部的一些地区，观测到的升温幅度达到 3℃（20 世纪80年代早期至21世纪00年代中期），俄罗斯的欧洲北部地区达到2℃（1971—2010年）。在俄罗斯的欧洲北部地区，1975—2005年期间已观测到多年冻土层厚度和范围的大幅减少（中等信度）。

● 多重证据表明，自20世纪中叶以来北极出现了大幅度增暖。

4. 海平面

19世纪中叶以来的海平面上升速率比过去两千年来的平均速率高（高信度）。1901—2010年期间，全球平均海平面上升了0.19m（0.17~0.21m）。

● 海平面的代用数据和器测数据表明，在19世纪末至20世纪初出现了海平面从过去两千年相对较低的平均上升速率向更高的上升速率的转变（高信度）。可能的是，20世纪初以来，全球平均海平面上升速率不断加快。

● 很可能的是，全球平均海平面上升速率在1901—2010年间的平均值为每年1.7mm（1.5~1.9mm），1971—2010年间为每年2.0mm（1.7~2.3mm），1993—2010年间为每年3.2mm（2.8~3.6mm）。对于后一个时期海平面上升速率较高的问题，验潮仪和卫星高度计的资料是一致的。1920—1950年间可能也出现了类似的高速率。

● 20世纪70年代初以来，观测到的全球平均海平面上升的75%可以由冰川冰量损失和因变暖导致的海洋热膨胀来解释（高信度）。具有高信度的是，1993—2010年间全球平均海平面上升与观测到的海洋热膨胀［每年1.1mm（0.8~1.4mm）］、冰川［每年0.76mm（0.39~1.13mm）］、格陵兰冰盖［每年0.33mm（0.25~0.41mm）］、南极冰盖［每年0.27mm（0.16~0.38mm）］以及陆地水储量变化［每年0.38mm（0.26~0.49mm）］的总贡献一致。这一总贡献为每年2.8mm（2.3~3.4mm）。

● 具有很高信度的是，末次间冰期（距今约12.9万年~11.6万年间）的几千年中，全球平均海平面的最大值至少比当前高5m。具有高信度的是，那一时期的海平面没有高于当前的海平面10m。在末次间冰期，格陵兰冰盖对海平面上升的贡献很可能在1.4~4.3m，这意味着南极冰盖也对全球海平面上升做出了额外贡献（中等信度）。海平面的这种变化是在不同的轨道强迫，以及高纬度几千年平均的地表温度比目前至少高出2℃的背景下出现的。

5. 碳和其他生物地球化学循环

二氧化碳、甲烷和氧化亚氮的大气浓度至少已上升到过去 80 万年以来前所未有的水平。自工业化以来，二氧化碳浓度已增加了 40%，这首先是由于化石燃料的排放，其次是由于土地利用变化导致的净排放。海洋已经吸收了大约 30% 的人为二氧化碳排放，这导致了海洋酸化。

- 自 1750 年以来，由于人类活动，大气中二氧化碳（CO_2）、甲烷（CH_4）和氧化亚氮（N_2O）等温室气体的浓度均已增加。2011 年，上述温室气体浓度依次为 391 ppm、1803 ppb 和 324 ppb，分别约超过工业化前水平的 40%、150% 和 20%。

- 当前 CO_2、CH_4 和 N_2O 的浓度大大超过了冰芯记录的过去 80 万年以来最高浓度。具有很高信度的是，20 世纪 CO_2、CH_4 和 N_2O 浓度增加的平均速率是过去 2.2 万年来前所未有的。

- 2002—2011 年期间，因化石燃料燃烧和水泥生产造成的 CO_2 年平均排放量为每年 8.3 GtC（7.6~9.0 GtC）（高信度），2011 年是 9.5 GtC（8.7~10.3 GtC），比 1990 年水平高出 54%。在 2002—2011 年期间，因人为土地利用变化产生的 CO_2 年净排放量平均为每年 0.9 GtC（0.1~0.7 GtC）（中等信度）。

- 从 1750 年至 2011 年，因化石燃料燃烧和水泥生产释放到大气中的 CO_2 排放量为 375 GtC（345~405 GtC），因毁林和其他土地利用变化估计已释放了 180 GtC（100~260 GtC）。这使得人为 CO_2 排放累积量为 555 GtC（470~640 GtC）。

- 在这些人为 CO_2 排放累积量中，已有 240 GtC（230~250 GtC）累积在大气中，有 155 GtC（125~185 GtC）被海洋吸收，而自然陆地生态系统累积了 160 GtC（70~250 GtC）（参见 IPCC 第 5 次评估报的累积残留土地汇）。

- 海洋酸化可用 pH 的下降来度量。自工业化时代初期以来，海表水的 pH 值已经下降了 0.1（高信度），相当于氢离子浓度增加了 26%。

第二节 全球气候系统

从现代气候学的观点来看，气候是全球性的，而不是局地性的，对气候变化的研究与模拟不能仅限于局地气候和气候要素，而应放眼于全球气候系统。所谓全球气候系统，是指由对决定整个地球气候的形成、分布、特征和变化有直接和间接影响的多个环节组成的子系统。本节将首先以气候圈层概念为出发点，分别介绍气候系统的五大基本组成单元，然后以碳循环为纽带，分析气候系统各圈层间的相互联系，例如海洋—大气交互、陆地—大气交互、海洋—陆地交互和气候—生态交互等。

一、气候系统组成

参照地球自然系统，全球气候系统概括起来可分为五大子系统，或称之为圈层，它们分别是：大气系统、陆面系统、海洋系统、冰层系统、生物系统。在气候科学界，科学家们普遍认为全球气候系统也应由上述五大子系统（或圈层）所构成，包括大气圈、水圈、岩石圈（陆地表面）、冰雪圈和生物圈5个圈层。这5个圈层虽然在组成、物理与化学特征、结构和状态上有明显区别，但是在太阳辐射的作用下，它们通过物质、热量和动量等相互联系在一起，形成了一个开放的、相互联系的非线性系统。

（一）大气圈

大气圈是气候变化的中心，极不稳定且易变化。由于大气圈的状态和变化直接影响着人类的生存和发展，因此备受关注。大气圈又叫大气层，它是包围地球整个空气层的总称。大气圈的主要成分有氮气（占78.1%）、氧气（占20.9%）、氩气（占0.93%），此外还有少量的二氧化碳、稀有气体如氦气、氖气、氪气、氙气、氢气和水蒸气等。几乎全部的气体集中在离地面100km的高度范围内。地球大气圈气体的总质量约为$5.136×10^{18}kg$，相当于地球总质量的百万分之0.86。由于地心引力作用，大气圈的空气密度随高度增加而减小，越高空气越稀薄。

关于大气圈的上界,目前没有确切定义,但通常存在两种主流说法:一是根据大气中出现的某种物理现象,如极光出现的最大高度1200km,作为上界;二是以大气密度接近星际气体密度的高度作为上界,通过卫星资料观测,该高度为2000~3000km。事实上,上至16000km高空仍有稀薄的气体和基本粒子,下至土壤和某些岩石中也会有少量空气,它们也可认为是大气圈的一个组成部分。

据观测表明,地球大气在垂直方向上的物理性质有显著差异,根据这些差异特征,可将大气分为对流层、平流层、中间层、暖层和散逸层。散逸层之外就是星际空间。

1. 对流层

对流层是大气层的最底层,紧靠地球表面,厚度(约8~18km)随纬度、季节等因素而变:极地地区平均为8~9km,中纬度地区平均为10~12km,低纬度地区平均为17~18km。相对于大气的总体厚度,对流层厚度很薄,占比不到1%。虽然很薄,但对流层是大气中最稠密的一层,它集中了75%的大气和90%以上的水汽,云、雾、雨等天气现象和天气过程都在此发生。

由于对流层大气不能直接吸收太阳的短波辐射,只能吸收通过地面反射的长波辐射,故气温随高度的增加而降低,大约每升高1km,气温降低6.5℃,这个气温降低速率被称为"气温递减率",通常用γ表示,即平均值γ=6.5℃/km。气温递减率可以通过压力气温结构来解释:由于地表空气会被其之上的所有空气压着,因此越高的地方空气压力越小。当空气上升时,气压随之降低,气块因体积膨胀而对外做功,最终导致空气本身温度的下降。在这里,气压随高度而改变的大小可以根据下列的流动动力学方程式来计算:

$$\frac{dp}{dh} = -\rho g = -\frac{pg}{RT} \qquad (1.1)$$

其中,g=重力加速度,ρ=密度,h=高度,p=压力,R=气体常数,T=温度

气温递减率的存在使得对流层冷热空气易于发生有规则的垂直对流运动。另一方面由于受地表影响较大,气象要素的水平分布不均匀,对流层中无规

则的湍流运动也相当强烈。正因如此，喷气式客机大多会飞越对流层顶部以避开影响飞行安全的这些气流。

2. 平流层

对流层以上是平流层。平流层的底部是当气温递减率由正数转到负数时的区域，而顶部位于离地球表面大约50km的高度范围。

与对流层的上冷下热刚好相反，平流层是上热下冷的。它通常被分为两个温度层：在30~50km是高温层，温度随高度增加而升高，至高温层顶可达270~290K❶；在30km以下是低温层，温度在-55℃左右，基本保持不变。形成这种上热下冷分层结构的原因是平流层上部拥有大气中臭氧最集中的臭氧层，而臭氧可大量吸收来自太阳的短波紫外线。平流层中的臭氧层位于离地10~50km的高度范围，在15~30km臭氧浓度最高，在30km以上臭氧浓度虽然减少，但这里的紫外线很强烈，故温度随高度上升而继续升高。上冷下热分层机构的结果是平流层空气比较稳定，垂直对流运动并不显著。

平流层空气存在水平运动现象。在平流层底部，由于受到对流层顶部西风带的影响，几乎全都盛行西风。在平流层中上部，由于极地附近夏季极昼现象的发生，使得高纬度地区所受日照时间比低中纬度地区的要长，在臭氧层吸收紫外线的作用下易于形成高压状态，反之低纬度地区相对地处于低压状态。因此，除特别场合外，平流层中上部夏季通常会盛行东风。

3. 中间层

中间层位于平流层之上，是低层大气和高层大气中物质传输、物理化学反应及能量交换等复杂动态过程的必经区域，顶部位于离地85km左右的高度范围。

与对流层一样，中间层气温也会随高度增加而递减，其大气热结构和能量平衡主要受到太阳辐射的控制。在中间层底部，因少量臭氧吸收紫外线，使平均气温保持在0℃左右。随着高度增加，臭氧浓度急速下降，气温也随之降低，同时，能被氮、氧等直接吸收的太阳短波辐射已经大部分被上层大气所吸收，其对中间层的增温效果已相当微弱。至中间层顶部附近，气温可降

---

❶ 开尔文是以绝对零度作为计算起点，即-273.15℃ =0K，每变化1K相当于变化1℃。

至 160~190K，成为地球大气中最冷的区域。虽然中间层气温会随高度增加而递减，但因中间层空气非常稀薄，对流活动较少发生，甚至极少出现高、低气压现象。需要指出的是，由于中间层大气环流对气温的影响超过了太阳辐射加热，使其夏季气温反而低于冬季气温（低至-100℃以下）。

4. 暖层

中间层以上是暖层，其上界与太阳活动有关：在太阳宁静期，暖层顶部位于离地球表面大约 250km 的高度范围；在太阳活动期，暖层顶部上升至 500km 左右。暖层的空气极为稀薄，质量仅占大气总质量的 0.5%。暖层空气密度随高度上升而快速下降：在 120km 高度上，空气密度小到声波难以传播的程度；在 270km 高度上，空气密度约为地面空气的百亿分之一；在 300km 高度上，空气密度只及地面密度的千亿分之一；再向上空气就更加稀薄。

暖层的氧原子和氮原子几乎吸收了波长短于 1750 埃米的全部太阳紫外辐射。从暖层底部向上，温度随高度增加而上升，至层顶时，可达 1000~2000K。由于暖层大气稀薄，分子间的碰撞机会较少，热量传输主要靠热传导，而非对流和湍流运动，因此，温度只有动力学意义（温度是分子、原子等运动速度的度量）❶。此时，如果你从飞行器中伸出手是感受不到热度的。

5. 散逸层

散逸层，又称"外层""逃逸层"，是暖层以上的大气层，也是地球大气的最外层。这层空气在太阳紫外线和宇宙射线的作用下，大部分分子会发生电离。散逸层空气极为稀薄，其密度几乎与太空密度相同。由于空气受地心引力极小，气体及微粒可以从这层飞出地球重力场进入太空。散逸层的上界尚无一致看法，而实际上它与星际空间并没有截然的界限。地球大气层在这一层逐渐过渡到星际空间，地冕也存在于这一层。

散逸层的气温极高，由低到高呈垂直分布，随着高度的升高而升高。散逸层的高温在原理上与热层相同，大气分子因为吸收了来自太阳的短波辐射而被加热。但由于散逸层的大气密度实在太低，所以不会令人感到任何热度，一台普通的温度计也只会量度到零摄氏度以下。

---

❶ 三种传热模式分别是：热传导、对流和辐射。

除上述这 5 个层外，由于受太阳辐射对中性原子和空气分子的电离作用，距地表 60km 以上的整个地球大气层处于部分电离或完全电离的等离子态❶，由此形成了一个被称为电离层的特殊层。电离层在垂直方向上呈分层结构，可被划分为 D 层、E 层和 F 层（又分为 F1 层和 F2 层）。但电离层分层结构只是电离层状态的理想描述，实际上电离层总是随纬度、经度呈现复杂的空间变化，以及昼夜、季节、年、太阳黑子周等时间变化。

电离层中自由电子和离子可改变无线电波的传播速度，同时发生折射、反射和散射作用。电离层对电波传播的影响与人类活动密切相关，如无线电通信、广播、无线电导航、雷达定位等。当频率在一定范围的无线电波以一定角度射向电离层时，将由电离层反射回地面，反射回地面的无线电波还可再向电离层射去，实现多次反射，这就是所谓的"多跳传播"。电离层对不同波段的无线电波反射作用不同，由于电离层的吸收作用，中波段的无线电波在白天几乎全部被电离层吸收；高频的微波段的无线电波，根本不能被电离层反射，直接穿透电离层射向太空。只有短波段（频率 3~30MHz，波长 100~10m）的无线电波，能通过"多跳传播"方式传送到几千甚至几万千米远的地方，实现远距离短波无线通信和广播。

电离层的等离子态可以解释一些奇特的天文现象。例如，在地球磁场的作用下，电离层中被电离出的离子和电子会向地球两极移动，并在 80~1200km 的高纬度上空产生极光现象；又例如由于少量的水分存在，有时在高纬度、夏季、黄昏，中间层顶部和暖层下部的电离层偶尔会出现银白并微带青色的夜光云。

(二) 其他圈

1. 水圈

水圈是地球外圈中作用最为活跃的一个圈层，也是一个连续不规则的圈层。它指地壳表层、表面和围绕地球的大气层中存在着的各种形态的水，包括液态、气态和固态的水。水圈中大部分水以液态形式储存于海洋、河流、

---

❶ 电子在脱离原子核的吸引而形成带负电的自由电子和带正电的离子共存的状态，此时，电子和离子带的电荷相反，但数量相等，这种状态称作等离子态。

湖泊、水库、沼泽及土壤中；部分水以固态形式存在于极地的广大冰原、冰川、积雪和冻土中；水汽则主要存在于大气中。三者常通过热量交换而部分相互转化。水圈中的水上界可达大气对流层顶部，下界至深层地下水的下限。虽然水圈质量只占地球质量的万分之四，但水圈却在人类赖以生存的地理环境中起着重要的作用。地球上水总储量约为 $1.386×10^9 km^3$，其中，海洋水占96.5%（约 $1.338×10^9 km^3$），覆盖了地球表面积的71%，相当于陆地表面面积的2.45倍。由于海洋水是咸的，当前科技水平尚无法对其进行大规模淡化，因此，分布于陆地上的河流、湖泊、冰川和地下水等水体才是人类生产和生活的主要来源。但这些水仅占地球上水储量的3.5%，而可利用的又只是这其中的一小部分，理论上不到地球总水量的1%，实际值更低。

水循环把水圈中所有的水联系在一起，并且与其他圈层发生明显的相互作用，并直接关系到影响人类活动的气候系统的演化。海洋蒸发的水汽进入大气圈，经气流输送到大陆、凝结后降落到地面，部分被生物吸收，部分下渗为地下水，部分成为地表径流，地表径流和地下径流大部分回归海洋。水在循环过程中不断释放或吸收热能，调节着地球上各层圈的能量，且不断地塑造着地表的形态。水圈中的地表水大部分在河流、湖泊和土壤中进行重新分配，除了回归于海洋的部分外，有一部分比较长久地储存于内陆湖泊或形成冰川。这部分水量交换极其缓慢，周期要几十年甚至千年以上，从这些水体的增减变化，可以估计出海陆间水热交换的强弱。大气圈中的水分参与水圈的循环，交换速度较快，周期仅几天，由于水分循环，使地球上发生复杂的天气变化。海洋和大气的水量交换，导致热量与能量频繁交换，交换过程对各地天气变化影响极大。生物圈中的生物受洪、涝、干旱影响很大，生物的种群分布和聚落形成也与水的时空分布有极密切的关系，生物群落随水的丰缺而不断交替、繁殖和死亡。大量植物的蒸腾作用也促进了水分的循环，水在大气圈、生物圈和岩石圈之间相互置换，关系极其密切，它们组成了地球上各种形式的物质交换系统，形成了千姿百态的地理环境。

2. 冰雪圈

冰雪圈又称"冰冻圈"。地球上的水和土壤以冻结形式出现的那部分，通常包括大陆冰盖、山岳冰川、海冰、地面雪盖和冻土层等。由于冰雪对太阳辐射的反射率很大，而在冰雪覆盖下，地表（包括海洋和陆地）与大气间的热量交换被阻止，因此，冰雪对地表热量平衡有很大影响。

冰川是由多年积累起来的大气固体降水在重力作用下，经过一系列变质成冰过程形成的，主要经历粒雪化和冰川冰两个阶段。它不同于冬季河湖冻结的水冻冰，构成冰川的主要物质是冰川冰。新雪降落后，经过一个消融季节未融化的雪叫粒雪，新雪的水分子从雪片尖端和边缘向凹处迁移，使晶体变圆的过程叫粒雪化。在这个过程中，雪逐步密实，经融化、再冻结、碰撞、压实，使晶体合并，数量减少而体积增大，冰晶间的孔隙减少，发展成颈状连接，称为密实化。粒雪化和密实化过程在接近融点的温度下进行得很快，而在负低温下则进行缓慢。当粒雪密度达到 $0.5\sim0.6\ g/cm^3$ 时，粒雪化过程变得缓慢。在自重作用下，粒雪进一步密实或由融水渗浸再冻结，晶粒改变其大小和形态，出现定向增长，当密度达 $0.84\ g/cm^3$ 时，晶粒间失去透气性和透水性，便成为冰川冰。粒雪转化成冰川冰的时间从数年至数千年不等。

冰川可分为大陆冰川（简称冰盖）和山岳冰川（又称山地冰川或高山冰川）。大陆冰川是指覆盖着广大地区极厚冰层的陆地面积，覆盖面积大于 5 万 km^2 的叫作冰原。大陆冰川主要分布在高纬度地区，如格陵兰冰川和南极大陆冰川是世界上最大的两个大陆冰川。山岳冰川发育于山地，并受地形的影响比较大，其主要分布在地球的高纬和中纬山地区。山岳冰川类型多样，主要有悬挂冰川、冰斗冰川、山谷冰川、山麓冰川等。全世界冰川面积共有 1500 多万 km^2，其中南极和格陵兰的大陆冰盖就占去 1465 万 km^2。因此，与大陆冰盖相比，山岳冰川的规模很小。中国的冰川都属于山岳冰川。据分析，目前大陆冰盖与山岳冰川所含淡水约占地球淡水总量的 85%，而大气中的水汽只占 0.05%，可见冰川在地球淡水资源平衡中的重要作用。

海冰指直接由海水冻结而成的咸水冰，也包括进入海洋中的大陆冰川（冰山和冰岛）、河冰及湖冰。海冰是大气和海洋相互作用的结果，是在一定的海域中，通过内能和热能的转化，在达到临界状态（温度低于海冰的冰点）时的产物，其生成、发展和消融是一个复杂的物理和化学过程。海水结冰时，是其中的水冻结，而将其中的盐分排挤出来，部分来不及流走的盐分以卤汁的形式被包围在冰晶之间的空隙里形成"盐泡"。此外，海水结冰时，还将来不及逸出的气体包围在冰晶之间，形成"气泡"。因此，海冰实际上是淡水冰晶、卤汁和气泡的混合物，其成分比率随外界条件（温度、载荷）、时间和空间等发生变化。海冰盐度比海水低2‰~10‰，其物理性质（如密度、比热、溶解热、蒸发潜热、热传导性及膨胀性）不同于淡水冰。

冻土层，也称作"冻土""冻原"或"苔原"，语出萨米语"tūndra"，意思是"无树的平原"，在自然地理学中指的是由于气温低、生长季节短，而无法长出树木的环境；在地质学中是指0℃以下并含有冰的各种岩石和土壤。一般可分为短时冻土（数小时、数日以至半月）、季节冻土（半月至数月）以及多年冻土（数年以上）。冻土层处于水的结冰点以下超过千百年甚至数万年的状况，称为永久冻土（Permafrost）。地球上多年冻土、季节冻土和短时冻土区的面积约占陆地面积的50%，其中，多年冻土面积占陆地面积的25%。

冰雪圈的变化是地球环境变化的一个重要因素，海平面的上升与冰雪圈有着密切关系。据估计，若整个南极冰盖融化，将使全球海平面上升约61m，即使扣除南极大陆的均衡恢复，海平面也要上升40m。有关研究表明，在大、间冰期，全球无永久性冰雪覆盖，那时的海冰面可能比现在高80m，而在第四纪冰河期，海平面比现代低80~100m。

3. 岩石圈

岩石圈是地壳和地幔顶部的坚硬的岩石圈层，由花岗质岩、玄武质岩和超基性岩组成。岩石圈是巴雷尔在1914年根据板块理论提出的地球圈层概念。岩石圈厚度不均一，平均厚度约为75km，大洋部分在洋中脊的最新部分的厚度只有6~8km，最老部分厚度则有100km；大陆岩石圈厚一些，厚度大都在100~400km。岩石圈之下为软流圈，软流圈是和岩石圈同时提出的地球圈层概念，它位于上地幔低速层之下至过渡层上部。软流层温度较高，刚性较弱，能够长期缓慢变形，相对低温的、刚性的岩石圈可作为一个整体漂流在软流圈之上。1915年，德国地球物理学家魏格纳提出了大陆漂移学说。到20世纪60年代，板块构造学说认为，连续的地震活动带把岩石圈分裂分割成若干个大小不同的板块在软流圈上漂移。实际上，不仅大陆板块在漂移，大洋板块也在漂移，科学家们在古气候、古生物、古地磁和深海钻探等方面都找到了大陆漂移的证据。岩石圈变化的时间尺度甚长，其中如山脉形成的实际间尺度约为10^5~10^8年，大陆漂移的时间尺度约为10^6~10^9年，而陆块位置和高度变化的时间尺度则更在 10^9 年以上。

岩石圈一方面可为人类提供石油、天然气、煤炭、铀矿等能源，以及各种金属和非金属矿藏与地下水资源；另一方面也常给人类带来自然灾害，如地震、火山爆发、山崩、地滑、沙漠化和地面沉降等。岩石圈中的岩石会受大气、水和生物等因素影响而产生物理的和化学的风化作用，使岩石破碎和形成土壤，其中气候和地形条件是影响岩石分化的重要因素。岩石圈地质构造的变化对地质年代的气候变化有巨大影响，但对近代在季节、年际、十年际乃至百年际气候变化的影响却可忽略不计。

4. 生物圈

生物圈是地球上最大的生态系统，其概念由奥地利地质学家休斯在1875年首次提出，它是指地球上有生命活动的领域及其居住环境的整体。生物圈是行星地球特有的圈层，也是人类诞生和生存的空间。

在地球表层的大气圈、水圈和岩石圈中，只要适于生物生存的范围就是生物圈。水圈中几乎到处都有生物，主要集中于表层和浅水的底层，但在世界大洋最深处超过11km的地方，还能发现深海生物。限制生物在深海分布的主要因素有缺光、缺氧和随深度而增加的压力。大气圈中的生物主要集中于下层，即与岩石圈的交界处。鸟类能高飞数千米，花粉、昆虫以及一些小动物可被气流带至高空，甚至在22km的平流层中还发现了细菌和真菌。限制生物向高空分布的主要因素有缺氧、缺水、低温和低气压。在岩石圈中，生物分布的最深记录是生存在地下2.5~3km处的石油细菌，但大多数生物生存于土壤上层几十厘米之内。限制生物向土壤深处分布的主要因素有缺氧和缺光。由此可知，虽然生物可见于由赤道至两极间的广大地区，但就厚度来讲，如果把地球看作一个足球大小，那么生物圈就比一张纸还要薄。生物的生命活动促进了能量流动和物质循环，并引起生物的生命活动发生变化。生物要从环境中取得必需的能量和物质，就得适应环境，环境发生变化后，又反过来推动生物的适应性，这种反作用促进了整个生物界持续不断的变化。

地球与太空几乎没有物质交换，但却接受大量太阳辐射能，太阳能是维持一切生命活动的原动力，能量在生物圈中逐级传送，最后以热能形式散发到太空。生物圈各部分实际接受的太阳辐射量差别很大，这是由于纬度、季节以及大气透明度（云层）的影响造成的。热带地区全年接受比较直射的阳光，因而辐射量最大。随着纬度的增高，阳光入射角的改变，通过的大气距离也在加大，单位地表接受的辐射量降低。太阳辐射在地球上的不均匀分布，造成了不同的气候类型，从而影响了地球上的生物分布。

生物圈中的能流与物流是相伴随的，因为太阳辐射能先通过光合作用被植物体固定下来，然后以化学能的形式沿食物链逐级传递。动物和微生物的取食活动就是传递能量的方式。一般说来，化学元素进入生物体内是靠生物的主动摄取，而化学元素在自然界中的循环运动则是由气流和水流来完成的。陆地生物生存于大气之中，气态营养物和废物很容易在生物与环境间循环运动。一般可溶性物质是随水进出生物体的。生物圈内生产者、消费者和分解者所形成的三极结构，接通了从无机物到有机物，经过各种生物的多级利用，再分解为无机物重新循环的完整回路。

生物圈可以说是一个在物质上自给自足的生态系统，这是生物圈赖以存在的物质基础。当自然生态系统达到成熟阶段时，其能量和物质的输入、输出之间往往保持相对平衡，而系统中的生物种数以及各种群的数量比例也相对稳定，并具有多层次的自我调节能力。例如，大气中二氧化碳含量的增加，会使植物加强光合作用，增加对二氧化碳的吸收；一种生物绝灭后，生物圈中起相同作用的其他生物就会取代它的位置；某种植食性动物数量增加时，有关植物种群和天敌种群的数量也会随之变化，从而使这种动物种群的数量得到控制。虽然生物圈具有自我维持稳态的能力，但是，这种能力是有限度的。人类活动在许多方面对生物圈造成的影响已经超过这种限度，由此对生物圈的稳态构成了严重威胁。

二、气候圈层交互

气候系统各圈层不是独立存在着的，其间有着明显的相互关联、互相渗透的作用。这些作用不仅包含了物理层面、化学层面以及生物层面，而且还具有不同的时空联系，进而使气候系统表现出高度复杂性。气候系统各圈层间的交互作用主要表现以下4个方面：第一，海洋—大气相互作用；第二，陆地—大气相互作用；第三，海洋—陆地相互作用；第四，气候—生态系统相互作用。在各圈层的相互作用中，海气相互作用、陆气相互作用和海陆相互作用是最重要的。此外，大气圈不但受到其他4个圈层的直接作用和影响，而且与人类活动也有着密切的关系。

(一) 海洋—大气相互作用

海洋与大气之间通过一定的物理过程发生相互作用，组成一个复杂的耦合系统。海洋对大气的主要作用在于给大气热量及水汽，为大气运动提供能源，而大气主要通过向下的动量输送（风应力），产生风生洋流和海水的上下翻涌运动，两者在环流的形成、分布和变化上共同影响着全球的气候。

海洋占地球表面积的70.8%，海洋的比热容[1]（4186.8J/kgK）约为空气比热（718J/kgK）的6倍，全球10m深的海洋水的总质量就相当于整个大气圈的质量。一般而言，到达地表的太阳辐射能约有80%为海洋所吸收，且将其中85%左右的热能储存在大洋表层（约自表面至100m深处），这部分能量再以长波辐射、蒸发潜热和湍流显热等方式输送给大气。此外，海洋还通过蒸发作用，向大气提供大约86%的水汽来源。海洋是大气环流运转的能量和水汽供应的最主要源地和储存库。

由于分子之间相互作用力的差别，海水的运动速度（1000 km尺度水平运动速度为10^{-2}m/s量级）比大气（10^{-1}~100m/s量级）要慢得多。因此，快速的大气运动驱动缓慢的海洋运动。由于海洋的密度、体积、慢速和稳定的垂直结构，只有强大而持久的大气运动过程才能驱动海洋运动过程。通过这种驱动关系（滤波），大气的快变过程转变成海洋的慢变过程。而海洋的慢变过程持久地积累大气过程的异常，并逐渐表现为海洋过程的异常，特别是SST异常，并把这些异常施加给大气以致整个气候，由此对之后的大气过程发挥调节作用。

海洋是全球最大的水汽源地。海洋和大气之间的气体和其他物质交换中，除了水汽循环外，碳循环是大气CO_2的主要控制因子。人类活动产生的CO_2有近一半被海洋吸收。中高纬度地区海洋从大气中吸收CO_2，南北纬15度之间海洋向大气释放CO_2。

---

[1] 比热容（Specific Heat Capacity）又称比热容量，简称比热（Specific Heat），是单位质量物质的热容量，即使单位质量物体改变单位温度时的吸收或释放的内能。比热容是表示物质热性质的物理量，通常用符号c表示。

大洋环流既影响海洋热含量的分布，也影响到海洋向大气的热量输送过程。低纬度海洋获得了较多的太阳辐射能，通过大洋环流可将其中一部分输送到中高纬度海洋，然后再提供给大气。因此，海洋向大气提供热量一般更具有全球尺度特征。

海洋热状况改变对大气环流及气候的影响有几个关键的重要海区，如厄尔尼诺发生的赤道东太平洋海区、海温最高的赤道西太平洋"暖池"区、东北太平洋海区及北大西洋海区等。

（二）陆地—大气相互作用

陆面与大气及其他圈层之间进行着各种时空尺度的相互作用，在大气与陆地的交界面上，由于大气环流的驱动及太阳辐射强迫，界面的上、下两部分不断地发生动量、热量和物质成分（水汽及 CO_2 等）的交换过程。界面的上部为气边界层，下部则包括岩石圈、土壤圈、生物圈和冰雪圈（有时还包括小部分的水圈）的陆地下垫面。大气近地面与陆地下垫面相互作用的过程称为陆面过程耦合。多种物质成分和能量的交换和辐射传输对于大气环流及气候状况产生极大的影响，在某些局部或某个时段内甚至还起着关键性的作用。作为 CO_2 循环，陆地岩石的风化作用、地表生态系统（植被为主）的能量交换等，都是陆地—大气相互作用的重要部分。

陆地生态系统地球化学循环和水循环是陆地表层物质能量循环的核心，也是地圈—生物圈—大气圈相互作用的纽带。它们在不同时空尺度上的相互作用均受到环境因子、气候因子和人类活动因子的影响。从生物学观点来看，陆地生态系统是物质和能量的活性源或汇，而且能通过复杂的湍流交换过程改变其周围的微气象条件。因此，植被的这种特性成为陆面和大气之间物质（水汽、CO_2）和能量交换的焦点。

二氧化碳对大气物理状态和陆地植物的生长有着显著的影响。陆地植物吸收大气中的二氧化碳，进行着光合作用，通过光合作用来制造养分，以维持植物的生长与发育，全球植被每年从空气中吸收的二氧化碳高达几百亿吨。动物的生命活动或有机体的腐烂是吸收氧气、释放二氧化碳的过程。而植物的生命过程则吸收二氧化碳和释放氧气。两者之间以及两者与岩石圈、大气圈、水圈之间形成了某种平衡。陆地植被依赖于大气而生存，在其生存过程中又不断地改变或调节大气的组成,反过来,大气组成的变化又影响到植被的生长与发育。

(三) 海洋—陆地相互作用

海洋与陆地的相互作用和它们之间的物质与能量交换有两种主要途径:大气圈的间接作用以及水体和岩石圈物质的直接接触作用。世界大洋对大陆自然界的作用首先是通过大气圈,即大气环流来实现的。海洋与大陆之间机械能的交换依赖于大气,当大气从海岸向陆地输送热量(尤其是以蒸发潜热的形式),就会将水分重新分配,同时,陆地接受的海洋所输送的水分以河流等形式返回到海洋。因此,海洋与大陆之间的水分交换是相互的。

海岸带海陆相互作用是国际地圈—生物圈计划的核心项目,其重点是研究陆地、海洋和大气交汇和相互作用的区域。在区域和全球尺度上研究陆地、大气、海洋界面的动力学相互作用的特征,它们的相互作用对全球循环的影响,以及如何影响海岸带环境的变化。海岸带包括从陆地沿海平原到大陆架边缘的地带,河口地区和大陆架是其主要组成部分。海岸带占地球表面的8%,生物产量达23%,占整个海洋捕捞量的90%。海岸带对一些重要化学元素(如碳、氮、硫、磷等)的地球生物化学循环有重要贡献,河口地区和沿海地带沉积了大量的有机碳化合物,是碳循环中的一个重要的汇,但其氧化可成为CO_2的重要来源。

(四) 气候—生态系统相互作用

气候系统与生态系统之间存在着十分密切的关系。如大气中二氧化碳、甲烷等温室气体增加时气候变暖,导致植物的光合作用加强,其结果使生态系统从大气吸收的二氧化碳的数量增加,从而平衡大气二氧化碳的浓度,降低温室效应,使气候变暖幅度减小甚至变冷。这是生态系统对气候变化或对温室效应的负反馈作用。据研究,工业革命以来,由于化石燃料的大量利用和人类活动的加强,已经释放出的碳大约为 7.5 GtC,其中一半左右留在大气中,使大气二氧化碳浓度增加了 25%。另外一半则被生物和海洋所吸收。海洋对大气二氧化碳的吸收,一是靠海水的溶解,二是靠海洋生物的吸收。因此,生态系统在减轻温室效应方面的作用是不可忽视的。相反,如果大气二氧化碳浓度降低,则会引起气候变冷,并导致植物的光合作用强度减弱,其结果又会使植物从大气吸收的二氧化碳的数量减少，从而抑制大气二氧化碳浓度进一步减低的速度和气候变冷的幅度，甚至使气候回暖。

随着气候的冷暖变化，地球表面的生态系统也将发生相应的变化。当气候变冷，大陆上冰川、冻土面积扩大，而植被覆盖度减小，生物量也减少，这样势必导致光合作用吸收的二氧化碳数量减少，因而使大气二氧化碳浓度升高，从而对气候变冷起到抑制作用；反之，当气候变暖，大陆上冰川、冻土面积缩小，而植被覆盖面积增大，生物量也将增多，这样势必导致光合作用吸收的二氧化碳数量增多，因而使得大气二氧化碳浓度降低，从而对气候变暖起到抑制作用，甚至出现变冷的趋势。

目前，生态系统受各种自然或人为因素的干扰，当这些干扰超过一定的限度，即系统本身的适应能力，必然会在某些方面表现出不可逆转的损伤或退化。其表现形式包括系统退化、生产力下降、生物多样性减少、对环境和气候的调节能力下降等诸多方面。

值得一提的是，人类已成为全球气候系统中一个重要的组成部分。人类通过各种各样的经济活动改造着地表的形态、物质组成及能量交换，从而形成了人地关系概念。所谓"人地关系"，是指人类社会和人类活动与地球环境之间的相互关系。人地系统的演化取决于人类及其周围环境的质和量的对比关系。当前的人地系统关系主要表现在全球尺度、国家尺度和局部地域三个不同尺度上。人地关系包括人对自然的依赖性和人类的能动地位，人与自然的关系随着人类社会的发展而发生变化。地球系统科学强调的人地关系是指人与自然的相互作用及所应采取的对策。由于地球的整体性和地球各圈层的相互作用，许多全球环境问题成了世界各国和社会公众关切的热点。人地关系研究的重要前沿领域包括全球环境变化及其区域响应、区域可持续发展及人地关系机理、社会生态与环境伦理研究与体系构建等。人地关系问题是随着人类的产生而出现，并随人类社会的发展而不断向广度和深度进化。人地关系具有多重性、异地相关性、异时相关性，此外，人地系统还具有整体性、结构性、层次性等特性。人类对某一地区施加影响，会对其他地区产生作用，而今天的措施又将对未来产生影响，这充分说明了人地关系的时空特性。

第三节 气候变化成因

解构气候变化成因对于人类了解气候变化问题及全球应对气候变化策略至关重要。气候变化一词在IPCC中的定义是：气候随时间的任何变化，无论其原因是自然变率，还是人类活动的结果。这有别于其在UNFCCC中的定义，即在可比时期内所观测到的自然气候变率之外的直接或间接归因于人类活动而改变全球大气成分所导致的气候变化。显然，后者更加关注人类活动的影响。近百年的全球变暖事实告诉我们，人类影响极有可能是20世纪中期以来观测到的气候升温的主导原因。事实上，随着人类对气候系统干扰的出现，气候变化也给人类系统和自然系统造成各种风险，并最终影响了地球内部的运行方式，即又反馈作用到人类活动中。可见，气候变化的成因是复杂多变的。

IPCC第5次评估指出，改变地球能量收支的自然和人为物质与过程是气候变化的驱动因子。辐射强迫（Radiation Forcing, RF）量化了与1750年相比的在2011年由这些驱动因子引起的能量通量变化。本节将通过引入辐射强迫等概念来探索气候变化归因问题，重点介绍人类活动导致的温室气体排放以及气候变化归因研究的主要工具—气候模式（Climate Model）。

一、温室效应与全球变暖潜势

温室效应（Greenhouse Effect）这一概念最早由瑞典化学家斯万特·阿勒尼斯提出，俗称花房效应，是指大气对来自太阳辐射的可见光具有高度透过性，而对地球发射出来的长波辐射具有高度吸收性，能强烈吸收地面辐射红外线，为地球提供保温的一种自然现象。

宇宙中任何物体都辐射电磁波，物体温度越高，辐射的波长越短。太阳表面温度约6000K，所发射的电磁波长很短，称为太阳短波辐射（其中包括从紫到红的可见光）。地面在接受太阳短波辐射而增温的同时，也时时刻刻向外辐射电磁波而冷却。地球发射的电磁波长因为温度较低而较长，称为地面长波辐射。短波辐射和长波辐射在经过地球大气时的遭遇是不同的：大气对太阳短波辐射几乎是透明的，却强烈吸收地面长波辐射。大气在吸收地面长波辐射的同时，它自己也向外辐射波长更长的长波辐射（因为大气的温度比地面更低），其中向下到达地面的部分称为逆辐射，地面接收逆辐射后也会升温，这就是大气温室效应的原理。打个比方说，假如阳光下有一幢玻璃房子，阳光中可见光的能量透过玻璃到达房子内部，并被里面的物体所吸收使其温度升高。这些物体同时也以辐射的形式释放出热量，但由于其温度比太阳低得多，不能像太阳那样释放出能量较高的可见光，只能产生能量低的红外辐射，而且红外线不像可见光那样容易透过玻璃天棚，而是大部分会被反射回来，所以能量就在房子里积聚，最终使室内温度升高。

在温室效应作用下，地球的温度取决于太阳到达地球的能量（太阳辐射）和从地球反射回太空的能量。大约一半的太阳辐射被地球表面吸收，另一半被大气吸收或被地球表面的云、大气微粒、雪、冰和沙漠反射回太空，而地球表面吸收的部分能量则以热量形式被辐射回大气层。在大气中，并不是所有的热量辐射都能到达太空，部分被温室气体分子和云吸收并被辐射回地球表面（温室效应），从而将全球平均气温保持在15℃左右，如果温室效应不存在，温度就会下降到-23℃。而当温室效应不断积累，导致地气系统吸收与发射的能量不平衡，能量不断地在地气系统累积，导致温度上升，最终就会造成全球气候变暖。

在大气中，含量最高的气体是氮气（干燥大气中的含量为78%）和氧气（含量为21%），但它们没有温室效应。温室效应来自于那些更加复杂而且不太常见的分子——温室气体。温室气体是指大气中自然或人为产生的气体成分，它们能够吸收和释放地球表面、大气和云发出的热红外辐射光谱内特定波长的辐射，包括：水汽（H_2O）、二氧化碳（CO_2）、甲烷（CH4）、氧化亚氮（N_2O）、臭氧（O_3）、氢氟氯碳化物类（CFCs，HFCs，HCFCs）、全氟化碳（PFCs）六氟化硫（SF_6）及三氟化氮（NF_3）等。其中，二氧化碳、甲烷、氧化亚氮、氢氟碳化物、全氟化碳和六氟化硫被1997年在日本京都签订的《京都议定书》中规定为第一承诺期（2008—2012年）需要强制量化减排的6种温室气体；而在2012年，于卡塔尔多哈召开的UNFCCC第18次缔约方会议将三氟化氮（NF_3）新增为《京都议定书》第二承诺期（2012—2017年）需要量化减排的第7种温室气体。需要注意的是，水汽虽然是一种主要的温室气体，但由于并不是由人类活动大量制造的，且无法控制其在大气中的浓度，因此它并未被纳入全球气候合作减排行动中。此外，由于臭氧的时空分布变化较大，在进行减量措施规划时，一般也不将其纳入考虑范围。

（一）主要的温室效应气体——水汽

水汽在地球大气层中是主要的温室气体，是自然温室效应的最大贡献者，它在地球气候中扮演了重要角色。额外的水汽通过人为活动注入大气中，主要包括灌溉作物、电厂降温、少量化石燃料的燃烧。水汽相对于二氧化碳对自然温室效应的贡献取决于核算方法，但可以认为比二氧化碳的贡献约大2~3倍。

然而，水汽不同于二氧化碳，它能凝结和沉降。当高湿度的空气降温时，一些蒸汽凝结成水滴或冰粒并沉降。水汽在大气中通常会停留10天时间。水汽通过人为源头进入大气的流量比"自然"蒸发的要少得多，因此，它对整体浓度的影响可以忽略不计，并且对长期的温室效应没有显著作用，这也是为什么对流层水汽不被认为是造成辐射强迫的人为气体的主要原因。但在平流层，人为排放对水汽确实有显著的影响。通过氧化作用，由人类活动导致的甲烷浓度的升高带来了额外的水源。平流层中水的变化有辐射影响，被认为是一种强迫，并且可以进行评估。平流层水的浓度在过去几十年有了显著不同。这些变化的完整范围还不是很清楚，可能与其说是一种强迫，不如说是加到自然变率中的反馈过程。即便如此，平流层水汽对变暖的贡献，从强迫和反馈两方面来讲，都要比来自甲烷或二氧化碳的小得多。

空气中水汽的最大量由温度控制。极地地区从地表延伸到平流层的典型空气柱中每平方米可能只包含几千克水汽，然而热带地区类似的空气柱则可以包含高达70千克的水汽。空气温度每升高1度，大气可以多保留7%的水汽。浓度的增加放大了温室效应，并且因此导致更多的变暖。该过程被称为水汽的反馈过程，它出现在用于估算气候变化的所有模型中，其优点是与观测一致。虽然已观测到大气中水汽的增加，但人们认为这种变化是一种气候反馈，不应解释为人为排放导致的辐射强迫。

总体而言，水汽在地球大气中发挥着最大的温室效应作用。然而，其他温室气体，主要是二氧化碳，对维持水汽在大气中的存在是必要的。事实上，如果从大气中去除这些气体，其温度将下降到足以引起水汽减少，而导致温室效应下降失控,从而使地球骤然进入冰冻状态。所以,是温室气体而不是水汽提供了维持当前大气中水汽水平的温度结构。因此,虽然二氧化碳是主要的人为控制气候的按钮,但水汽是一种强有力并且迅速的反馈,它以一个介于二和三之间的典型系数放大任何初始强迫❶。水汽不是一个显著的初始强迫,然而却是气候变化的基本介质。

(二) 主要温室效应气体——二氧化碳

二氧化碳是最重要的温室气体,它是一种可以自然生成的气体,也是从化石碳沉积物中提炼的化石燃料(如石油、天然气和煤)和生物质燃烧后,以及土地利用变化和其他工业流程产生的次生产物,它贡献了长效温室气体辐射强迫的63%。人类活动制造的二氧化碳中有一半会被生物圈和海洋吸收,剩下的可以在大气中存在成百上千年。由于其他温室气体在空气中含量少,一般认为二氧化碳是导致温室效应的罪魁祸首。二氧化碳也因此被选定为比较其他温室气体全球变暖潜势的基础,在定量分析过程中,通常是将其他气体排放换算成二氧化碳当量。

二氧化碳基本上属于惰性气体,可在不到一年的时间内快速混入整个对流层。不同于可在大气中通过汇效应被去除和分解的活性化合物(如甲烷),二氧化碳在全球碳循环内不同的储存库中进行重新分配,经过漫长的时间历程后,最终通过再循环回到大气中。通过冰芯检测可推断出,在工业化时代之前的几千年里,大气中的二氧化碳浓度一直近乎平衡,然而,人类向大气中排放二氧化碳打破了这种平衡,随着全球二氧化碳浓度的提高,二氧化碳和海洋表层以及植被之间的交换作用发生了转换,随之而来的,陆地、海洋和地壳的碳储存库之间及其内部的交换作用也发生了转换。通过这种方式,全球碳循环对新增碳进行再分配,直到不同碳储存库之间的交换接近新的平衡。在海洋上空,二氧化碳分子通过气体交换穿越海气界面,二氧化碳和海

---

❶ 向大气中释放更多的 CO_2 会增强温室效应,从而使地球气候变暖,其变暖的量取决于各种反馈机制。例如,由于温室气体浓度水平增高,大气变暖,大气中的水汽含量也随之增加,进而又增强了温室效应。这反过来又引起了地球气候进一步的变暖,而水汽含量又接着增加,这是一种不断自我强化的循环。水汽反馈的效应非常强,由它所引起的温室效应增强的量是增加 CO_2 所引起的温室效应增强量的2倍。

水中的水分子相互作用形成碳酸，碳酸能迅速和海洋中庞大储存库内分解的无机碳、重碳酸盐和碳酸盐离子发生反应。洋流和高密度海水的形成，将碳从海平面输送到深海水层。海洋生物圈也能实现碳的再分配，栖息于表层水域的海洋生物长有有机组织和钙质壳，它们会在海洋生物死后沉入深海，经过溶解和微生物分解，又回到溶解的无机碳储存库，其中一小部分会抵达海底，沉入海底沉积物之中。人为造成的额外碳排放能够提高大气中二氧化碳的分压，进而提升二氧化碳分子的海气交换作用。在海平面，碳酸盐化合物快速吸收多余的二氧化碳，结果使得浅海表层水域在一年或两年内就能和大气达到碳平衡。碳从海洋表面迁移到中等深度、再到深海需要更长时间，从几十年到几百年不等。经过更加漫长的时间后，外来的二氧化碳分解了海底的碳酸盐沉积物，进一步提高了海洋的碳吸收量。然而，目前已知，除非海洋环流发生重大变化，浮游生物的生长会大致保持不变，因为其主要受到养分和光照等环境因素的影响。没有无机碳的存在，浮游生物在增强海洋碳吸收量和捕捉人为排放的二氧化碳方面起不到显著作用。

根据世界气象组织（World Meteorological Organization，WMO）公布的数据，2016年大气二氧化碳浓度比工业化前（1970年）水平增加了45%，并有持续上升趋势。查尔斯·基林是最早测量大气二氧化碳浓度的科学家，他于1958年在夏威夷大岛的莫纳鲁阿山（Mauna Loa）山顶建立观测站，开始持之以恒地测量二氧化碳浓度。当年大气二氧化碳浓度为316 ppm（Parts Per Million）❶，比前工业化时代的278 ppm略高。2016年是载入地球大气史册的一年，大气二氧化碳浓度打破纪录，超过400 ppm，为403.3±0.1 ppm。2015年至2016年的年平均值创纪录增幅（3.3 ppm）高于之前2012—2013年的创纪录增幅，且比过去10年的平均增长率（约2.2 ppm/年）高50%❷。上一次地球大气二氧化碳浓度达到这么高的水平要追溯到几百万年前，那时地球的温度比现在高几度，冰川融化使得海平面比现在高几十米。有环境科学家们认为，大气二氧化碳浓度400 ppm是一道红色警戒线，它预示着地球进入了气候变化的危险区域。

---

❶ Parts Per Million用于表示100万体积的空气中所含污染物的体积数。例如，大气二氧化碳浓度为316 ppm表示在100万体积的大气空气中含有316体积的二氧化碳。

❷ 2016年和2015年增长率高于历年，部分是由于与最近厄尔尼诺事件有关的二氧化碳自然排放增加。

当前大气中二氧化碳浓度增加的主要原因是工业化以后大量开采使用矿物燃料。1860 年以来，燃烧矿物质燃料排放的二氧化碳，平均每年增长率为 4.22%，而近 30 年各种燃料的总排放量每年达到 50 亿吨左右。大气中二氧化碳增加的另一个主要原因是采伐树木作燃料。森林原是大气碳循环中的一个主要的"库"，每平方米面积的森林可以同化 1~2kg 的二氧化碳。砍伐森林则把原本是二氧化碳的"库"变成了又一个向大气排放二氧化碳的"源"。据世界粮农组织（FAO）估计，20 世纪 70 年代末期每年约采伐木材 24 亿立方米，其中约有一半作为燃柴烧掉，由此造成的二氧化碳浓度增量每年可达 0.4 ppm 左右。

（三）主要温室效应气体——甲烷

甲烷是第二种最重要的温室气体（约贡献长效温室气体辐射强迫的 18%）。甲烷在大气中存约 12 年。按照每分子的效应计算，甲烷比二氧化碳的温室效应大得多。2018 年 4 月 2 日，美国能源部劳伦斯伯克利国家实验室的研究人员，利用俄克拉何马州南大平原观测站十年来获得的对地球大气的综合观测数据，首次直接证明了甲烷导致地球表面温室效应不断增加。

大约 40% 的甲烷是自然产生的，如海洋、永冻层、湿地和白蚁，另 60% 来自于人类活动。其中，后者主要包括以下 5 个方面：①农林废弃物（如秸秆、锯末、甘蔗渣、稻糠等）生物质材料燃烧排放的甲烷。②有机废物在废物填埋场被填埋后，在高温和细菌的作用下，向外界释放大量甲烷。③在正常的运行、维修或意外事故状态下，天然气开采及管道渗漏释放出大量甲烷。④采煤过程中煤层深处被释放出的甲烷。⑤在畜牧业中作为肉食的牲畜（尤其是反刍动物，如牛、羊等）饲养过程中，饲养场或牧场牲畜的消化过程及代谢产物（粪便及呼吸）以及畜牧食物发酵后，都会释放出甲烷。值得一提的是，能源产业排放，包括煤矿业、炼油业、管路渗漏等，都能通过技术的改进使甲烷排放降至最低，而畜牧业才是最严重的人为甲烷排放源。正如最近加州大学柏克莱分校"全球环境健康"教授寇克·史密斯博士（Dr. Kirk Smith）所言："我们所有吃肉的人，还有我必须指出，包括那些喝牛奶的人，都难辞其咎。"减少吃肉和奶制品，可降低甲烷在大气中的含量。

根据世界气象组织公布的数据，2016 年大气甲烷浓度比工业化前水平的

722 ppb（Parts Per Billion）增加了157%，并有持续上升的趋势❶。利用实地观测资料计算出的2016年大气甲烷浓度创下了新高，达到1853±2 ppb，与上一年相比增加了9 ppb。大气甲烷浓度年平均增幅从20世纪80年代初的每年约13 ppb减少到1999—2006年的接近于零。自2007年以来，大气甲烷浓度再次上升。利用甲烷测量值进行的研究表明，上升的原因可能是热带湿地以及北半球中纬度地区人为源的甲烷排放量增加。

当前全球应对气候变化所采取的对策都偏重于减少二氧化碳的排放，但一个不争的事实是，由于单位甲烷的温室效应要比二氧化碳大得多，如果想要关注当代人类的福利，应该更加着重于减少甲烷的污染。除此之外，甲烷为一种相当险恶的气体，它不仅是一种强烈的温室气体，而且会增加地面上的臭氧污染，危害人体健康。大气中若含有高浓度的甲烷，而使氧气浓度降至19.5%以下时，就会使人体产生窒息的危险。甲烷的浓度增高，也会与空气混合，形成高度易燃并具有爆炸性的气体。在对甲烷的降低排放技术进行成本效益分析后，其结果显示，如果现在采取切实可行的措施，大约有1/3的甲烷排放可以避免，并且能够获得经济效益，因为甲烷是可利用资源。在很多情况下，由人类活动而产生的甲烷易于收集用作燃料，而且技术并不复杂，费用也低廉。

温室气体在大气中可以吸收长波辐射的微量气体，它们通过温室效应给地球形成保护层使得地球平均温度保持恒定。IPCC第4次评估报告指出，在温室气体的总增温效应中，二氧化碳贡献约占63%，甲烷贡献约占18%，氧化亚氮贡献约占6%，其他成分贡献约占13%。

不同温室气体对于地球温室效应的贡献取决于该温室气体的全球变暖潜势 GWP（Global Warming Potential）及其在大气中浓度的变化。为统一度量整体温室效应的结果，需要一种能够比较不同温室气体排放的量度单位，由于二氧化碳在所有温室气体中对大气增温贡献最大，因此，规定二氧化碳当量为度量温室效应的基本单位。一种气体的二氧化碳当量为这种气体质量乘以其 GWP。在这里，GWP 表示温室气体不同时间内在大气中保持综合影响及其

---

❶ Parts Per Billion 用于表示10亿体积的空气中所含污染物的体积数。例如，大气甲烷浓度为722 ppb 表示在10亿体积的大气空气中含有722体积的甲烷。

吸收外逸热红外辐射的相对作用。在数值上，GWP 等于相对于二氧化碳在所选定时间内进行积分的，某个给定的充分混合的温室气体单位质量的辐射影响值。也就是，一定质量温室气体所捕获得到的热量与同样质量的二氧化碳所捕获的热量之比。假设二氧化碳的 GWP 值为 1，某种温室气体 GWP 的计算公式如下：

$$GWP(x) = \frac{\int_0^t a_x \cdot x_t \mathrm{d}t}{\int_0^t a_r \cdot r_t \mathrm{d}t} \quad (1.2)$$

其中，t 是计算时的评估期间长度；a_x 是一公斤气体的吸收辐射效率（单位：W/kg）；$x(t)$ 是 1 公斤气体在 $t=0$ 时间释放到大气后，随时间衰减之后的比例。分子是待测温室气体的积分量，分母则是二氧化碳的积分量。随着时间变化，辐射效率 a_x 及 a_r 可能不是常数。

一般而言，GWP 的大小和以下因素有关：①对红外线辐射的吸收能力；②吸收光谱波长的范围；③在大气中的寿命。如果温室气体对红外线辐射的吸收能力越强，则 GWP 越高。许多温室气体吸收红外线辐射量和其浓度成正比，但有些重要的温室气体（如二氧化碳、甲烷、一氧化二氮）目前的红外线辐射吸收量和其浓度成非线性的关系，而且未来也可能仍然是非线性关系。GWP 和吸收光谱波长的关系比较复杂，即使一气体在特定波长吸收红外线辐射的效果很好，但该波长范围的红外线辐射已被大气所吸收，气体本身的 GWP 也不会很高。若一气体吸收红外线辐射的波长范围恰好是大气所吸收的波长范围外，其 GWP 就会比较高。GWP 和波长之间的函数关系已经用实验的方式求得，而且也已有图表可查阅。GWP 和其红外线光谱有关，可以利用红外吸收光谱法研究温室气体，来了解人类活动对全球气候变化的影响。至于 GWP 与温室气体在大气中的衰减速率关系，这方面的资料多半无法得到准确的数值，其数值不能视为精确无误。因此，在引述 GWP 资料时需标注其数据的来源。值得一提的是，混合气体的全球暖化潜势不易计算，其数据无法用单纯将成分气体的全球暖化潜势加权后产生。

辐射效应提供了一种简化的方式用来在许多可能影响气候的因素之间互

相比较。*GWP* 就是一种有关辐射特性的简化指标，可以用来估测及比较许多不同气体的排放对气候系统的潜在影响。尽管衡量温室气体作用强弱的评分方法有许多种，但 *GWP* 无疑是最具参考价值的，特别是作为政策措施的依据。*GWP* 从分子角度评价温室气体，包括分子吸收与保持热量的能力，以及能在自然环境中存在多久而不被破坏或分解。如此这般，就能评价每种温室气体对温室效应的影响比重。

GWP 能够评价温室气体在未来一定时间的温室效应能力，通常以 20 年、100 年、500 年来衡量。例如，甲烷 100 年的 *GWP* 是 25，表示如果同样质量的甲烷和二氧化碳同时排放到大气中，这些甲烷吸收的热能是二氧化碳的 25 倍。由于自然的分解破坏机制，已有温室气体在大气中的浓度是逐年降低的，其温室效应能力也一并减弱。然而某些 CFC 家族气体，大气存留时间相当长，并且有可能 100 年的 *GWP* 高于 20 年的 *GWP*。事实上，温室气体的 *GWP* 一般远大于二氧化碳。这可以理解为，大气中已经具有相当多的二氧化碳，以至于许多波段的辐射早已被吸收殆尽，因此大部分新增的二氧化碳只能在原有吸收波段的边缘发挥其吸收效应。相反地，一些数量较少的温室气体（包括甲烷在内），所吸收的是那些尚未被有效拦截的波段，所以每多一个分子都会提供新的吸收能力。表 1-2 列出了特定时间跨度下的不同温室气体的 *GWP*。

表 1-2 温室气体 GWP

温室气体	20 年	100 年	500 年	温室气体	20 年	100 年	500 年
二氧化碳	1	1	1	二氟一氯甲烷	5160	1810	549
甲烷	72	25	7.6	氧化亚氮	275	310	256
一氧化氮	275	296	156	六氟化硫	16300	22800	32600
一氧化二氮	289	298	153	三氟甲烷	9400	12000	10000
二氯二氟甲烷	11000	10900	5200	四氟乙烷	3300	1300	400

二、气候变化驱动因子与辐射强迫

除温室气体导致温室效应外，大气中气溶胶的浓度、地表覆盖率和太阳辐射的变化都会改变气候系统的能量平衡，从而成为气候变化的驱动因子❶。这些变化影响大气和地表对辐射的吸收、散射和漫射。这些因子导致能量平衡产生正或负的变化用辐射强迫表示。辐射强迫反映气候系统的内部变化，如二氧化碳浓度或太阳辐射的变化等外部强迫引起的对流层顶垂直方向上的净辐射变化，单位为瓦特每平方米（W/m^2）。它是某一因子变化（比如大气中二氧化碳浓度增加）对地球—大气系统能量平衡的影响程度的一种度量，同时它是一种指数，反映该因子在潜在气候变化机制中的重要性。正强迫使地球表面增暖，负强迫则使其降冷。辐射强迫概念的重要性在于可用于比较影响地球辐射平衡的多数单个因子对全球表面平均温度的影响。尽管有一些重要修正，AR5 中给出的定量值与 IPCC 以往报告相一致。

辐射强迫的估算是基于实地观测和遥感观测、温室气体和气溶胶的特性以及基于利用可代表已观测到的各种过程的数值模式的计算结果。某些排放的化合物会影响其他物质的大气浓度。辐射强迫量可根据每一种物质的浓度变化进行计算，也可以根据排放计算某一化合物的辐射强迫，这与人类活动有着更直接的联系，它包含了受排放影响的所有物质的贡献。在考虑所有驱动因子的情况时，两种方法的人为辐射强迫总估计值是一致的。虽然在 IPCC 第 5 次报告中两种方法均有使用，但更侧重于基于排放的辐射强迫。目前 IPCC 关于人为和自然辐射强迫的结论是：总辐射强迫是正值，并导致了气候系统的能量吸收。对总辐射强迫的最大贡献来自于 1750 年以来的大气中二氧化碳浓度的增加。

● 相对于 1750 年，2011 年总人为辐射强迫值为 $2.29W/m^2$（$1.13\sim3.33W/m^2$），自 1970 年以来其增加速率比之前的各个年代更快。2011 年的总人为辐射强迫的最佳估计值比 IPCC 第 4 次评估报告给出的 2005 年值高 43%。这是由大多数温室气体浓度的继续增加和气溶胶强迫作用的估算值得到改善［气溶胶强迫产生的净冷却效应（负辐射强迫）比之前的评估偏弱］所共同造成的。

---

❶ 气溶胶（Aerosol）是指由固体或液体小质点分散并悬浮在气体介质中形成的胶体分散系，又称气体分散体系。其分散相为固体或液体小质点，大小为 $0.001\sim100\mu m$，分散介质为气体。液体气溶胶通常称为雾，固体气溶胶通常称为雾烟。天空中的云、雾、尘埃，工业上和运输业上用的锅炉和各种发动机里未燃尽的燃料所形成的烟，采矿、采石场磨材和粮食加工时所形成的固体粉尘，人造的掩蔽烟幕和毒烟等都是气溶胶的具体实例。

- 相对于1750年，2011年由混合充分的温室气体（CO_2、CH_4、N_2O和卤代烃）排放产生的辐射强迫为3.00W/m²（2.22~3.78W/m²），由这些气体浓度变化造成的辐射强迫为2.83W/m²（2.26~3.40W/m²）。

- 仅二氧化碳排放产生了1.68W/m²（1.33~2.03W/m²）的辐射强迫，将造成二氧化碳浓度增加的其他含碳气体的排放包括在内，CO_2的辐射强迫值为1.82W/m²（1.46~2.18W/m²）。

- 仅甲烷排放产生了0.97W/m²（0.74~1.20W/m²）的辐射强迫，这远大于基于浓度的估算值0.48W/m²（0.38~0.58W/m²）。估算值中的差异是由于甲烷排放导致的臭氧浓度的变化和平流层水汽含量的变化以及其他间接影响甲烷的排放所造成的。

- 平流层中耗损臭氧的卤代烃排放引起0.18W/m²（0.01~0.35W/m²）的净正辐射强迫。卤代烃本身的正辐射强迫已超过了它导致的臭氧损耗所产生的负辐射强迫。所有卤代烃的正辐射强迫与第4次评估报告的值相似，其中CFCs造成的辐射强迫降低，但其很多替代物造成的辐射强迫增加了。

- 短寿命周期气体的排放对总人为辐射强迫值有贡献。一氧化碳排放几乎确定已引起正辐射强迫，氮氧化物可能已引起净负辐射强迫。

- 大气中气溶胶总效应（包括气溶胶造成的云调节）的辐射强迫为-0.9W/m²（-1.9~-0.1W/m²）（中等信度），这是将大多数气溶胶产生的负强迫作用和黑碳吸收太阳辐射产生的正贡献合计得到。具有高信度的是，气溶胶及其与云的相互作用已抵消了源于充分混合的温室气体引起的全球平均强迫的很大一部分，它们仍然是总辐射强迫估算中的最大不确定性来源。

- 在火山爆发后的若干年内，平流层火山气溶胶的强迫作用对气候有很大影响。2008—2011年间几座小火山的喷发已产生了-0.11W/m²（-0.15~-0.08W/m²）的辐射强迫，其强度大约是1999—2002年火山气溶胶辐射强迫的2倍。

- 由于太阳辐照度变化产生的辐射强迫估计为0.05W/m²（0.00~0.10W/m²）。1978—2011年对太阳总辐照度变化的卫星观测表明，最后一个太阳极小值低于前两个极小值。这导致最近一次极小值（2008年）与1986年极小值之间产生了-0.04W/m²（-0.08~0.00W/m²）的辐射强迫差值。

● 除了几次大规模火山爆发以后的短暂时期以外,太阳辐照度和平流层火山气溶胶产生的总自然辐射强迫在整个过去一个世纪对净辐射强迫的贡献很小。

在确定不同驱动因子对气候的最终影响方面,除了全球平均辐射强迫和有效辐射强迫外,强迫的空间分布和时间演变以及气候反馈也发挥着作用,而地表变化实质上也会通过非辐射过程影响局地和区域气候。

三、人类活动与气候模式

古气候记录证据表明,全球温度增加与大气二氧化碳浓度升高是相匹配的。最显著的一个方面是温度与过去几十万年冰川期间观测到的大气中二氧化碳浓度之间的强烈对应关系。当二氧化碳浓度升高时,全球温度会升高;当二氧化碳浓度下降时,全球温度会下降。值得一提的是,全球变暖会减少陆地和海洋对大气二氧化碳的吸收,也因此增加了驻留在大气中的人为排放比例。这种正碳循环反馈会增加二氧化碳在大气中的浓度,并在某一特定排放情景下引起更大幅度的气候变暖。

通过对气候变化各驱动因子的辐射强迫估算,结果显示人类活动已成为全球变暖的一个重要驱动因子。极有可能的是,人为影响是造成观测到的近百年来全球变暖的主要原因。人类活动已经改变且正在继续改变着地球表面和大气成分,其中的一些变化直接或间接影响着地球能量平衡。例如,自18世纪末期以来,工业革命带来的温室气体在大气层中持续增加,浓度不断上升的温室气体将以吸收并重新释放热辐射的方式在大气层中聚集更多的热量,使得全球表面平均气温升高,而气温升高又带来气候系统的其他变化,这就是通常所说的人为(人类导致的)气候变化。在这个过程中,一些温室气体浓度的升高,比如二氧化碳,受到了人类活动的显著影响,但另一些气体,例如水汽,就没有受到影响。关于气候变化归因的说法大多来源于 UNFCCCC 和 IPCC。UNFCCC 对归因于自然过程与归因于人类活动改变大气成分的气候变率做了明确的区分:导致气候变化的原因也许是由于自然的内部过程或外部强迫,如太阳周期的改变、火山喷发等,也许是持续人为活动引起的大气成分或土地利用的变化。IPCC 报告指出,自然的温室效应使地球比没有温室效应时要暖，人类活动产生的各种排放使大气中的温室气体浓度显著增加，使得温室效应得到增强，地表更加变暖；同时指出，已经在大气和海洋的变暖、全球水循环的变化、积雪和冰的减少、全球平均海平面的上升以及一些极端气候事件的变化中检测到人为影响。

气候系统非常复杂，考虑的因素众多，不仅地球上不同的地域有着完全不同的气候表现，不同的气候现象之间也有着相互影响，所以要比较准确地研究气候归因问题，很难使用简单直观的方式来演示。目前对气候变化进行归因研究主要依赖的工具就是气候模式。所谓气候模式实际上就是气候系统的数学表达。由于是数学表达，气候模式可通过计算机进行计算、优化，对过去和现在的气候现象进行分析，并根据模式对未来的气候变化趋势做出预测。IPCC评估报告认为气候模式具有以下三个共同特征。

第一，气候模式是建立在基本的物理定律之上的，比如质量守恒定律、能量守恒定律等已经在所研究的条件下经过了时间考验的基本定律。不同的气候现象可以使用不同的物理原理来进行表达，所考虑的气候现象越多，那么对于气候的代表性就越好，得到的结果也就更加可靠。当然人们对于很多气候现象的理解仍然有限，还不了解很多过程精确的物理模型；气候系统本身也非常庞大，影响了完全精确的物理模型的直接应用，所以模型里面也包括了很多的物理近似，以及通过数学离散的方法对大体系进行的估计。

第二，气候模式具备对当前气候进行模拟的能力。对模式的能力进行评估的一个重要方法，就是把模式的模拟结果与大气、海洋、冰雪、地表等的观测结果进行对比。目前有多个模式对气候进行研究，国际上为了协调不同的研究，有专门的协调机构对模式本身进行检查，收集发布在共同条件下开展的模式试验的模拟结果，对模式进行全面公开的评价。通过这些相互对比，对模式的评估水平提高很快，应该可以说出现重大错误的可能性越来越小。模式在很多重要的平均气候特征方面，比如平均的大气温度、降水、辐射和风的大尺度分布，以及海洋温度、海流和海冰覆盖的大尺度分布，都在不断进步，其可信程度持续提高。

第三，气候模式拥有对于过去气候和气候变化特征的再现能力。使用模式来模拟古气候取得了一些进展，对于仪器测量时代气候变化的模拟结果也不错。一个重要的实例就是对过去一个世纪时间内的全球温度趋势的模拟，该模拟既包括了自然因素对气候的影响，也包括了人为因素对气候的影响。对于数据更加充分的 20 世纪 80 年代以后气候的模拟，一些观测到的变化，比如夜晚温度上升幅度高于白天的气温上升幅度、北极变暖程度较大、在重要火山喷发之后的小规模且短时间的全球变冷以及随后的恢复，都可以在模式中得到体现。

基于模式的气候变化归因研究结果表明，就多世纪至千年时间尺度而言，由二氧化碳排放导致的大部分人为气候变化是不可逆转的，除非在持续时期内将大气中的二氧化碳大量净移除。在净人为二氧化碳排放完全停止后，表面温度仍会在多个世纪基本维持在较高水平上。由于从海洋表面到海洋深处的热转移的时间尺度较长，所以海洋变暖将持续若干世纪。在不同的情景下，排放的二氧化碳中有大约 15%~40% 将在大气中保持 1000 年以上。可以看出，气候系统存在稳定性、持续性和不可逆性等特征，这些特征可通过量化过去、现在和将来的二氧化碳排放等气候系统响应指标加以理解。

这些指标通常都包括：①平衡气候敏感度，量化了气候系统对多世纪时间尺度上恒定辐射强迫的响应。它是指大气二氧化碳浓度加倍后达到平衡时的全球平均地表温度的变化。根据 AR5，平衡气候敏感度的范围可能是 1.5~4.5℃（高信度），极不可能低于 1℃（高信度），很不可能大于 6℃（中等信度）。②瞬时气候响应，量化了年代际到百年时间尺度上气候系统对增加的辐射强迫的响应。它是指大气二氧化碳浓度每年增加 1% 直至加倍时的全球平均地表温度的变化。瞬时气候响应的范围可能为 1.0~2.5℃（高信度），极不可能大于 3℃。③累积碳排放的瞬时气候响应，量化了气候系统对累积碳排放的瞬时响应。它是指向大气中每排放 1000 GtC 时的全球平均地表温度变化。累积碳排放的瞬时气候响应的范围可能是每 1000 GtC 引起 0.8~2.5℃ 的温度变化，这适用于达到温度峰值之前，累积排放不超过 2000 GtC 的情况。

基于气候模式的气候变化预测，在理论上应提供关于未来温室气体排放或浓度、气溶胶以及其他气候驱动因子等大量信息，并将这些信息汇总为人类活动的一个情景，但目前尚无法对所有的气候驱动因子加以评估和量化。在这种情况下，取而代之的一个方法是采用人为排放，即不包含自然驱动因子（如太阳、火山强迫、甲烷和氧化亚氮等的自然排放）的变化。

在 IPCC 第 5 次评估报告中，科学界已定义了一套新的 4 个人为排放情景，称之为典型浓度路径（Representative Concentration Pathways，RCP），例如RCP2.6、RCP4.5、RCP6.0、RCP8.5。这4个情景是用相对于1750年—2100年的近似总辐射强迫来表示的，一个为极低强迫水平的减缓情景（RCP2.6，取值为 $2.6W/m^2$），两个为中等稳定化情景（RCP4.5，取值为 $4.5W/m^2$ 和RCP6.0，取值为 $6.0W/m^2$），一个为温室气体排放非常高的情景（RCP8.5，取值为 $8.5W/m^2$）。RCP是基于综合评估模式、简单气候模式、大气化学和全球碳循环模式的结合。每个RCP都提供全面的高空间分辨率资料集，涉及土地利用变化、基于行业的空气污染物排放量、到2100年的人为排放量和温室气体浓度。在所有的RCP情景下，都使用更新的大气化学资料和模式，大气化学和耦合模式比较计划第5阶段（CMIP5）的气候组分及RCP情景规定的化学反应气体（CH_4、N_2O、HFCs、NOx、CO、NMVOC）的排放进行额外计算。这些模拟可用于分析研究碳循环反馈和大气化学的不确定性。需要强调的是，虽然RCP情景涵盖的总强迫值范围很广，但并未涵盖文献中的所有排放范围，特别是气溶胶排放。此外，由于每个模式的特点和对短寿命气候强迫因子的处理方法不同，源自所有驱动因子的气候强迫在各模式之间是不同的，所以这些值应当被理解为仅是表征性的。

与第3次和第4次评估报告中所用的排放情景特别报告（SRES）中的非气候政策相比，RCP可以代表一系列21世纪的气候政策：对于RCP6.0和RCP8.5情景，到2100年辐射强迫还没有达到峰值；对RCP2.6情景，辐射强迫先达到峰值，然后下降；对RCP4.5情景，辐射强迫在2100年前达到了稳定。大多数CMIP5和地球系统模式模拟都按规定的二氧化碳浓度运行，即到2100年大约为421 ppm（RCP2.6）、538 ppm（RCP4.5）、670 ppm（RCP6.0）和936 ppm（RCP8.5）。在计入预先规定的 CH_4 和 N_2O 浓度后，综合二氧化碳当量浓度为475 ppm（RCP2.6）、630 ppm（RCP4.5）、800 ppm（RCP6.0）和1313 ppm（RCP8.5）。对RCP8.5，额外的CMIP5地球系统模式模拟按规定的二氧化碳排放（由综合评估模式提供）运行。

第四节 什么是气候变化经济学

在了解了气候变化历史、全球气候系统、气候变化成因之后，本章的最后一节也是本书的开篇将正式进入气候变化经济学议题。本节将主要从两个方面展开讨论。首先，通过介绍气候变化科学的发展历程对气候变化经济学的内涵进行界定。最后，以 IPCC 评估报告为基础框架，探讨气候变化经济学的核心议题及其未来发展方向。

一、从气候到气候变化

对气候变化经济学的内涵界定可以采用从认识气候变化入手，而认识气候变化则始于对气候概念的理解。

1. 什么是气候？

IPCC 认为，气候可被定义为天气的平均状况，或严格地表述为，在某一个时期内对相关量的均值和变率做出的统计描述。在这里，一个时期的长度包括从几个月至几千年甚至几百万年不等；相关量一般指地表变量，如温度、降水和海平面等。需要说明的是，气候与天气是两个不同概念。气候是指较长时间维度内的平均天气状况，通常参照世界气象组织定义的 30 年；而天气是指任何在特定时间的大气状况，包括温度、降水、风速风向、气压和相对湿度等，通常用于描述短期，如每天、每周、每月。

相对于天气来讲，气候更容易预测。科学家们常被问到这样一个问题：天气的混沌状态使得数天之后的天气难以预料，那么如果连从现在开始之后的短期天气都无法确定，又如何预测从现在开始 50 年后的气候呢？事实上，根据大气成分或其他要素的变化来预估气候变化，也就是长期的平均天气变化，是非常不同且相对而言较易解决的问题。譬如，我们不可能预测某个人的具体死亡年龄，但是我们可以很有把握地说工业化国家人们的平均死亡年龄大约是 75 岁。

2. 什么是气候变化？

根据 UNFCCC 第 1 款，气候变化被定义为：经过相当一段时间的观察，在自然气候变化之外由人类活动直接或间接地改变全球大气组成所导致的气候改变。该定义的一个重要特征是，将人类活动引起的"气候变化"与自然原因引起的"气候变率"做出直接区分。尽管引起气候变化的原因可能是自然内部的因素，也可能是外界强迫或者人为造成的，但近百年来观察到的全球变暖现象则被公认为主要是由人类排放的二氧化碳等温室气体引起的。

气候变化对人类的影响是全方位的、多尺度的和多层次的。大量统计数据和研究结果表明，虽然气候变化可能带来有利影响，例如升温可使中纬度一些地区的作物增产、增加一些缺水地区的可用水量、降低中高纬度地区冬季寒冷的死亡率并减少取暖所需能源等，但其负面效应却更受关注，因为它直接关系到人类未来的生存与发展。例如，当前的全球变暖现象不仅已经对自然生态系统带来明显影响，而且已在不同程度上影响到人类社会、经济的各个领域，包括能源和水资源供需、农作物及畜牧业生产、人类居住环境与健康等。

纵观人类发现气候变化和应对气候变化的历史进程，气候变化科学的发展大致经历了如下大事记。

- 1824年，法国物理学家弗立叶（Joseph Fourier）首次提出地球自然的"温室效应"。
- 1861年，爱尔兰物理学家丁达尔（John Tyndall）描述了二氧化碳和水可以影响气候。
- 1895年，瑞典化学家阿勒尼斯（Svante Arrhenius）指出工业时代的煤炭燃烧会加强自然的温室效应。
- 1938年英国工程师卡伦德（Guy Callendar）提出20世纪的二氧化碳浓度上升已经导致了温度增加，然而"卡伦德效应"并没有被大众接受。
- 1958年，地球化学家基林（Charles David Keeling）受聘监测大气中的二氧化碳水平，两年后就发现大西洋地区的温度有明显升高。
- 20世纪70年代，人们又发现了甲烷、氧化亚氮、氯氟烃等其他人为制造的温室气体。
- 1979年，首届世界气候大会在日内瓦召开，并由此制定了世界气候计划。

- 1988 年，IPCC 由世界气象组织和联合国环境规划署共同成立。
- 1990 年，IPCC 发布第 1 次评估报告，预测在 21 世纪每 10 年气温将上升 0.3℃。
- 1992 年，联合国大会通过 UNFCCC——世界上第一个为全面控制二氧化碳等温室气体排放，应对全球气候变暖给人类经济和社会带来不利影响的国际公约，也是国际社会在应对全球气候变化问题上进行国际合作的一个基本框架。
- 1997 年，在日本京都，UNFCCC 第 3 次缔约方制定并通过《京都议定书》，首次以国际性法规的形式限制温室气体排放。
- 2007 年，在印度尼西亚巴厘岛，UNFCCC 第 13 次缔约方设定了为期 2 年的"双轨"谈判，并规定将在 2009 年的哥本哈根缔约方会议上诞生一份新的全球减排协议，以取代 2012 年到期的《京都议定书》。
- 2015 年，在法国巴黎，UNFCCC 第 21 次缔约方通过《巴黎协定》为 2020 年后全球应对气候变化行动做出安排，并将全球应对气候变化的长期目标设定为：将全球平均气温较前工业化时期上升幅度控制在 2 摄氏度以内，并努力将温度上升幅度限制在 1.5 摄氏度以内。

二、从气候变化到气候变化经济学

气候变化经济学已成为当前应用经济学科领域最前沿、最热门的话题之一。2018 年 10 月 1 日的诺贝尔经济学奖被授予气候变化经济学研究的开创者诺德豪斯。伴随着诺贝尔经济学奖的颁布，气候变化经济学正被推上前所未有的高度，并开始逐步形成一个独立的、系统的应用经济学科分支。

一般而言，气候变化经济学主要研究气候变化特别是应对气候变化引起的经济问题或经济学问题。它包括：气候变化带来的生产成本、消费收益变化和为应对气候变化而采用的能源替代及其价格波动、技术改进而新增投资等市场经济问题；气候变化对区域经济增长的冲击和为应对气候变化而实施产业转型等发展经济问题；因市场经济和发展经济引起就业变化和人口迁移等社会治理问题；气候合作面临的国际、代际公平和效率的全球地缘政治经济挑战。

气候变化经济学具有以下5个主要特征：①它的涵盖范围是全球性的；②它的影响周期是长期性的；③它与社会经济系统是交互耦合的。④它的内在机制是复杂的；⑤它的应对策略是多样化的。关于气候变化经济学的重要性，诺德豪斯（1982）给出了两点理由：一方面，气候变化会对经济系统的生产过程和最终产出发生影响；另一方面，旨在减少温室气体排放的政策措施，也必须经由经济系统才可起作用。从根本上来看，气候变化经济学的学科基础与未来趋势将主要围绕如何正确理解和刻画气候系统、经济系统及其间的交互耦合关系而前行。虽然气候变化经济学依赖于气候变化和经济学这两个学科，但它既不同于气候变化也不同于经济学。气候变化经济学通过将两者融合，形成一套自身的逻辑研究方法和问题解决方案。

总的来说，气候变化经济学是一门具有技术经济色彩并且超越技术经济范畴的应用经济学科分支。它试图研究气候经济领域中的复杂经济现象以帮助决策者和研究者在利用政府资源、社会资源以及技术工具、信息交流中，可以全面应对各种挑战。

虽然目前气候变化经济学已被广泛应用于制定气候政策和评价减排方案，例如分析气候政策的成本效益、评估气候变化和应对气候变化对经济增长和可持续发展的影响、评价不同减排方案的社会公平性（包括国际公平、区际公平以及社会阶层公平）等，但它在学科发展上仍面临一系列挑战。第一，从自然科学的角度来看，当前人类对与气候变化经济学的认识体系尚不完善。例如，全球变化成因、自然系统、"2度"问题等尚存不确定性。第二，从社会科学的角度来看，温室气体减排的效率性问题，包括经济减排政策工具的选择、气候变化与社会经济系统的交互影响等问题的量化研究尚存在困难。第三，从研究方法上看，关于气候变化经济影响的集成评估模型虽已有所发展，但是能够开展全球性经济一体化结构的分析模型还远不够，其与大气环流模式（General Circulation Models，GCM）结合的工作尚不成熟。除此之外，气候变化经济学还面临应对气候变化的国际、代际公平的挑战，以及全球治理中的地缘政治经济挑战。

三、学科基础与发展趋势：基于IPCC评估报告框架

气候变化科学发展大事记表明，IPCC的成立已开启了人类从发现气候变

化到应对气候变化的新纪元,其评估报告为我们奠定了气候变化经济学的学科基础和未来发展新趋势。

IPCC 是牵头评估气候变化的国际组织,由联合国环境规划署(United Nations Environment Programme,UNEP)和世界气象组织于 1988 年建立,旨在向世界提供一个清晰的有关对当前气候变化及其潜在环境和社会经济影响认知状况的科学观点。IPCC 与美国前副总统阿尔·戈尔(Al Gore)共同分享了 2007 年诺贝尔和平奖,其秘书处设在日内瓦的世界气象组织总部。IPCC 是一个政府间机构,对联合国和世界气象组织的所有会员国开放,目前有 195 个国家是 IPCC 的会员。IPCC 每年至少召开一次全会,由各国政府代表出席,就 IPCC 主要的工作计划做出决定,并选举 IPCC 主席团成员(包括主席)。各国政府还在全会上参与报告界定、提名作者、评审过程以及各项报告的接受、通过和批准。IPCC 又是一个科学机构,负责评审和评估全世界产生的有关认知气候变化方面的最新科学技术和社会经济文献。它不开展任何研究,也不监督与气候有关的资料或参数,来自世界各地的数千名科学家自愿以作者、撰稿作者和评审人员的身份参加 IPCC 的工作,IPCC 不对他们支付任何薪酬。

目前 IPCC 关于气候变化的全面科学与技术评估有三个工作组和一个专题组。其中,第一工作组的主题是气候变化的自然科学基础;第二工作组的主题是气候变化的影响、适应和脆弱性;第三工作组的主题是减缓气候变化。国家温室气体清单专题组的主要目标是制订和细化国家温室气体排放和清除的计算和报告方法。除了工作组和专题组之外,为审议某个特定主题或问题,还可进一步建立有限或更长时限的专题组和指导组,例如为影响和气候分析提供数据和情景支持专题组。IPCC 工作组的报告由各章节、一个可任选的技术摘要和一个决策者摘要组成,在此基础上,形成一个综合评估报告。综合评估报告是将评估报告和特别报告中包含的材料进行综合和整合,它以适合决策者的非技术性风格写成,涉及广泛地与政策相关但中立的问题,由一个大报告及一个决策者摘要组成。

1. 自然科学基础

IPCC 第一工作组的报告包含了重要的、新的科学知识,可以用于提供气候信息和服务，以协助社会采取行动应对气候变化的挑战。它是对气候变化的自然科学基础做的一个综合评估，可为那些负责于 UNFCCC 下达成一项新协议的谈判代表们提供新的动力。IPCC 第 5 次评估报告之第一工作组有关自然科学基础评估报告的主要内容如下：

● 气候变化科学方面的进展信息。其概述了关键概念、气候变化指标、不确定性处理，以及测量和建模能力的改进，还包括对未来典型浓度路径情景的描述。

● 观测和古气候信息。从气候系统各组成部分入手，对气候变率和气候变化方面的信息做了评估，其中有仪器记录信息，也有气候档案信息，涵盖与大气相关的所有方面，包括平流层、地表、海洋和冰冻圈，时间尺度从数天到数十年和从数百年到数千年（第五章）都在考虑范畴之内。

● 对过程的认知。涵盖针对两个关键主题的所有相关方面，从观测和对过程的认知，到从全球到区域尺度的预估，一方面是关于碳循环及其与其他生物地球化学循环的相互作用，特别是氮循环，以及对气候系统的反馈；另一方面从自然科学基础角度来评估云和气溶胶，其交互作用和化学、水蒸气的作用及其对气候系统的反馈作用。

● 从强迫到气候变化的归因。其收集并评估了有关气候变化不同驱动因子（自然的和人为的）的各种信息，并用辐射强迫进行表述；对模拟过去和现在的气候变化所使用的各层级气候模式做了评估，并利用观测资料和古气候重建结果对这些模式做了评价；对有关检测从全球到区域尺度的变化及其在人为增加温室气体中的归因方面的信息进行了评估。

2. 适应气候变化

人类对气候系统的干扰正在出现，而气候变化又给人类社会经济系统和自然系统造成了各种影响。如何评估气候变化的影响以及如何适应变化后的气候系统，是气候变化经济学未来发展的一个重要方向。IPCC 第 5 次评估报告之第二工作组在评估影响、适应和脆弱性时，评价了气候变化导致的潜在效益模式如何改变；考虑了怎样通过减缓和适应来降低和管理与气候变化有关的影响和风险；评估了与适应相关的需求、手段、机遇、掣肘、恢复力、局限性和其他与适应有关的方面。该评估报告分为 A-复杂多变世界中观测到的影响、脆弱性与适应，B-未来风险和适应机遇，C-未来风险管理和恢复力建设三个部分，主要内容如下：

- A-1：观测到的影响、脆弱性和暴露度。近几十年来，气候变化已对所有大陆和海洋的自然和人类系统产生了影响。对于自然系统而言，气候变化影响的证据是最强大和最全面的。对人类系统的某些影响也已归因于气候变化，气候变化的贡献或者是主要的，或者是次要的，能够从其他影响中区分出来。对观测到的影响的归因，通常是将自然和人类系统的响应与观测到的气候变化联系起来，而不考虑气候变化的原因是什么。

- A-2：适应经验。纵观历史，人类和社会一直都在适应和应对气候、气候变率和极端事件，取得了不同程度的成功。人类对观测到的和预估的气候变化影响的适应性响应从更广泛意义来看也可减轻风险，实现发展目标。

- A-3：决策环境。在许多决策环境中，气候变率和极端事件一直是非常重要的因素。气候相关的风险正在随着气候变化和发展发生演变。从现有的决策和风险管理经验出发，对未来气候相关风险和潜在响应的评估打下基础。

- B-1：部门和区域的关键风险。关键风险是与 UNFCCC 第二条中描述的"气候系统危险的人为干扰"相关的潜在严重影响。社会和系统的高危害或/和高脆弱度暴露时，风险被认为是关键。关键风险的确定基于以下具体标准的专家判断：影响的大幅度、高概率或者不可逆性；影响的时机；风险造成的持续脆弱性或暴露度；通过适应或减缓，降低风险的有限潜力。

- B-2：部门风险和适应潜力。气候变化预计会放大现有的气候相关风险并会对自然和人类系统产生新的风险。其中一些风险只局限于某个部门或区域，但是其他风险会有级联效应。在较小程度上，气候变化预计也会有一些潜在益处。

- B-3：区域的关键风险和适应潜力。不同地区和群体随时间的不同，所面临的风险有所不同，这取决于诸多因素，包括适应和减缓的程度。评估报告给出了一些经过筛选的具有中等信度到高信度的关键区域风险内容。

- C-1：有效适应的原则。适应具有特定的地域和背景，降低风险没有普遍适用的单一方法（高信度）。有效的降低风险和适应战略要考虑脆弱性和暴露度的动态变化及其与社会经济进程、可持续发展及气候变化的关系。

● C-2：气候恢复能力路径和转型。气候恢复能力路径是适应与减缓相结合的，旨在减缓气候变化及其影响的可持续发展轨迹。这些轨迹包括一些确保有效风险管理能够实施和持续的迭代过程。

3. 减缓气候变化

近百年的全球气候数据表明，当前的全球变暖趋势不可能被停止或逆转，但是能被减缓，使得人类社会经济系统和自然系统有更多的时间去适应。气候变化经济学发展的另一个重要发展方向就是研究如何减缓气候变化。减缓是一种人为的干预，以减少碳源或增加碳汇，减缓有助于实现 UNFCCC 的第 2 条目标：在一个水平上稳定温室气体浓度，在这个水平上，应在足够的时间内实现生态系统适应自然气候变化，以确保粮食生产没有受到威胁，使经济发展以可持续的方式进行。IPCC 第 5 次评估报告之第三工作组对通过限制或防止温室气体排放而减缓气候变化的相关手段，以及对减少大气中温室气体浓度的活动进行了全面并透明的评估。报告强调尽管减缓政策的数量不断增加，在过去 10 年中温室气体的排放增长仍不断加速。来自数百个新制减缓情景的证据表明，21 世纪内将升温趋势加以稳定需要根本上远离"一切照旧"的做法。同时，报告显示将温度上升控制在相对于工业化时代前的 2℃ 以下，存在各种排放路径，但这个目标与巨大的技术、经济和体制方面的挑战相关，延迟做出减缓行动或有限拿出低碳技术会进一步加剧这些挑战，诸如 2.5℃ 或 3℃ 等稍低的减缓目标在更缓慢的时间尺度上也面临类似的挑战。在补充这些见解的同时，报告不仅对能源、交通、建筑、工业和土地利用部门可用的技术和行为减缓手段进行了全面的评估，还对从地方到国际各级治理机构的政策选择进行了评估。评估报告 4 个部分的主要内容如下：

● 描述了"AR4 以来取得的经验"和"AR5 面临的新挑战"，并简短介绍了温室气体排放的"历史、当前和未来的趋势"，讨论了有关气候变化响应政策事宜，包括 UNFCCC 的终极目标（第 2 条）和气候变化的人类维度（包括可持续发展）。

● 明确了方法学基础和根本概念，包括在后续部分中关于详细评估气候变化减缓政策和措施的相关价值判断。重点阐释了一些关键的首要问题，如气候变化响应政策的综合风险和不确定性评估，社会、经济和道德概念和方法，可持续发展和公平，并使其成为相关研究分析的基准点。

● 为可能的减缓路径和相应的部门贡献和影响提供了综合评估。报告结合了主要经济部门长期减缓路径和短期至中期减缓手段方面的跨部门和部门信息。在驱动因素、趋势和减缓方面，讨论了排放驱动因素，为评估历史上温室气体排放的发展情况提供了素材；通过概述借助不同统计方法得出的温室气体和短寿命气候污染物存量和流量的全球趋势，既为过去提供了补充视角，又为后续研究提供了背景。在评估转型路径方面，分析了由全球31个建模小组生成的1200个新情景，用以探索不同目标水平下经济、技术和机制的先决条件以及减缓路径的影响。在经济部门、人类住区、基础设施和空间规划方面，提供了有关能源系统、交通、建筑、工业、农业、林业和其他土地利用方面不同减缓手段的信息，以及针对人类住区和基础设施的特定减缓手段信息，包括与每个手段相关的可能共同效益、反面副作用和成本。

● 评估了不同治理尺度的政策。回顾了气候变化减缓政策方面的经验，政策本身以及跨部门和尺度政策之间的相互作用，以向决策者提供有关政策结构方面的见解，从而在政策上可最佳达到诸如环境效益和经济效益等方面的评估标准。从国际合作尺度、区域尺度以及国家和次国家层级，评估交叉性投资和融资事项。

总的来说，一方面，自然科学为气候变化经济学的成立和发展奠定了良好的学科基础，而适应和减缓将成为气候变化经济学未来发展的两个重要方向；另一方面，作为应用经济学的一个分支，气候变化经济学离不开相关的经济学理论。根据本书章节设置，第二章将进一步讨论气候变化经济学的经济学理论基础。

第二章　气候变化经济学的理论基础

　　从地球演化史来看，气候变化在总体上是一种自然现象。然而，近百年来全球正在变暖的气候表象说明气候变化与人类经济活动之间存在着较为复杂的联系：气候变化会对人类社会带来多方面影响；与此同时，人类社会的经济活动也会反作用于全球气候。当前人类正处于化石能源使用高峰时期，这种因碳排放增加改变温室效应进而导致的全球气候变化现象与人类经济活动间的交互影响在短期内是无法避免的。因此，研究气候变化经济学的理论基础，尤其是气候变化与人类经济活动间的耦合机理十分重要，这将是本章开展气候变化经济学理论探讨的核心内容。此外，在全球气候变化背景下，人类作为一个经济个体是如何对其经济活动做出决策的？进一步地，在应对气候变化进程中，人类作为一个命运共同体将如何开展全球合作的经济学机理？这些问题也是本章将探讨的重要内容。具体来看，本章内容简介如下：

　　• 气候变化对经济的影响机制：介绍温室气体作为一种共有资源可能导致的市场失灵、社会福利损失以及通过外部成本内部化消除外部性的经济学机理。

　　• 经济对气候变化的影响机制：通过介绍经济发展与收入分配的倒 U 形规律，分析环境库兹涅茨曲线存在的合理性和质疑，探讨经济增长与碳排放强度、人均碳排放和碳排放总量间的倒 U 形规律。

　　• 应对气候变化的经济决策：对不确定和风险的概念进行界定，介绍风险决策和不确定决策方法，探讨贴现率在气候变化经济跨期决策的影响。

　　• 应对气候变化的全球合作：基于博弈论框架，探讨全球合作减排各国可能采用的博弈策略及其相应的得益。

第一节 共有资源的外部性原理

准公共物品的"拥挤性"为当前全球关注的温室气体排放/减排提供了经济学理论依据。温室气体属于准公共物品类别下的共有资源，具有竞争性和非排他性。温室气体的外部性特征在一定程度上导致了排放主体必然会因自身利益最大化和共有资源产权的模糊化而不积极履行减排责任，进而导致当前全球经济资源配置低效率以及市场机制失灵等相关问题。参照微观经济学，这些问题可以用经济学中的外部性理论来解释，其应对策略是通过政府管制或者市场手段将外部成本内部化，以克服经济主体只偏好排放但不减排的这种低效率资源配置现象。本节将首先介绍共有资源和外部性等相关概念。然后，从经济效率角度阐述通过改变温室气体的资源配额（排放和减排）增加社会福利的经济学机制。最后，讨论几种可以纠正市场失灵的外部成本内部化政策工具。

一、共有资源与外部性

准公共产品是指具有有限的非竞争性或有限的非排他性的公共产品，它介于公共产品和私人产品之间，温室气体就是一种准公共产品。对于准公共产品的供给，在理论上应采取政府和市场共同分担的原则。为方便理解，这里先来介绍一下公共物品概念。

所谓公共物品是指公共使用或消费的物品。诺贝尔经济学奖获得者萨缪尔森对公共产品的经典定义是"任何一个人对某种物品的消费不会减少其他人对这种物品的消费"。这句话包含两个方面内容：第一，任何一个消费者消费的都是整个的公共产品，个人消费不能阻碍其他人的消费；第二，公共产品在个人之间是不可分的，要消费就消费一个公共产品的全部，而不能像私人产品那样消费其中的一部分。

公共物品是与私人物品相对应的一个概念，公共物品具有消费的强制性，它是向整个社会供应的，整个社会成员共同享用它的效用。公共物品一经生产出来提供给社会，社会成员一般没有选择余地，只能被动地接受。换句话说，公共物品不是自由竞争品，它具有高度的垄断性，公共物品的这一性质，提醒人们必须注意公共物品的质量和数量。公共物品的废品、次品绝不能流入社会，一旦流入社会，其危害性远远大于私人产品。公共物品的数量不足，不能满足社会的需要，其危害性是明显的，而公共物品生产供应过度，对社会也会带来消极的影响。因此，公共物品一般不能或不能有效通过市场机制由企业和个人来提供，其主要是由政府来提供。

严格意义上的公共物品具有非竞争性和非排他性，但是在很多情况下公共物品是不会兼具这两个特征的。这里的非竞争性是指，某人对公共物品的消费并不会影响别人同时消费该物品及其从中获得效用，即在给定的生产水平下，为另一个消费者提供这一物品所带来的边际成本为零；而非排他性是指，某人在消费一种公共物品时，不能排除其他人消费这一物品（不论他们是否付费），或者排除的成本很高。

- 竞争性：是指消费者或消费数量的增加引起的商品的生产成本的增加，私人产品大都具有竞争性。如甲多吃一块巧克力，生产者就必须多生产一块，而生产一块巧克力需要花费厂商一定数量的成本，从而减少用于生产其他商品的资源，也就是说对其他商品产量的生产形成竞争。

- 排他性：是指某个消费者在购买并得到一种商品的消费权之后，就可以把其他消费者排斥在获得该商品的利益之外。私人产品在使用上具有排他性。如甲购买了一块巧克力，他就获得了消费这块巧克力的权利，其他人就不能消费同一块巧克力了。

准公共物品是一种介于公共物品和私人物品之间的物品。根据上述公共物品的非竞争性和非排他性，可以将公共物品分为纯公共物品、俱乐部物品和共有资源物品。其中，纯公共物品是指同时具有非排他性和非竞争性的物品；俱乐部物品即在消费上具有非竞争性，但却可以较轻易地做到排他；共有资源物品与俱乐部物品刚好相反，即在消费上具有竞争性，但却无法有效地排他。俱乐部物品和共有资源物品统称为准公共物品，即不同时具备非排他性和非竞争性。总的来看，准公共物品具有一个重要特征——拥挤性，即当消费增加到某一个值后,就会出现边际成本为正的情况,而不是像纯公共物品,增加一个单位的消费,边际成本为零。

温室气体是一种共有资源,它具有非排他性但有一定的竞争性,同时它也具有准公共物品的拥挤性。换言之,在温室气体排放使大气二氧化碳浓度到达临界值后,每增加一个单位的温室气体排放将减少所有人类的公共效用,或者说需要增加成本来抵消这种效用的损失。表2-1列出了一些典型公共物品及其拥挤性。

表2-1 公共物品分类

	竞争性	非竞争性
排他性	私人物品 · 冰激凌 · 衣服 拥挤、收费	俱乐部产品(自然垄断) · 自来水 · 有线电视 不拥挤、收费
非排他性	共有资源 · 温室气体 · 海洋的鱼 拥挤、不收费	公共物品 · 国防 · 知识 不拥挤、不收费

- 自然垄断:亦称"自然寡头垄断",即某些产品和服务由单个企业大规模生产经营比多个企业同时生产经营更有效率的现象。比如有线电视,多一个用户、少一个用户,对有线电视供应商来说影响不大,因为有线电视信号并不是主要成本来源,边际成本并不会随着大量信号输出大幅度降低,而它的主要成本来自于有线电视网络的建设。这时候如果有多个公司提供有线电视的话,就会造成有线电视网络的重复建设,从而造成浪费,因此,由一个公司为整个市场提供产品,然后政府出面监管,将价格定在合理的区间。换句话说,自然垄断行业天生就该被垄断。由此可以看出,平均成本下降是自然垄断的充分条件,但不是必要条件。换句话说,即使平均成本上升,只要单一企业生产所有产品的成本小于多个企业分别生产这些产品的成本之和,那么由单一企业垄断市场的社会成本依然最小,该行业就是自然垄断行业。

从共有资源的非排他性属性来看,由于对其产权界定是困难的,这在一定程度上导致了因资源过度使用而造成资源枯竭和浪费等问题，这在经济学上常用"公地悲剧"来分析。公地作为一项资源或财产，有许多拥有者，他们中的每一个都有使用权，但没有权利阻止其他人使用，从而造成资源过度使用和枯竭。过度砍伐的森林、过度捕捞的渔业资源及污染严重的河流和空气，都是"公地悲剧"的典型例子。之所以叫"悲剧"，是因为每个当事人都知道资源将由于过度使用而枯竭，但每个人对阻止事态的继续恶化都感到无能为力，而且都抱着"及时捞一把"的心态加剧事态的恶化。共有资源因产权难以界定（或者说界定产权的交易成本太高），而被竞争性地过度使用或侵占是必然的结果。

• 1968年英国加勒特·哈丁教授（Garrett Hardin）在"The Tragedy of the Commons"一文中首先提出"公地悲剧"理论模型。他说，作为理性人，每个牧羊人都希望自己的收益最大化。在公共草地上，每增加一只羊会有两种结果：一是获得增加一只羊的收入；二是加重草地的负担，并有可能使草地过度放牧。经过思考，牧羊人决定不顾草地的承受能力而增加羊群数量，于是他便会因羊只的增加而收益增多。许多牧羊人看到有利可图也纷纷加入这一行列，由于羊群的进入不受限制，所以牧场被过度使用，草地状况迅速恶化，悲剧就这样发生了。哈丁的理论假设是一个向一切人开放的牧场，每个牧羊人都从牧羊中获利，并且每个理性的牧羊人都试图扩大自己的牧羊量，当过度放牧时，就会面临"公地悲剧"的发生——牧场的退化。

作为一种共有资源，温室气体的过度排放已然引发了"公地悲剧"。由于当前全球对于各国温室气体排放没有严格的约束力，或者说温室气体排放的产权是不清晰的。在这种情况下，各国为了其国内的经济发展和利益最大化，只能进入温室气体排放自愿限制或者无限制的状态，这无疑将加速全球气候变化现象的出现。虽然《京都议定书》《哥本哈根协议》《巴黎协定》等全球气候谈判协议已对一些国家的温室气体排放做出约束，但包括IPCC的大量研究普遍认为，当前的全球排放模式尚不能很好地实现人们应对气候变化的目标，由于温室气体过量排放导致的全球变暖悲剧正在发生且从未出现过停止的迹象。

在完全竞争模型里，生产物品的成本及其销售收益全部归卖者，而获得这种产品的收益以及购买它的成本全部归买者，所以买卖双方交易所产生的收益结果对市场外的其他人没有任何影响，市场最优量即是社会最适量。然而，交易产生的收益结果往往会超出买卖双方所构成的市场范围，给市场外的其他人带来影响，这些影响被称为"外部性"。显然，在没有外部强制性约束的条件下，温室气体排放者并不会考虑其排放行为对全球气候变化带来的外部性。

一般而言，外部性是指经济主体（包括厂商或个人）的经济活动对他人和社会造成的非市场化的影响。对外部性概念做出准确定义是困难的，不同的经济学家从不同角度对外部性进行考量并给出了不同的定义，主要包括两类，一类是从外部性的产生主体角度来定义，另一类是从外部性的接受主体来定义。

- 从外部性的产生主体角度考虑，萨缪尔森和诺德豪斯对外部性给出的经典定义是：外部性是指那些生产或消费对其他团体强征了不可补偿的成本或给予了无须补偿的收益的情形。
- 从外部性的接受主体考虑，兰德尔对外部性给出的定义是：外部性是用来表示当一个行动的某些效益或成本不在决策者的考虑范围内的时候所产生的一些低效率现象；也就是某些效益被给予，或某些成本被强加给没有参加这一决策的人。

上述两种不同的定义，本质上是一致的，即外部性是某个经济主体对另一个经济主体产生的一种外部影响，而这种外部影响又不能通过市场价格进行买卖。从某种角度说，气候也是经济的参与者，经济学理论对其依然适用。例如，在不断追求便捷与效率的过程中，人类不可避免地会危害其经济活动范围之外的环境和气候发展。现代汽车速度是古代马车的几十倍，给人们的生活、出行带来了极大的方便，但汽车排放的尾气已经成为造成全球气候变暖和臭氧层空洞的主要元凶之一。

从影响效果来看，外部性可分为正外部性（或称正外部经济效益、外部经济）和负外部性（或称负外部经济效益、外部不经济）。温室气体排放的外部性影响既有正向的也有负向的,其中,正外部性是指那些私人成本大于社会成本、私人收益小于社会收益;而负外部性是指那些私人成本小于社会成本、私人收益大于社会收益。总体来看,就当前经济社会而言,温室气体排放的负向外部性影响远比正向外部性影响严重得多。

- 正外部性(外部经济):是指行为人实施的行为对他人或公共的环境利益有溢出效应,但其他经济人不必为此向带来福利的人支付任何费用,并可以无偿地享受福利。由于外部性非市场的影响,其只能产生在生产领域和消费领域,因此,正外部性又可分为正生产外部性和正消费外部性:正生产外部性是指在生产中给其他生产者或消费者带来经济利益,如园林规划;正消费外部性是指在消费中给外界带来利益,如私人花园的鲜花散发出芳香是私人消费的正外部性。

- 负外部性(外部不经济):是指行为人实施的行为对他人或公共的环境利益有减损的效应,但其他经济人无法为此向带来损失的人索取任何赔偿。从生产领域和消费领域出发,其又可分为负生产外部性和负消费外部性:负生产外部性是指在生产中给其他生产者或消费者造成损害,增加了他们的外部成本,如化工厂排出的未经处理的废水造成了水污染;负消费外部性是指在消费中给外界造成了损害,如开私人汽车给环境带来了负面影响。

从时空角度来看,外部性可分为代内外部性与代际外部性:温室气体排放的代内外部性主要是从即期考虑资源在其地理区域空间内配置是否合理;而代际外部性主要是要解决人类代际之间行为的相互影响,尤其是要消除前代对后代、当代对后代的不利影响。总的来看,当前的温室气体排放外部性问题,已经不再局限于同一地区的企业和企业之间、企业与居民之间,而是扩展成了地区、国际的跨区域问题,即气候外部性的代内空间范围正在不断地扩大。同时,代际外部性问题也日益突出,如全球气候变暖、臭氧层空洞、厄尔尼诺和拉尼娜等气候灾害频发已经威胁到了未来时代人类的生存。

二、市场失灵与社会福利

生产或消费的负外部性使市场生产或消费的量大于社会希望的量,生产或消费的正外部性使市场生产或消费的量小于社会希望的量。这些情况都是市场失灵（Market Failure）的表现，其原因就在于外部性的影响没有被包含在物品或劳务的市场价格中，使得市场无法有效率地分配商品和劳务的情况。

市场失灵是福利经济学的一个重要研究内容。所谓福利经济学，是从微观经济主体出发，考察一个社会全体成员的经济福利的最大化问题。福利经济学属于规范分析，根据价值判断标准，确定经济运行是否符合既定社会目标。例如，最大的选择自由、最高的经济效率或是公平的收入分配。从经济效率的角度来看，为了便于分析经济主体在市场失灵的程度，通常将社会福利量化为消费者剩余加上生产者剩余，以评估市场失灵给社会福利带来的影响。

针对市场失灵的社会福利分析，通常会涉及以下几个概念。

- 社会边际收益（Marginal Social Benefit，MSB）或称边际社会收益，指整个社会对经济主体的某种经济活动（生产商生产物品或服务，或者消费者消费物品或服务）每增加一个单位所增加的满足程度。一种物品或服务的社会边际收益，随其数量的增加倾向于减少。
- 私人边际收益（Marginal Private Benefit，MPB）或称边际私人收益，指经济活动的直接经济主体每增加一个单位所增加的满足程度，并在该物品或服务的需求曲线上得到反映。
- 外部边际收益（Marginal External Benefit，MEB），指经济主体的经济活动每增加一个单位所带来的正外部性影响效果。
- 社会边际成本（Marginal Social Cost，MSC）或称边际成本，指经济主体的某种经济活动每增加一个单位的总社会成本增量。
- 私人边际成本（Marginal Private Cost，MPC）或称边际私人成本，指经济活动的直接经济主体每增加一个单位的成本增量，并在该物品或服务的供给曲线上得到反映。
- 外部边际成本（Marginal External Cost，MEC）或称边际损害，指经济主体的经济活动每增加一个单位所带来的负外部性影响效果。
- 两个重要公式：MSB=MPB+MEB；MSC=MPC+MEC。

一般而言，市场失灵的根本原因是具有外部性效应的物品或服务，其私人边际成本与社会边际成本、私人边际收益与社会边际收益之间不一致。通过需求曲线、供给曲线和成交量之间的关系可以解释市场失灵时，由消费者正外部性、消费者负外部性、生产者正外部性和生产者负外部性导致的社会福利变化。其中，社会福利的变化量等于需求曲线与供给曲线和成交量间的夹角面积。气候变化经济问题的外部性通常对应于温室气体排放的消费负外部性，即私人边际收益大于社会边际收益，私人占有了一部分社会收益，从而增加了排放；而温室气体减排的生产正外部性，即私人边际成本大于社会边际成本，私人为社会承担了一部分成本，从而减少了减排。

市场失灵带来的直接后果是社会资源配置不合理，从而降低了市场经济效率和社会福利。在福利经济学中，通过帕累托改进可增加社会福利进而达到帕累托最优（Pareto Optimality）状态。所谓帕累托最优，也称帕累托效率（Pareto Efficiency），是指资源分配的一种理想状态，它假定固有的一群人和可分配的资源，从一种分配状态到另一种状态的变化中，在没有使任何人境况变坏的前提下，使得至少一个人变得更好。帕累托最优状态就是不可能再有更多的帕累托改进的余地。换句话说，帕累托改进是达到帕累托最优的路径和方法。帕累托最优状态意味着资源的配置达到了最大效率，任何重新配置行为都只能使这一效率降低，而无法使这一效率更高。值得一提的是，帕累托最优不同于且优于本章后面提到的纳什均衡。

- 举例1：假设现在有两个人，甲和乙，分10块蛋糕，并且两个人都喜欢吃蛋糕。10块蛋糕无论在两个人之间如何分配，都是帕累托最优，因为你想让某一个人拥有更大利益的唯一办法是从另一个人手里拿走蛋糕，导致的结果是那个被拿走蛋糕的人利益受损。
- 举例2：假设现在有两个人，甲和乙，分10块蛋糕和10个包子。甲喜欢吃蛋糕而乙喜欢吃包子，而且甲讨厌吃包子，乙讨厌吃蛋糕（甲包子吃得越多越不开心，乙蛋糕吃得越多越不开心）。这种情形下，帕累托最优应当是：把10块蛋糕全部给甲，把10个包子全部给乙。因为任何其他的分配都会使得至少一个人手里拿着一些自己讨厌的东西，比如甲拥有10块蛋糕以及2个包子，乙拥有8个包子。这个时候，如果把2个包子从甲的手里转移到乙的手里，甲和乙都会变得比原来更开心，同时这样的转移并不会使得任何一方的利益受损。

帕累托最优状态可以在完全竞争的市场中达到，因为帕累托最优状态的三个条件（交换最优、生产最优和产品混合最优）能够在完全竞争的经济社会中得到满足。完全竞争的均衡便是帕累托最优状态，帕累托最优状态也就是完全竞争的均衡[1]。

- 交换最优：即使再交易，个人也不能从中得到更大的利益。此时对任意两个消费者，任意两种商品之间的边际替代率是相同的，且两个消费者的效用同时得到最大化。
- 生产最优：这个经济体必须在自己的生产可能性边界上。此时对任意两个生产不同产品的生产者，需要投入的两种生产要素的边际技术替代率是相同的，且两个生产者的产量同时得到最大化。
- 产品混合最优：经济体产出产品的组合必须反映消费者的偏好。此时任意两种商品之间的边际替代率必须与任何生产者在这两种商品之间的边际产品转换率相同。

研究帕累托最优将有助于分析气候变化经济学问题中类似于是否提供公共物品的问题。下面这个例子解释了什么时候提供公共物品是一种帕累托改进。

- 举例3：假设全球只有两个国家1和2，它们正面临着是否通过共同实施减少温室气体排放来缓解气候变化的问题。如果用 $w1$ 和 $w2$ 代表这两个国家的财富，$g1$ 和 $g2$ 代表它们用于减排的经济贡献，$x1$ 和 $x2$ 代表剩余的私人消费，则预算约束为：$x1+g1=w1$；$x2+g2=w2$。假定减排的总支出为 c，则两国的贡献满足：$g1+g2=c$。若1和2的效用为 $u1(x1, G)$，$u2(x2, G)$；其中，$G=0$ 或者1，若1和2减排而愿意支付的费用分别为 $r1$ 和 $r2$，则两国的无差异选择为：$u1(w1-r1, 1) = u1(w1, 0)$；$u2(w2-r2, 1) = u2(w2, 0)$。存在两种配置：减排 $(x1, x2, 1)$ 和不减排 $(w1, w2, 0)$。那么在什

---

[1] 一级价格歧视也是帕累托最优状态，是有效率的，但不公平。

么情况下应该减排呢？即共同实施减排属于帕累托改进，则 $u1(w1, 0) \leq u1(x1, 1)$；$u2(w2, 0) \leq u2(x2, 1)$。结合无差异曲线得：$u1(w1-r1, 1) = u1(w1, 0) < u1(x1, 1) = u1(w1-g1, 1)$；$u2(w2-r2, 1) = u2(w2, 0) < u2(x2, 1) = u2(w2-g2, 1)$；即 $w1-r1<w1-g1$；$w2-r2<w2-g2$，即 $r1>g1$；$r2>g2$，也就是说每个国家的减排贡献必然小于他愿意支付的费用 $r1+r2>g1+g2=c$。

在这个例子中，帕累托最优仅取决于人们的支付意愿和公共物品的总成本。提供公共物品是否存在帕累托改进，受限于初始的财富分配，有些分配可以，有些不可以。因为如果提供公共物品的意愿大但财富不够，那么帕累托改进也是无法实现的。

三、外部成本内部化

外部性不包含在价格中，因此造成了市场扭曲，虽然它对交易双方来说是有利的，但社会为此付出代价。外部性的价值是规避外部不经济，追求外部经济，其方法是外部成本内部化。外部成本内部化是指，将外部费用引进价格之中，使得社会费用与个人费用更为接近。一般而言，将外部成本内部化的途径可分为两个方面（见图2-1）：私人解决方案和公共部门政策。前者包括社会道德约束、慈善行为、形成产业链和签订协议，后者包括管制和经济手段。

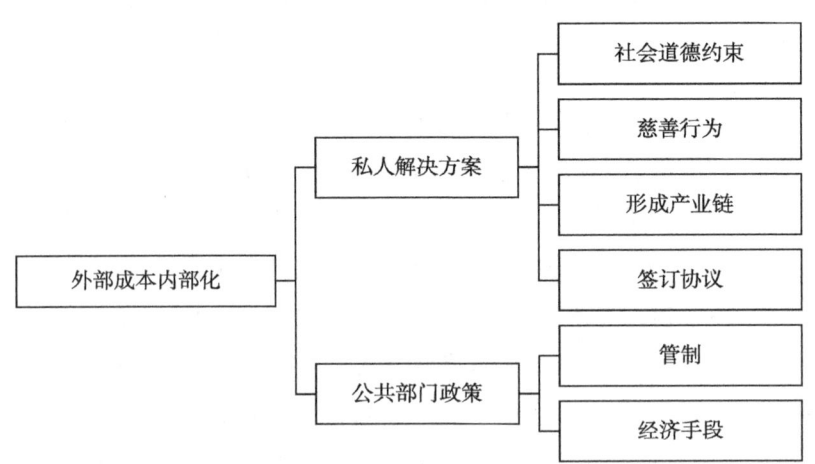

图2-1 外部成本内部化的途径

1. 私人解决方案

美国经济学家罗纳德·科斯（Ronald Coase）认为，如果私人各方可以无成本地就资源配置进行协商，那么，他们就能自己解决外部性问题，即一旦产权设置得当，市场就可以自己解决外部性问题。这就是著名的科斯第一定理。

- 举例1：A、B两人是邻居，A养狗，B夜不能寐。如果没有交易成本，那么无论A是否有权养狗，其结果都是有效率的。
- 具体分析如下：①在A有权养狗，即B无权干涉的情况下，如果A养狗的收益是500，B夜不能寐的成本是800，那么B可用某价格（如600）购买权利，即A将不会养狗，其结果是有效率的，即不养狗收益0大于养狗收益-300（500-800）；如果A养狗的收益是1000，B夜不能寐的成本是800，那么A将会养狗，其结果是有效率的，即养狗收益200（1000-800）大于不养狗收益为0。②在A无权养狗，即B有权干涉的情况下，如果A养狗的收益是500，B夜不能寐的成本是800，那么A将不会养狗，其结果是有效率的，即不养狗收益0大于养狗收益-300（500-800），与A有权养狗情况下的结果一致；如果A养狗的收益是1000，B夜不能寐的成本是800，那么A可用某价格，如900买权利，即A将会养狗，其结果是有效率的，即养狗收益200（1000-800）大于不养狗收益为0，与A有权养狗情况下的结果一致。

科斯第一定理指出：如果交易成本为零，私人经济主体可以解决他们之间的外部性问题。无论最初的权利如何分配，有关各方总可以达成一种协议，每个人的状况都可以变好，而且结果是有效率的。其中，交易成本（Transaction Costs）是指各方在达成协议与遵守协议过程中所发生的成本。然而，私人方法有时会失灵，原因在于交易成本过高，如律师费、实施协议成本、共同行动的费用等，使得私人协商难以达成。于是，就出现了科斯第二定理，即若交易费用大于零，则不同的产权界定会造成不同的资源配置结果。

- 举例2：假设生活在机场的公民对平静与安全的评价是30亿美元。①假设没有交易成本，再假设人们有权要求宁静。如果航空公司使其飞机无噪声的成本是20亿美元，那么可以用私人方法解决这个问题吗，为什么？②如果私人方法解决噪声问题要增加20亿美元交易成本（由于法律费用，受影响各方人数多，以及实施协议成本），那么可以用私人方法解决这个问题吗？为什么？

● 这个例子的答案是：①民航公司可以花20亿美元并使飞机噪声减弱，或者用30亿美元购买制造噪声的权利。结果，民航公司选择用20亿美元使飞机消除噪声，负外部性问题得到了解决。②因为交易成本大于潜在的好处，安静的价值30亿美元减去飞机消除噪声的成本20亿美元，即10亿美元，结果，私人方法不能解决该问题。

(1) 社会道德约束

在复杂的交易活动面前，经济人由自身的有限理性很难做出迅速、准确及费用低廉的决策，这时，道德准则及伦理规范可以为之提供一条方便的捷径，从而简化交易程序，降低交易费用。

(2) 慈善行为

许多慈善行为的产生是为了解决外部性问题。例如，目的在于保护环境的西拉俱乐部（Sierra Club）稳赚不赔，是一个由私人捐款的非营利组织。另一个例子是私人学院和大学接受校友、公司和基金会的捐赠部分是因为教育对社会有正外部性。此外，许多环境非营利组织，如联合国环境规划署、绿色和平组织、世界银行、世界资源研究所等，也长期致力于资助有正外部性的环境研究、教育、投资。

(3) 形成产业链

企业个体在经济生产的活动中无可避免地会产生一些残余品，这些残余品有时是负外部性的，而部分企业自身没有足够的资金和技术对其进行处理。此时企业与企业之间可以通过形成产业链的形式将残余品进行转移处理，从而在一定程度上规避负外部性，以此形成一种产业链的外部性内部化方式。例如，某地区一电厂在燃煤发电的过程中产生了很多的固体废物——粉煤灰，粉煤灰的堆放不仅占用了很多的土地面积，而且随刮风下雨对人们的呼吸道健康及河流水质产生了严重影响。有一家原本以黏土为原料进行生产的制砖厂，经过大量深入的研究，已研究出粉煤砂地砖、粉煤灰空心砖、粉煤灰普通砖、粉煤灰耐火保温砖，并形成了成熟的工艺技术。

(4) 签订协议

为了加强环境保护和生态文明，政府通常会要求企业控制所产出的"三废"总量,然而不同的企业发展状态、生产技术以及资金水平是不同的,当企业无法处理"三废"时会通过私人方式与其他个体或企业签订废物处理协议,以此达成排放废水、废气和固体废弃物的总量控制。例如,政府下令不许有任何污水排入河流。沿河的某家造纸厂为了生产的正常进行,将污水就近排入了小王承包的 0.67 公顷(合 10 亩)鱼塘中。小王知道此事后,与造纸厂多次交涉,最终达成了一个协议。根据协议,造纸厂向鱼塘中每排放一方污水必须支付给小王 1000 元。

2. 公共部门政策

在无法通过私人解决方案将外部性成本内部化的情况下,还可以通过公共部门政策将资源配置调整至帕累托最优状态,以使社会福利最大化。

(1) 管制

管制是指政府依据有关的法规,通过许可、禁止等手段,对私人经济活动施加直接影响的行为。政府可以规定工厂可以排放的最高污染水平,或者要求企业采用某项减少排污量的技术,或者通过对私家车的出行进行限制进而对私人活动施加影响。例如,英国规定,在夜里 12 点以后,私人不得在住宅播放音响或大声喧哗。政府管制的前提是在了解行业和生产的技术细节之后,依据现实情况与发展的需要对各个行业的经济活动制定良好的规则。管制的优点包括环境效果的确定性、管理的严肃性,但其也存在一定的缺陷,如对于大量小而分散的污染源难于管理、未能提供新技术刺激、灵活性差(难以考虑企业间技术差异、控制费用差异,难以适应新的生产工艺、环境状况),以及不能提供开发减轻环境损害的新技术的激励。

(2) 经济手段

常见的经济手段包括下述几种类型。

1) 押金—退款制度:是指对可能引起污染的产品征收押金,当产品废弃物部分回到储存、处理或循环利用点时退还押金的手段。通过实施这种经济手段,可以达到环境保教育和环境经济的双重目的,同时有利于资源循环利用和削减废弃物,并能够有效防止污染物进入环境。

2) 政府补贴:是指企业(具有正外部性的企业)从政府无偿取得货币性资产或非货币性资产,但不包括政府作为企业所有者投入的资本。我国目前主要的政府补助包括：财政贴息、研究开发补贴、政策性补贴。例如，生态补偿、科技进步奖等。研究结果表明，如果补贴准确地反映了社会免付的外部成本，生产者将生产社会最适量的产品。

3）庇古税（Pigovian tax）：是指根据污染所造成的危害程度对排污者征税，用税收来弥补排污者生产的私人成本和社会成本之间的差距，使两者相等。这一概念由英国经济学家庇古（Pigou Arthur Cecil）在《福利经济学》（1920）中最先提出，这种税被称为"庇古税"，或称矫正性税收（使私人经济主体考虑到由负外部性引起的社会成本的税收），其目标是用于纠正环境负外部性影响的税收。庇古税遵循污染者付费原则（Polluter Pays Principle，PPP），可以达到资源有效配置。只要有污染就会被征税，企业出于少交税的目的也要控污。若税率不变，企业通过技术进步可以减少对未来税收的支付，促进技术进步。理想的庇古税应该等于由负外部活动引起的外部成本。庇古税在理论上是完美的，然而，现实中使得最优税率的确定遇到了很大的困难，这样就有可能使我们所确定的税率并非帕累托最优。

4）可交易的排污许可证：是指管制当局制定总排污量上限，并根据此上限发放可转让的排污许可证（Transferable Emissions Permits）。排污许可证可以在市场上买卖，每张许可证明确规定了厂商可以排放的数量，在这一制度下，每个厂商都必须有许可证才能排放污染物，任何厂商排放了许可证没有允许的污染时都会受到足够刺激的罚款，可交易的污染许可证比管制以更低的成本减少污染。污染许可证的交易市场将由供求因素支配：减少污染需求高成本的企业愿意为污染许可证出高价；以低成本减少污染的企业也愿意出卖他们所拥有的许可证。只要存在一个污染权的自由市场，无论最初的配置如何，最终的配置都是有效率的。那些削减污染成本相对较低的污染者在市场上会将许可证出售给削减污染成本相对较高的污染者。这种污染权的重新配置可以使达标费用最小化，即能够以最低的社会成本达到特定的污染或排放目标。

在任何一种既定的污染需求曲线时，管制者可以用庇古税或发放可交易的排污许可证达到同样污染水平，或者说，庇古税和排污许可证可以产生同样的效果。

- 举例3：假设有4家企业，每家企业都希望把1桶化学废物倒入河中。

企业 1 生产的产品社会评价高,并以高价格出售,它愿意为倒 1 桶废物支付 800 万美元。企业 2 生产的产品社会价值略低一些,只愿意为倒 1 桶废物支付 600 万美元。企业 3 愿意为倒 1 桶废物支付 400 万美元,企业 4 只愿意支付 200 万美元。假设环境保护署估算出河流中安全的污染水平是 3 桶废物,它应该把庇古税定为多少?应该配置多少可交易的排污许可证?应该以多高的价格交易许可证?

● 通过画出污染权的需求曲线可以了解到,庇古税应该定为每桶 400 万美元,或者应该出售 3 张许可证,以每个许可证 400 万美元的价格进行交易。

同时,不论是税收还是许可证,都要求政府对污染造成的损害有清楚的认知,从而准确地确定税率或是许可证数量。但现实中,政府并不具备这种确切的认知,这是我们需要思考的一个重要问题。

第二节 经济增长的环境库兹涅茨曲线

上一节介绍了由于温室气体排放外部性导致的市场资源配置非有效以及社会福利降低的气候经济规律,或者说,就是气候变化对经济的影响机理。那么,反过来,经济发展究竟会对气候,尤其是碳排放带来什么样的影响呢?在气候变化经济学理论框架中,环境库兹涅茨曲线(Environmental Kuznets Curve,EKC)可以用来解释这种影响。一般而言,碳排放的环境库茨涅兹曲线呈倒 U 形分布,它表示随着经济发展水平的提高,环境指标如温室气体排放等呈现先上升,达到高峰之后转向下降的现象。本节首先介绍了库兹涅茨曲线的经济发展与收入分配的倒 U 形规律。然后,分析了环境库兹涅茨曲线存在的合理性和对其的质疑。最后,通过对碳排放的 IPAT 因素分解,探讨了经济增长与碳排放的 3 个指标、碳排放强度、人均碳排放和碳排放总量间的倒 U 形规律。

一、库兹涅茨曲线

库兹涅茨曲线最早是由 1971 年度诺贝尔经济学奖获得者 Simon Kuznets 于

1955年提出，用于分析经济发展与收入分配间的倒U形曲线假说。该假说的理论依据是传统的农业产业向现代工业产业的转变过程就是经济增长的过程，在这个过程中分配差距会发生趋势性的变化。由于受到数据缺失和理论模型的制约，库兹涅茨设计了一个两部门模型，即传统的农业部门和现代产业部门，来研究它们之间产业结构变化对收入差距变化产生的影响。可惜的是，库兹涅茨并没有提出一个工业化进程中分配差距变化模型。由于该模型只能依据大量的猜想，尤其是采用一些发达国家工业化经验数据开展研究，以至于其后续进展都集中于发达国家发展历程的人均收入变化（或经济增长的变化）与分配差距变化上。这其实与库兹涅茨起初要研究的基于产业结构变化的分析方法相违背。

关于经济增长与收入分配的关系，库兹涅茨提出了所谓的倒U形假说，即随着经济发展带来的社会、经济结构改变将影响到收入分配，最终表现为：在经济发展初期，随着经济发展，收入分配将趋于不平等；然后，到达收入分配的稳定时期；在到达经济发达时期，收入分配又转向将趋于平等。

● 在经济增长与收入分配的倒U形曲线中，库兹涅茨初始化了一个包含农业、非农业的两个部门经济模型。其中，部门收入分配不平等程度的变化取决于部门个体数的比例、部门间的收入差别、部门内收入分配不平等程度这三个因素。基于此，经济增长与收入分配的倒U形关系被解释为：在经济发展初期，随着收入分配不平等程度较高的非农业部门比例增大，全社会收入分配的不平等程度增加；在经济发达时期，由于非农业部门个体数的比例将处于支配地位且其比例变化趋于稳定，部门之间的收入差别将缩小，提高收入分配不平等程度的重要因素财产收入占比将降低，以及收入再分配的各项政策将被采用等，各部门内部的分配将趋于平等，全社会的收入分配亦将趋于平等。

虽然倒U形假说较为合理地解释了发达国家的经济增长与收入分配关系，但有关倒U形形成的过程、导致倒U形的原因以及平等化过程的争论却从没有停止过。大量研究结果表明，倒U形曲线并不适用于发展中国家。也就是说，随着经济的发展，发展中国家的收入不平等性是趋于增加而非降低的。

二、环境库兹涅茨曲线

环境库兹涅茨曲线的概念产生于20世纪90年代。在1991年，美国经济学家Grossman和Krueger在针对北美自由贸易区谈判中首次实证研究了环境质量与人均收入之间的关系，指出了污染与人均收入间的关系为：污染在低收入水平上随人均GDP增长而上升，在高收入水平上随GDP增长而下降。到了1993年，Panayotou借用库兹涅茨界定的人均收入与收入不均等之间的倒U字形曲线，首次将这种环境质量与人均收入间的关系称为环境库兹涅茨曲线。

一般而言，环境库兹涅茨曲线存在的合理性可以从以下几个方面得到支撑：

- 规模效应、技术效应和结构效应。Grossman和Krueger提出经济增长通过规模效应、技术效应与结构效应三种途径影响环境质量。其中，规模效应恶化环境，而技术效应和结构效应改善环境。在经济发展阶段，规模效应大于技术效应和结构效应，环境恶化；在经济发达时期，技术效应和结构效应反超规模效应，环境得到改善。
- 环境质量需求和环境规制。在经济发展初期，由于收入水平低，人们对环境质量的需求也低，环境规制较差；在经济发达时期，随着收入水平提高，人们将更关注高环境质量的需求，也愿意接受更为严格的环境规制，有关污染者、污染损害、地方环境质量、排污减让等信息不断健全，生活环境也因此得以改善。
- 市场机制。随着经济的发展，一方面资源存量将逐步减少，资源稀缺性开始显现，并导致了资源成本上升，在市场机制的作用下，这将降低产商对资源使用需求，从而减缓环境恶化；另一方面人们对环境需求增加使得环保投资收益增加，在市场机制的作用下，环保投资规模将进一步扩展，从而改善环境。

另外，环境库兹涅茨曲线存在的合理性也受到一些学者的质疑，主要包括以下几点：

- 经济增长—环境关系多态。相关研究结果表明，经济增长与环境关系最少存在 7 种形态，倒 U 形环境库兹涅茨曲线仅是一般化经济增长—环境关系的一种，不足以说明环境质量与收入水平间的全部关系。

- 环境指标多样。环境库兹涅茨曲线不能适用于所有的环境指标，例如，1992 年世界银行出版的《世界发展报告》首次详细地研究了经济发展与环境恶化的主题，发现有的环境指标随经济发展进程开始好转，如安全饮用水和城市卫生；有的呈现倒 U 形曲线关系，如 SO_2 和 NO_2；但碳排放却在不断地增多加重。

- 经济主体时空差异。环境变化与经济发展模式高度相关，环境库兹涅茨曲线更多地反映地区性和短期性的环境变化与经济增长关系，而非全球性的长期影响。即使一部分地区在短期内表现出倒 U 形，也并不能确保这种形态能一直延续下去，因为不同国家在不同时期的经济发展模式并不是完全相同的。今天的发展中国家并不一定会延续发达国家已经走过的经济发展模式，今天的发达国家也并没有经历今天发展中国家面临的环境问题。

三、经济增长与碳排放的关系

自 1997 年京都会议之后，碳排放成了国际社会关注的焦点，于是有关经济增长与碳排放关系的研究大量兴起。虽然从长期的全球角度来看，经济增长与碳排放之间可能并不存在环境库兹涅茨曲线关系，但就某一具体国家、某一发展阶段而言，这种关系可能是成立且相当重要的。因为如果经济增长与碳排放存在倒 U 形关系，那么发展中国家可以从发达国家的经历中吸取教训，例如碳高峰问题，以减少经济增长对碳排放的影响，避免重蹈发达国家发展中的覆辙。

目前针对经济增长与碳排放关系的研究结论存在以下两种不同说法。

- 一些研究结果显示，经济增长对碳排放存在倒 U 形影响，但不同国家在达到碳排放高峰时所对应的人均收入存在很大差异，例如人均收入拐点出现在从接近 8000 美元（1985 年美元价）到超过 35428 美元（1986 年美元价）。

- 另有一些研究结果显示，经济增长与碳排放间并不存在倒 U 形关系，二者之间更多的是呈现出 N 形或三次关系，甚至存在单调递增或递减的线性关系。

进一步的研究结果表明,经济增长与碳排放之间是存在区域差异的。

- 在一项针对包括20个发达国家和16个发展中国家的相关研究结果显示,发达国家收入和碳排放之间存在倒U形拐点,而发展中国家则不存倒U形关系。
- 研究发现比利时、加拿大、希腊、冰岛、日本、荷兰、美国、德国表现出经济增长与碳排放间的倒U形关系,英国、法国呈线性递减关系,而意大利、葡萄牙和西班牙则呈线性递增趋势。

在研究经济增长与碳排放的关系时,通常的做法是首先将碳排放进行因素分解,然后逐个分析经济增长与这些因素的关系。其中,关于碳排放的因素分解被采用最多的是基于IPAT模型建立的。所谓IPAT模型,最初是由Ehrlich(1970)等学者提出,用来表征经济发展对环境的影响是人口、富裕度和技术因素综合作用的结果,即环境影响的因素分解模型,可以用方程表示为:

$$I = P \cdot A \cdot T \tag{2.1}$$

其中,I代表环境影响,P代表人口数量,A代表富裕度,T代表广义的技术水平。

如果把IPAT模型应用到碳排放因素分解上,将碳排放分解为碳排放总量、人均碳排放和单位GDP的二氧化碳排放(碳排放强度E)这3个指标,那么,I可以用二氧化碳排放量表示,A可以用人均GDP表示,T可以用碳排放强度来表示。于是,碳排放的IPAT方程就可表示为:

$$E_{CO_2} = P \cdot \frac{GDP}{P} \cdot \frac{E_{CO_2}}{GDP} \tag{2.2}$$

对该方程两边取对数并求时间的导数,可以将IPAT乘法模型转化成关于增长率的加法模型,可用方程表示为:

$$r_{CO_2} = r_P + r_{\frac{GDP}{P}} + r_{\frac{CO_2}{GDP}} \tag{2.3}$$

碳排放的 IPAT 加法模型告诉我们：二氧化碳排放增长可以由人口增长、收入增长和反映技术进步的碳排放强度这 3 个影响因素来解释，因此，研究经济增长与碳排放的关系就可以从分析经济增长与这 3 个因素间的关系入手。

碳排放的 IPAT 模型有助于我们理解经济增长与碳排放之间能否出现倒 U 形关系，进一步地，如果有，碳高峰何时出现等相关问题。下面将结合碳排放的 IPAT 模型来讨论一下近年来学术界争论较为激烈的关于发展中国家何时出现碳高峰的问题。

从碳排放数据来看，绝大多数发展中国家当前的碳排放正处于上升阶段。如果经济增长与碳排放之间存在倒 U 形关系，那么其碳排放将会在未来的某一时刻出现最高点，或者称碳高峰。

根据碳排放的 IPAT 模型，碳高峰出现的时点应该会与人口增长、收入增长和碳排放强度之间存在某种联系。由于人口增长具有很大的惯性，尤其对于发展中国家而言，人口仍处于快速增长阶段，即使采取严格措施控制人口增长，也难以在短时间内奏效。这就意味着人口增长对碳排放增长的正贡献作用还将持续相当长的时间，换句话说，它不是导致碳高峰出现的原因。另外，由于经济增长、提高人均收入通常被认为是发展中国家谋求发展的第一目标，试图通过降低人均收入增长率来实现碳高峰也是不现实的。因此，碳高峰的出现只能通过降低碳排放强度来实现。

碳排放强度变化率通常可以作为碳高峰出现的先兆性判别指标。当 $r_{\frac{CO_2}{GDP}} > 0$ 时，碳排放强度仍在增加，这表明经济活动高度依赖于高碳排放产业；当 $r_{\frac{CO_2}{GDP}} = 0$ 时，碳排放强度变化对碳排放增加的贡献刚好为零，此时，碳排放强度达到峰值，根据 IPAT 方程，碳排放增长速度取决于人口增长率和人均 GDP 的增长率；当 $r_{\frac{CO_2}{GDP}} < 0$ 时，碳排放强度开始下降并减少了一部分因人口和经济增长所导致的碳排放。

随着碳排放强度的持续降低，当其下降速度足以抵消因经济增长所导致的碳排放增加时，就完成了从 $\left|r_{\frac{CO_2}{GDP}}\right| < \left|r_{\frac{GDP}{P}}\right|$ 到 $\left|r_{\frac{CO_2}{GDP}}\right| > \left|r_{\frac{GDP}{P}}\right|$ 的转变，此时，

$r_{\frac{CO_2}{GDP}} = -r_{\frac{GDP}{P}}$,人均碳排放达到高峰,根据 IPAT 方程,碳排放增长速度取决于人口增长率。显然,当人口增长率接近零时,人均二氧化碳排放和二氧化碳排放总量的拐点将会重合,这在一些发达国家中已经得到验证。但就发展中国家而言,随着经济的增长,这三个指标的高峰时间依次表现为:碳排放强度早于人均碳排放,而后者又早于碳排放总量。

值得一提的是,当前大部分关于经济增长与碳排放关系的实证研究大多是基于参数估计,即事先给定统计模型形式,利用样本数据对模型中的参数进行估计。然而,基于参数估计的研究算法对模型形式的设定以及样本数据的选取非常敏感,容易得出截然不同的结论,因此,需要引入一些新的方法,如半参数或非参数的统计技术等。

第三节 气候不确定性下的经济决策

气候系统变化的复杂性决定了人类对气候变化科学研究在确定性认识方面不可能一蹴而就。当前人类对气候变化的诸多研究结论在科学上并非是最终定论,其不确定性问题既是气候变化经济学中的重大科学问题,也是全球应对气候变化行动需重点关注的方面。本节首先对不确定性和风险的概念进行界定,阐述风险偏好以及如何降低风险;在此基础上,分别介绍风险决策和不确定性决策方法及区别;最后,通过引入气候变化经济学的一个热门问题——贴现率和跨期选择,解析当前全球在应对气候变化行动中的两大派别(立即减排和延缓减排)的矛盾。

一、不确定性与风险偏好

不确定性现象在现实生活中是普遍存在的,其表现形式较多,客观来源也不尽相同。在经济学中,不确定性是指经济行为者事先不能准确地知道自己的某种决策的结果。或者说,只要经济行为者的一种决策产生的结果可能不止一种,就会有不确定性。不确定性通常可分为值不确定和结构性不确定,前者来自于特定取值或结果决定过程中的不完全性,例如数据不准确或对象并不完全具备代表性等，而后者来自对特定取值或结果控制过程的不完全理解。

风险是与不确定性高度相关的一个概念，它是生活中不确定性现象的表征之一，但并不等同于不确定性。一般而言，不确定性特指的是奈特式不确定性，即不仅结果未知，其结果的概率分布也是未知的；而风险则是指结果未知但结果的概率分布已知的随机性，它是指某种事件发生的不确定性。因此，风险是一种不确定性，但并不是所有的不确定性都是风险。换言之，不确定性是风险的必要而非充分条件。

● 奈特（Knight，1933）在"Risk Uncertainty and Profit"一文中指出，具有风险的事件可通过客观事实或实证资料而得到各结果的概率分布，并可以作为决策的基础，而不确定性则难以得到概率分布。

在许多情况下，虽无客观概率，但决策者仍可能就有关结果的概率分布，根据其经验累积而做出主观的判断。此主观概率分布形成后，其决策问题将与奈特所认同的风险决策无所差异。因此，有些学者将不确定性与风险等同视之。当然，有些学者还是主张将这两个概念加以区分，因为根据主观意识所形成的概率分布未必准确，形成概率的信息质量也有所区别。不确定性的程度虽无法预测，但个人对于风险的程度，可赋予不同的高低顺序（例如将各结果按高风险至低风险排列），而排列顺序不仅取决于风险的程度，而且与个人的风险态度有关。事实上，某一事件处于风险状态还是不确定性状态，并不是完全由事件本身的性质决定的，有时很大程度上取决于决策者的认知能力和所拥有的信息量。随着决策者认知能力的提高和所掌握的信息量的增加，不确定性决策也可能演化为风险决策。因此，风险和不确定性的区别是建立在主观认知能力和认知条件（主要是信息量的拥有状况）的基础上的，具有明显的主观色彩。

不确定事件的预期结果与波动程度通常是采用期望值和方差来进行衡量的。期望值简单来说是对不确定事件发生各种可能结果的加权平均值，是对事件发生总体趋势平均结果的描述，具有很强的整体代表性，但忽略对个体值的代表。方差则意味着各种可能结果对于期望值的离散程度，其集中度越高，方差越小，用方差这一指标可以看出发生结果的稳定性。在现实中，多数决策者倾向于关注稳定性更好的结果，这将利于预测决策。

在数学上，期望值是对不确定事件发生的各种可能结果的加权平均值。权数即为每种结果可能发生的概率，而期望值反映的是总体趋势的平均结果。

- 对于离散型随机变量 x，$E(x) = P_1X_1 + P_2X_2 + \cdots + P_nX_n$，其中 X_i 为第 i 种结果发生时的值，P_i 为第 i 种结果发生的概率。
- 对于连续型随机变量 x，假设其概率密度为 $f(x)$，那么其期望值算法为：$E(x) = \int_{-\infty}^{\infty} xf(x) \, dx$。

方差反映出的是各种可能结果相对于期望值的偏离程度。方差小，意味着样本分布较集中，方差大意味着分布较分散。方差可以表示风险程度，方差越大，风险越大。

- 对于离散型随机变量，$\sigma^2 = P_1[X_1 - E(x)]^2 + P_2[X_2 - E(x)]^2 + \cdots = E[X_i - E(x)]^2$
- 对于连续型随机变量，$\sigma^2 = \int_{-\infty}^{\infty} [x - E(x)]^2 f(x) \, dx$

当前人类对于气候变化成因及其经济影响机制的认知尚存在不确定性，气候经济系统的风险评估相当复杂。事实上，即便气候经济系统风险的概率分布已知，有关气候变化问题的经济决策仍十分困难。经济政策制定者对于不确定性事件的选择存在风险偏好：一部分人可能喜欢大得大失的刺激，另一部分人则可能更愿意求稳。不同经济主体对风险的偏好程度可以依据其对选择而导致的收益和效用变化的态度来衡量并加以区分，通常可分为三类：第一类是风险规避型。在某种状态下，一个主体获得一单位收入的效用小于失去一单位收入的效用时，叫作风险规避。风险规避者较为保守，趋向于维持现有状态。在现实生活中，大部分人都存在这样的心态。第二类是风险爱好型。与前者相反，风险爱好者获得每一单位收入的收益高于失去一单位收入的收益。这个类型的人通常乐于进行风险投资以赚取更多的收益。第三类是风险中性型，这是一种理论上的态度，严格遵守"一分风险，一分收益"的原则，但现实中并不常见。就气候经济决策而言，气候变化问题是一个涉及人类社会福利的长期课题，严重的决策失误可能导致不可逆的灾难性后果。因此，政策制定者在决策时通常倾向于风险规避型。

值得一提的是，风险规避者往往愿意为规避风险而付出一定的代价，这里涉及风险贴水的概念。风险贴水（Risk Premium），也称风险溢价，是指人为规避风险而付出的货币数额。风险贴水的大小取决于风险状况，风险越大，则风险贴水越高，反之亦然。风险贴水在数值上等于同样效用水平下，确定性收入和存在风险时达到同样效用所必需的预期收入之间的差额。这也验证了当前人类为何在气候变化及其影响不确定性的情况下，仍愿意投入大量资源开展减缓和适应气候变化行动。

当前全球正在开展从减排到适应的一系列应对气候变化的行动，然而，气候变化的不确定性正成为开展这些行动的阻碍。相关研究结果表明，这些不确定性主要来源于两个方面：气候变化机理的不确定性和气候经济耦合情景的不确定性。

(1) 气候变化机理本身的不完善是其产生不确定性的重要来源之一，由于影响气候变化的自然因素有很多，加之大气—海洋—陆地—冰雪等系统内部的相互作用和反馈，构成了气候变化的复杂性、多样性和计算分析的困难性。在 IPCC 第一次评估报告中采用了不同复杂程度的大气—海洋—陆面耦合模式进行未来气候变化的预测，在第二次、第三次评估报告中使用了更为广泛的全球耦合气候模式和改进的更为复杂的海气耦合模式进行未来气候变化的预测。尽管气候模式在不断改进，但当前的气候模式所能模拟的气候状况与真实情况还有很大差距。气候模式中最大的缺陷是云反馈。从预测的角度来看，不确定性主要来自于大气和海洋、大气和地表、海洋上层与深层之间的能量交换过程。气候模式对海冰和对流的处理很粗糙，气候模拟中也很少考虑生物反馈和完善的化学过程。一些简单模式要么完全忽视了大气运动，要么对大气动力过程做了不适当的过分简化。大气环流模式和海气耦合模式对辐射过程的简化处理、对云和气溶胶等物理过程的参数化处理，以及对大气成分变化对水汽分布及云和降水形成过程的影响的简化处理都会造成一定误差。因此，要准确预测未来 50~100 年的全球或区域气候变化，必须进一步完善气候模式，依靠更复杂的全球海陆气耦合模式和高分辨率的区域气候模式。

通过完善全球气候模型是降低气候模式不确定性的主要方式。全球气候系统由大气圈、水圈、岩石圈、冰冻圈和生物圈组成，全球气候系统内部和外部的大量因子影响着全球气候变化。增强对自然和人类活动引起气候变化过程的了解，需要提高对全球气候系统的认识，即需要认识在全球气候系统中涉及的全球变暖与气候变化的机理、全球气候系统中主要成员之间的相互作用和相互反馈的过程。例如，全球气候系统中的微量气体和气溶胶等的循环过程特别是碳循环过程、气候变化、极端气候、气候异常、气候突变等的形成机理，全球气候系统中各圈层的相互作用机理和影响等。通过对全球气候系统的认识，进而改善和提高现有气候模式的性能，解决包括初始化与通量调整、气候漂移、时间与空间尺度分辨率的提高、集合与集成、各种次空间尺度（如云的形成与变化和辐射、温盐环流、海冰与积雪、陆面—植被过程等）的描述和计算等问题。

（2）气候经济耦合情景是应对气候变化模拟的重要输入条件，其不确定性也必然会对气候政策的输出结果产生一定的影响。目前，全球已制定了多个气候经济耦合情景，如 IS92 情景和 SRES 情景，其中，IS92 情景用于 IPCC 第二次评价报告。气候经济耦合情景的不确定性主要来源于不能准确地描述和预测未来社会经济、环境、土地利用和技术进步等社会经济变化。社会经济预测对于准确表述社会经济系统对气候变化的敏感性、脆弱性及适应能力是非常重要的，但比较准确地预测未来几十年甚至是 100 年的社会经济预测，是评估气候变化面临的最大挑战。在第三次评价报告中，采用了 SRES 系列的 A1、A2、B1、B2 四种社会经济情景，由于将来采取的碳排放情景不同，气候变化幅度和分布也明显不同。

为降低气候经济耦合情景的不确定性，首先要预设合理的全球温室气体排放情景，在社会经济影响评价中耦合这些情景，并综合分析未来全球气候经济最可能发生的情景，以降低不确定性的影响。如何估计未来人类社会经济发展是 IPCC 多年来的一个研究重点。由于发展中国家经济社会发展的差异，所采取的社会经济情景应有所差别，因此考虑发展中国家的特殊要求，研究和提出适合发展中国家的气候经济耦合情景很有意义。

二、降低风险与不确定性决策

在自然状态概率已知条件下，理性经济人的一项重要决策是如何降低风险。通常可采用以下三种方式：

第一种是多样化。把资源放在风险相关程度不同的项目上，实行多元化策略。"不要把鸡蛋都放在一个篮子中"，分散到不同的篮子可以保证一旦出现意外时，其他的鸡蛋能够完好无损。这个理论同样适用于经济学——将总量一定的投资额分散到不同的产品当中，即便出现亏损，也可以通过其他盈利的收益对冲，一定程度上防止了亏损的可能性。如果投资一种工具，一旦风险发生损失是100%，如果投资10种工具，全部发生风险导致损失的概率将大大降低。也就是说，投资越分散、收益越稳定、风险就越低。通常情况下，通过将投资分散在一些相关性较小的事件上，可以较大程度地消除一部分风险，但多样化也会带来成本的增加。

● 举例1：假设一个厂商可以选择只销售空调（热天收入30000美元，冷天收入12000美元）或加热器（热天收入12000美元，冷天收入30000美元），或者两者兼而有之，又假设热天与冷天的概率均为0.5。在这种情况下，厂商通过多样化经营就可以减少风险。其理由是：如果厂商只销售空调，或只销售加热器，那么，收入或为30000美元，或为12000美元；假如厂商分别将一半的资金用于销售空调，另一半资金销售加热器，那么，如果天气炎热，空调销售收入15000美元，加热器销售收入6000美元，预期收入21000美元；如果天气较冷，空调销售收入6000美元，加热器销售收入15000美元，预期收入21000美元。因此，通过多样化经营，天气无论炎热或寒冷，厂商均可获得21000美元的预期收入，没有风险。

第二种是保险。如果说多样化是为了降低风险，那么保险就是以小部分的利益为代价来弥补损失。对风险规避者而言，同样的收入水平，确定的收入带给他的效用大于不确定收入带来的效用。通过购买保险可以使不确定收入变为确定性收入。如果采用这种方式，经济主体首先需要提交一部分保费，也就是小部分利益，然后在一定时间内，出现不利的决策结果时，便可以获得经济补偿。

● 举例2：假设某人有财产 q，盗窃发生的概率为 p，保险费率为 π，则保险公司的预期收益 $=p(\pi q-q)+(1-p)\pi q$；进一步地，在完全竞争状态下，假设保险公司将预期收益设定为0，则公平的保险费率：$\pi=p$。

第三种是获取更多信息。风险的存在是由于信息不完全。当拥有更多信息时决策风险降低，说明信息是有价值的，也就是说拥有更多的信息意味着更少的风险。在销售商品时，如果能够准确判断市场的需求量进行生产，则可以降低因过量供应和供应不足带来的损失。完全信息的价值等于信息完全时进行选择的期望收益减去信息不完全时进行选择的期望收益。

● 举例3：假设商场经理要决定订多少套的秋季服装，如果订100套，则进价为180美元/套；如果订50套，则进价为200美元/套。每套的售价是300美元，如果衣服没有卖出，可以一半的价格退货。已知售出100套衣服的概率为0.5，售出50套衣服的概率也是0.5。问完全信息的价值为多少？

计算过程如下：（1）假设信息不完全。如果订50套且售出50套，那么收益为 $50\times(300-200)=5000$ 美元；如果订100套只售出50套，那么收益为 $50\times(300-180)-50\times90=1500$ 美元；如果订100套且售出100套，那么收益为 $100\times(300-180)=12000$ 美元。显然，在信息不完全条件下，选择期望收益大的订100套预期收益为 $1/2\times(1500+12000)=6750$ 美元。（2）假设信息完全。有两种结果：订50套售出50套，或者订100套售出100套。这两种结果的概率均为0.5，那么预期收益为 $0.5\times5000+0.5\times12000=8500$ 美元。因此，完全信息的价值就是 $8500-6750=1750$ 美元。

在自然状态概率已知的条件下，决策树（Decision Tree）可为风险决策问题提供直观的表示方法。决策树是在已知各种情况发生概率的基础上，通过构成决策树来求取净现值的期望值大于等于零的概率，评价项目风险，判断其可行性的一种决策分析方法。由于其决策分支画成图形很像一棵树的枝干，故称决策树。决策树中的方块代表决策节点，从它引出的分枝叫方案分枝，每条分枝代表一个方案。圆圈代表方案的节点，从它引出概率分枝，每条概率分枝上标明了自然状态及其发生的概率，末端注有各方案在相应状态下的结果值。

应用决策树来做决策的过程，是从右向左逐步后退进行分析的。根据损益值和概率枝的概率，计算出期望值的大小，确定方案的期望结果，然后根据不同方案的期望结果做出选择。计算完毕后，开始对决策树进行剪枝，在每个决策结点删去除了最高期望值以外的其他所有分枝，最后步步推进到第一个决策结点，这时就找到了问题的最佳方案。方案的舍弃叫作修枝，被舍弃的方案用"≠"记号来表示，最后的决策点留下一条树枝，即为最优方案。

● 练习：为了适应市场的需要，某地提出了扩大电视机生产的两个方案。第一个方案是建设大工厂，第二个方案是建设小工厂。建设大工厂投资600万元，可使用10年，销路好可每年盈利200万元，销路不好则亏损40万元。建设小工厂投资280万元，如销路好，3年后扩建，扩建需要投资400万元，可使用7年，每年盈利190万元；不扩建则每年盈利80万元，如销路不好则每年盈利60万元。试用决策树法选出合理的决策方案。

经过市场调查，市场销路好的概率为0.7，销路不好的概率为0.3。通过画决策树发现，建设大工厂的方案不是最优方案，合理的策略应采用前3年建小工厂，如销路好，后7年进行扩建的方案。

如果某种气候变化事件发生的概率已知，人类就可以理性地通过采用多样化（采取减缓或者适应措施）、保险（高风险地区向大型保险公司投保），以及获得更多的气候变化知识（加大科研投入研究该事件的影响）等方式来降低风险，并且采用通过类似于决策树等方法做出相应的决策判断。可是，气候变化事件发生的概率通常是未知的，这就涉及不确定性决策。

不确定性决策的基本方法是先用效用值表示各种可能的后果，构造一张支付表，再用一定的评价准则来评定各个方案的优劣，从而选出最优方案。若有 n 种行动方案（a_1，a_2，…，a_n）可供选择，可能出现 m 个状态（θ_1，θ_2，…，θ_m），方案 a_i 在状态 θ_j 所出现的后果用效用值表示，记作 $C_{ij} = C(a_i, \theta_j)$，即可得出构造矩阵表，又称支付表。根据支付表可用不同准则评价方案的优劣，从而选出最优行动方案（或称最优策略）。常用的决策方法主要有：等可能性法、保守法、冒险法、最小最大后悔值法和乐观系数法。

下面将以某地区应对气候事件为例，来介绍上述这几种决策方法的应用。假设某地区有着如下3种应对气候事件的方案选择：应对方案1、应对方案2和应对方案3。同时该地区可能面临3类不确定性气候事件为：气候事件1、气候事件2和气候事件3。于是，该地区应对气候事件应对方案支付表如表2-2所示。

表2-2 某地区气候事件应对方案支付表

决策方案	气候事件1	气候事件2	气候事件3
应对方案1	5	−1	−3
应对方案2	3	2	0.5
应对方案3	2	1	0.75

（1）等可能性法：也称拉普拉斯决策准则。采用这种方法，是假定自然状态中任何一种发生的可能性是相同的，通过比较每个方案的损益平均值来进行方案的选择，在利润最大化目标下，选择平均利润最大的方案，在成本最小化目标下选择平均成本最小的方案。本例三种决策的平均收益为：应对方案1，0.333；应对方案2，1.8333；应对方案3，1.25。故用这种决策方法时，最优选择策略为应对方案2。

（2）保守法：也称瓦尔德决策准则，为小中取大的准则。决策者不知道各种自然状态中任一种发生的概率，决策目标是避免最坏的结果，力求风险最小。本例3种决策的最坏后果为：应对方案1，−3；应对方案2，0.5；应对方案3，0.75。故用这种决策方法时，最优选择策略为应对方案3。

（3）冒险法：采用大中取大的准则。其决策中过程为：首先，确定每一可选方案的最大收益；然后，在这些最大收益中选出一个最大值，与该最大值相对应的那个可选方案便是决策选择的方案。根据这种准则决策也可能有最大亏损的结果。本例三种决策的最大收益分别为：应对方案1，5；应对方案2，3；应对方案3，2。故用这种决策方法时，最优选择策略为应对方案1。

（4）乐观系数决策法，也称折衷决策法、赫威斯决策准则。这种决策方法的客观基础是形势既不太乐观也不太悲观。若以 α 表示乐观系数，则 1-α 就是悲观系数。以 α 和 1-α 为发生的概率，决策目标是确保避免较大的机会损失。

（5）最小最大后悔值法：也称萨凡奇决策准则，决策者不知道各种自然状态中任一种。该方法首先计算各方案在各自然状态下的后悔值（后悔矩阵见表 2-3），并找出各方案的最大后悔值（后悔值等于各个方案在该情况下的最优收益减去该情况下该方案的收益），然后进行比较，再选择最大后悔值最小的方案作为选择方案的一种决策方法。本例三种决策的最大后悔值：应对方案 1，3.75；应对方案 2，2；应对方案 3，3。故用这种决策方法时，最优选择策略为应对方案 2。

表 2-3　某地区气候时间应对方案后悔矩阵

决策方案	气候事件 1	气候事件 2	气候事件 3
应对方案 1	0	3	3.75
应对方案 2	2	0	0.25
应对方案 3	3	1	0

三、贴现率与跨期选择

时间偏好在《新帕尔格雷夫经济学大辞典》中被解释为行为主体偏好现在甚于将来的现象。人们在跨期选择中往往涉及发生于不同时点的现金流或效用，行为主体要想对其进行评价，必须抽象掉现金流背后的时间差异。传统经济学的做法是将未来"贴现"到现在，即使用一个数值的贴现率表达人们的时间偏好，或者说，人们对现在的满意程度与对将来的满意程度的比值。由于温室气体在大气中的存在要持续一个世纪或是更长的时间，因此，减缓气候变化的效益必须在不同的时间尺度上被度量，这样就提出了贴现率在气候变化跨期选择研究中的重要作用。

- 为什么我今生要吃苦？因为来世可以进入天堂。这是大多数信仰宗教人的心态，舍弃今生来换取来生的幸福，实际上，这就是人们的跨期选择。

萨缪尔森（1937）提出了著名的贴现效用模型（DU Model），也称指数贴现模型。在这个模型中，决策者对消费束的跨期偏好可以用贴现效用函数来表达，决策者需要做的就是估计出未来每一期的效用流，然后通过一个统一的贴现率折算成现值，由此，静态的效用最大化问题就转化为动态的效用现值最大化问题。DU 模型可表示如下：

设决策者对于消费束 $(C_t, \cdots, C_T)$ 的跨期偏好，在效用的完备性、传递性及连续性的假定下，跨期效用函数可以表示为 $U^t(C_t, \cdots, C_T)$。进一步地，对于离散时间，假定跨期效用函数满足形式 $U^t(C_t, \cdots, C_T) = \sum_{\tau=0}^{T-t} D(\tau) u(c_{t+\tau})$，其中，$D(\tau) = \left(\dfrac{1}{1+\rho}\right)^\tau$。在这个方程中，$u(c_{t+\tau})$ 代表决策者在 $t+\tau$ 期的即时效用，$D(\tau)$ 用来表示决策者的贴现函数，即对各时期的即时效用所加的权数。ρ 代表决策者的纯时间偏好率，即贴现率。更一般地，对于连续时期，跨期贴现效用函数可以表示为：$U^t(\{c_\tau\}_{\tau \in [t, T]}) = \int_{\tau=1}^{T-t} e^{-\rho(\tau-1)} u(c_\tau)$。为简单起见，通常只考虑离散时期的跨期贴现效用函数。

在 DU 模型中，即时效用函数 $u(c_t)$ 是凹函数，也就是说，边际效用是递减的。这意味着人们将更愿意把消费分散到各个时期，而不是集中于同一个时期。同时，在 DU 模型中，贴现率 ρ 是正的，这就说明了时间偏好是正的。与边际效用递减相反，正的时间偏好促使人们更多地在当期消费。DU 模型的一个中心假设就是人们在跨期选择时会将现有的计划与新的备择计划结合起来考虑。比如说，一个人现有的消费计划为 $(c_t, \cdots, c_T)$，他面临一个跨期选择，此跨期选择同放弃现有的 50000 美元以获得 5 年后的 10000 美元的跨期选择类似。我们说决策者在跨期选择时会将新的备择计划与现有的计划结合起来考虑，也就是说，人们不会孤立地考虑跨期选择方案 X，而会根据方案 X 对将来的各个时期的总消费的影响来做出决策。所以，在评价跨期选择方案 X 时，决策者会考虑决策后新的消费路径 $(c'_t, \cdots, c'_T)$ 只有当 $U^t(C'_t, \cdots, C'_t) > U^t(C_t, \cdots, C_t)$ 时，决策者才会接受跨期选择。DU 模型还假定一序列结果的总效用等于各期效用的求和。各期消费独立指的是 DU 模型的一个外在假定为决策者在 $t+k$ 期独立于他在其他期的消费状况。在跨期选择中，在一个时期决策者的效用不会受其前面或后面某期状况的影响。比如说，决策者对意大利或者泰国旅馆的偏好不会受他昨晚是否在意大利旅馆居住或者他是否期待明天在意大利旅馆居住的影响。用萨缪尔逊的话来说，就是"昨天晚上我所喝的酒或者明天我将会喝的酒将不会对我今天关于酒和牛奶的偏好产生影响"。在 DU 模型中，经常假定即时基数效用 $u(c_{t+k})$ 不随时间而变化，也就是说，一个人在任何时期中由任何活动所产生的状况都是一样的。

● 尽管后来的主流经济学家对 DU 模型进行了改进，但如果在决策时考虑时间因素，行为经济学家发现，新古典经济学在跨期选择时所依赖的贴现效用模型缺乏科学基础，其共同的问题在于：①贴现效用模型中对新的备择计划和现有的计划的评价标准是相同的；②贴现模型假定了一系列结果的总价值或总效用等于每一期效用的现值总和，因此，效用的跨期分配就毫无意义，即每一期效用是独立的；③贴现模型中每一期消费也是独立的；④贴现模型中即时效用不随时间变化，任何活动带来的福利在每一期都相同；⑤贴现函数不依赖消费形式，即它是独立于消费的；⑥跨期偏好时间一致，即贴现率在每一期相同。这意味着不管主体比较的两个相邻时期处在时间轴的什么位置，对它们的相对偏好始终不变，即对某两期的两个结果都推迟或提前同样长时间，不会改变对这两个结果的偏好。⑦边际效用递减和时间偏好为正假定。

在 DU 模型中，最具争议的一个假设是时间偏好一致性。而现实是，和将来相比，人们倾向于今天得到奖励，而这种偏好不同于当将来面对同样延误时，他们可能会有的偏好。换句话说，偏好同时间是不一致的。Thale (1981) 在实验中要求被试写出现在 15 美元分别与 1 月、1 年、10 年后的多少钱相等，被试答案的平均金额为 20 美元、50 美元、100 美元，按复利贴现计算的贴现率分别为 345%、120% 和 19%，这可以看出贴现率不是不变，而是呈递减的趋势。之后，Benzion (1992) 和 Gideon (1995) 也做过类似的实验，同样也证明了人们递减的贴现率。贴现率的递减往往还会导致人们早期制定的计划与实际计划的执行之间存在差距，后期选择不能确认前期计划，即出现时间偏好逆转现象。Gideon (1995) 的实验证明，人们在今天的 100

美元和 4 周后的 110 美元之间更愿意选择今天的 100 美元，但是在 26 周后的 100 美元和 30 周后的 110 美元中却愿意选择后者，时间同样相差 4 周，金额同样相差 10 美元，由于距离现在的时间不同，人们的偏好也发生了逆转。Millar 和 Navarick（1984），Green、Fristoe 和 Myerson（1994），Kirby 和 Herrnstein（1995）等人的实验也证明了偏好逆转的存在。贴现率递减和偏好逆转说明人们的时间偏好并非总是一致的。

● 如果要你选择今天或明天吃一个苹果，你会偏好今天还是明天吃呢？如果是 100 天或 101 天呢？对于第一个问题，显然大部分人希望今天消费；而如果再要你考虑 100 天后和 101 天后吃一个苹果，也许答案就没有这么明显了。这其实就说明了人们在今天对明天的关心程度与对 100 天和 101 天的关心程度是不一致的，也就是说时间的贴现是会变化的。

● 无论吸烟者或者吸毒者还是沉迷于网络游戏的人，其实都有戒的愿望，他们也能理性地认识到，如果上瘾，长期成本要比获得的收益大得多，可是实际上，理性行为并不能准确描述个体在毒品和香烟消费上的决策，人们在做事时往往都会倾向于拖延。

双曲线贴现理论（Hyperbolic Discounting）弥补了 DU 模型中关于时间偏好一致的不足之处。一般来说，双曲贴现的折现率可以写成：$D(\tau) = \dfrac{1}{1+\rho\tau}$。双曲贴现通常被用来描述人们的时间偏好的递减率，即 ρ_n 会随着 n 的增大而减小。目前行为经济学界业已有很多的关于双曲贴现的实证研究，他们是把即时基期效用随时间变化融入贴现率中，使得贴现率随 n 的增大而减小，从而解释了人们即时享乐的非理性行为。

当然，时间偏好不一致性也可以通过对指数模型的修正来模拟，例如由 Edmund Phelps 和 Robert Pollak（1996）提出的两参数模型：$U^t(u_t, \cdots, u_T) = \delta^t u_t + \beta \sum_{\tau=t+1}^{T} \delta^t u_\tau$。在这个模型中，$u_t$ 表示人们在一段时间 t 中的即时效用。参数 δ 就好像在指数贴现中一样决定了一个人坚持时间一致性偏好的程度。β 和 δ 都位于 0~1。现在来分析一下这个模型是如何捕捉到人们喜爱及时行乐的偏好。

◎ 气候变化经济学

假设你有机会选择在 11 月 10 日做一项需要 10 小时完成的不喜欢的工作，或是在 11 月 11 日花 11 小时完成同一项工作。假设你认为工作对你的一时效用在任何时间都与工作时间负相等，比如 $u(10) = -10$, $u(11) = -11$。对推迟一天来说，假如 $\delta = 1$ 而 $\beta = 0.8$，即你会宁愿选择今天获得效用，明天损失部分效用，虽然获得的效用只是失去效用的 80%。①假如今天就是 11 月 10 日，你正在考虑要不要去工作。你可以选择今天工作但获得 10 的负效用，也可以选择将工作拖延到明天，效用值为 $0.8 \times (-11) = -8.8$。因此，你将会选择拖延。②假如你不是 11 月 10 日决定何时去工作，而是被老板要求 10 月 1 日就决定，那么你又如何选择呢？由于 10 月 1 日做决定使你无论在 11 月 10 日还是 11 月 11 日工作，工作所带来的效用贴现趋于一致了，因此你会选择只需工作 10 小时的 11 月 10 日而不是工作 11 小时的 11 月 11 日。在 10 月 1 日的时候，你认为拖延 11 月份的事情是不值得的。对同一个问题，你 10 月 1 日的决定同 11 月 10 日的决定有很大的差异。

● 这是一个发生在经济学家身上的小故事。在信息经济学的鼻祖——美国经济学教授阿克洛夫（Akerlof）身上发生了一个"斯蒂格利茨的箱子"的经典故事。斯蒂格利茨在一次离开印度返回美国时，由于民航限制行李数量，他留下一箱衣物让阿克洛夫抽空寄回，但当时印度的邮政系统服务很差，效率很低。阿克洛夫估计如果寄这个箱子要花掉至少一天的时间，于是"拖延行为"就出现了，阿克洛夫一直在思考，是今天寄呢？还是明天寄？结果日复一日，一直拖了 8 个月左右，箱子还是没有寄过去，最后他干脆做出决定——不寄了，等年底回美国的时候顺便带过去。

阿克洛夫从这个例子中得出一个结论：每次决定把事情拖延到下一期再做的时候，决策者是没有理性预期的。要阻止这类"病态"拖延行为的继续，必须有一个最后通牒的期限。我们可以清楚地意识到，在平时的生活中，类似于阿克洛夫的这种拖延行为是屡见不鲜的。比如说一群经济学专业的大学生，他们就可能为了及时享乐，而拖延需要完成的经济学作业，他们可能不愿意承受即刻完成经济学作业所带给他们的效用损失。而宁愿承受拖延后在未来某期再完成作业所带来的损失。在做出此拖延决策时，他们是预期拖延之后在未来期完成作业的效用损失要小于即刻完成作业的效用损失的，或者说，拖延作业的完成所带给当前期的效用要大于带给未来期的效用损失，不然，拖延决策是不可能建立的。当学生决定拖延时，他们就陷入了阿克洛夫的困境：做出非理性的决策，这种决策导致决策者总是决定把事情拖延到下期再做。这种拖延行为一般是可以持续进行下去的，因为决策者在每一期都可能决定再拖延一期。怎样才能结束这种拖延呢？正如阿克洛夫所认识到的那样，必须有一个最后通牒的期限，在最后通牒期限的约束下，拖延行为结束了。但是我们显然可以看到，在最后一刻未完成作业而不眠不休的学生，其效用损失要大于采取不拖延决策时的效用损失，这清楚地表明拖延的决策者的非理性。

气候变化潜在的影响以及当前对气候变化可能产生的社会经济影响评估存在极大不确定性，这种不确定性使得各国在应对气候变化的行动中表现出犹豫不决：是否应该现在就采取行动减缓气候变化？现在行动应该投入多少？还是等待至少是一些不确定性得到解决？经济学原理建议，在缺乏固定成本和不可逆转性的情况下，社会现在就应该采取减缓气候变化的行动，温室气体的减排量应该是在预期的边际成本和边际效益相等的那个点。然而，无论是在成本侧的低碳技术的投资还是在效益侧的温室气体排放的累计方面，应对气候变化行动与固定成本和不可逆的决策均存在着固有的不确定联系。正是这些不确定联系决定了或是采取更为积极的行动来减缓气候变化或是没有行动。这是一个难解的问题。进一步地，在减缓气候变化的跨期决策问题上，针对贴现率参数取值也存在巨大争议。例如，诺德豪斯（2007）根据实际经验估计，主张将 ρ 取值为 0.015，而斯特恩（2008）则认为未来的消费与当代的消费是同等重要的，因而将 ρ 取值为 0.001，这是一个接近于零的贴现率使未来的效用被充分贴现，而贴现率的不同将引起应对气候变化政策导向的极大差异。在 Stern 的贴现率取值下，如果现在采取行动控制温室气体的排放，气候变化的损失会控制在每年损失全球 1% 的 GDP。他主张应该尽早进行减排，否则因气候变化引起的社会福利损失是巨大的，但是诺德豪斯则由于贴现率取值不同而得出了正好相反的结论。这种科学研究中参数取值的不确定性引发了各国在气候变化全球治理中行动的不确定性。

● 通常讨论两种贴现的方法，但这两种方法均存在明显的不确定性。一种是应用社会时间偏好率，即纯粹的时间偏好率和福利的增长率之和。另外一种方法考虑市场的投资回报率，使项目的投资能够得到这种回报。也有专家指出，应该选择比预期价值低的贴现率，以反映贴现的要素以及贴现率和贴现的时间间隔之间的关系。针对减缓气候变化的行动，一个国家必须将其决策建立在让贴现率能够反映资本的机会成本的基础上。发达国家一般采用4%~6%的贴现率是合理的（这个贴现水平被欧盟国家用来评价公共部门的项目），而发展中国家的贴现率可能会高达10%~12%（IPCC，2001）。

第四节　全球减排中的气候经济博弈

当前各国均普遍发现与承认，气候变化已经并非只是简单的环境问题，作为国际社会应对气候变化的共同行动，其实质更是一个社会经济问题，是各个国家集团在应对气候变化的具体问题上采取的不同立场间的博弈。相同的利益驱使不同的国家形成国家集团，而利益分歧又将导致国家集团的不稳定。了解博弈论将有助于我们更好地理解当前全球合作减排中各国减排立场的原动力，进而对未来的全球合作减排格局做出预判和应对策略。本节将首先介绍博弈论的定义和分类，然后阐述理性经济人和非理性经济人在博弈过程中可采用的博弈策略，最后以全球减排为背景探讨博弈论在气候经济博弈过程中的应用。

一、什么是博弈论

博弈论（Game Theory）是指研究多个个体或团队之间在特定条件制约下的对局中利用相关方的策略，而实施对应策略的学科，有时也称为对策论，或者赛局理论，是研究具有斗争或竞争性质现象的理论和方法。其中，具有竞争或对抗性质的行为称为博弈行为。在这类行为中，参加斗争或竞争的各方各自具有不同的目标或利益。为了达到各自的目标和利益，各方必须考虑对手的各种可能的行动方案，并力图选取对自己最为有利或最为合理的方案。

比如日常生活中的下棋、打牌等。博弈论就是研究博弈行为中博弈各方是否存在着最合理的行为方案,以及如何找到这个合理的行为方案的数学理论和方法。博弈论既是现代数学的一个新分支,也是运筹学的一个重要学科。此外,博弈论已经成为经济学的标准分析工具之一,它作为研究环境谈判问题的主要研究方法之一,已在气候变化谈判领域得到了广泛的应用。

每一个博弈都是一个你中有我、我中有你的情形,不同的博弈参与者可以选择不同的行动,但由于相互作用,一个博弈参与者的得益不仅取决于自己采取的行动,也取决于其他博弈参与者所采取的行动。博弈论的精髓在于基于系统思维基础上的理性换位思考,即在选择你的行动时还是考虑你的得益,但是你应当用他人的得益去推测他人的行动,从而选择最有利于自己的行动。

一般地,博弈行为包括以下5个基本要素:

- 局中人:在一场竞赛或博弈中,每一个有决策权的参与者成为一个局中人。只有两个局中人的博弈现象称为两人博弈,而多于两个局中人的博弈称为多人博弈。
- 策略:一局博弈中,每个局中人都有选择实际可行的完整的行动方案,即方案不是某阶段的行动方案,而是指导整个行动的方案,一个局中人的一个可行的自始至终全局筹划的行动方案,称为这个局中人的一个策略。如果在一局博弈中,局中人总共有有限个策略,则称为有限博弈,否则称为无限博弈。
- 得益:一局博弈结束时的结果称为得益。每个局中人在一局博弈结束时的得益,不仅与该局中人自身所选择的策略有关,而且与全体局中人所取定的一组策略有关。一局博弈结束时每个局中人的得益是全体局中人所取定的一组策略的函数,通常称为支付函数。
- 博弈结果:对于博弈参与者来说,存在着博弈结果。
- 均衡:均衡是平衡的意思。在经济学中,均衡意即相关量处于稳定值。在供求关系中,某一商品市场如果在某一价格下,想以此价格买此商品的人均能买到,而想卖的人均能卖出,此时我们就说,该商品的供求达到了均衡。所谓纳什均衡,它是一个稳定的博弈结果。

根据不同的基准，博弈有不同的分类。一般认为，博弈主要可以分为合作博弈和非合作博弈。两者的区别在于相互发生作用的当事人之间有没有一个具有约束力的协议：如果有，就是合作博弈；如果没有，就是非合作博弈。

- 合作博弈是研究人们达成合作时如何分配合作得到的收益，即收益分配问题。
- 非合作博弈是研究人们在利益相互影响的局势中如何选定决策使自己收益最大，即策略选择问题。

从行为的时间序列性来看，博弈论进一步可分为静态博弈和动态博弈两类。通俗的理解，本节后面讲到的"囚徒困境"就是同时决策的，属于静态博弈；而棋牌类游戏等决策或行动有先后次序的，属于动态博弈。

- 静态博弈是指在博弈中，参与者同时选择或虽非同时选择但后行动者并不知道先行动者采取了什么具体行动。
- 动态博弈是指在博弈中，参与者的行动有先后顺序，且后行动者能够观察到先行动者所选择的行动。

按照参与者对其他参与者的了解程度，博弈论又可分为完全信息博弈和不完全信息博弈。

- 完全信息博弈是指在博弈过程中，每一位参与者对其他参与者的特征、策略空间及得益函数有准确的信息。
- 不完全信息博弈是指如果参与者对其他参与者的特征、策略空间及得益函数信息了解得不够准确，或者不是对所有参与者的特征、策略空间及得益函数都有准确的信息。

博弈论还有很多分类，比如，以博弈进行的次数或者持续长短，可以分为有限博弈和无限博弈；以博弈方的得益结果，可以分为零和博弈与非零和博弈；以其表现形式也可以分为一般型（战略型）博弈或者展开型博弈等。

无论属于哪种分类，博弈论研究一般具有下面三个假设：①决策主体是理性的，最大化自己的利益；②完全理性是共同知识；③每个参与者被假定为对所处环境及其他参与者的行为形成正确信念与预期。目前经济学家们所谈的博弈论一般是指非合作博弈，由于合作博弈论比非合作博弈论复杂，在理论上的成熟度远远不如非合作博弈论。与完全信息静态博弈、完全信息动态博弈、不完全信息静态博弈、不完全信息动态博弈相对应的均衡概念分别为：纳什均衡、子博弈精炼纳什均衡、贝叶斯纳什均衡、精炼贝叶斯纳什均衡。

二、经济博弈策略

在经济博弈行为中，每一个博弈中的参与者通常都拥有不止一个竞争策略，其所有策略的集合被称为该企业的策略集。在参与各自的策略集中，如果存在一个与其他竞争对手可能采取的策略无关的最优选择，即不管对手做什么，该参与者都能获得最高得益的策略，则称其为占优策略，与之相对的其他策略则为劣势策略。占优策略是博弈论中的专业术语，所谓的占优策略，就是指无论竞争对手如何反应都属于该参与者最佳选择的竞争策略。显然，在博弈过程中，具有占优策略的一方无疑拥有明显的优势，处于竞争中的主动地位。占优策略有时是显而易见的。

- 占优策略：假设参与者1存在a、b、c三种策略，参与者2存在A、B、C三种策略，参与者1和参与者2两人在博弈过程中不同策略组合的得益如表2-4所示。

表2-4　占优策略得益矩阵

		参与者2		
		A	B	C
参与者1	a	30, 20	20, 30	50, 40
	b	20, 10	10, 20	30, 30
	c	10, 60	10, 40	40, 50

假设参与者1认为参与者2选择"A"，则参与者1应该选择"a"，参与者1对"A"的最优反应是"a"；假设参与者1认为参与者2选择"B"，则

参与者1应该选择"a";参与者1对"B"的最优反应是"a";假设参与者1认为参与者2选择"C",则参与者1应该选择"a",参与者1对"C"的最优反应是"a"。不管参与者2是选择A、B还是C,参与者1都会选择"a",因此"a"是参与者1的占优策略。那么,参与者2会怎么做呢?参与者2没有占优策略,但是参与者2应该能够推断出1会选择"a",因此参与者2在这种情形下的最优策略是"C"。因此,在类似博弈的过程中,应首先检查一下你是否存在占优策略,如果有,就选择占优策略;或者站在对手的位置上思考问题,如果对手有占优策略,预期他将按占优策略行动。许多博弈中的参与者都没有占优策略,但仍可以考虑自己是否存在劣势策略,派出劣势策略之后再进行决策。在本例中,"a"是参与者1对"C"的最优反应,"C"是参与者2对"a"的最优反应,此结果被称为纳什均衡。

所谓纳什均衡,是指在某一策略组合中,所有的参与者面临这样一种情况,即当其他人不改变策略时,他此时的策略是最好的,也就是说,此时如果他改变策略,他的收益将会降低。在纳什均衡点上,每一个理性的参与者都不会有单独改变策略的冲动。

- 囚徒困境:两个犯罪嫌疑人囚徒A与囚徒B因犯非法持有枪械罪和被怀疑可能犯有一级谋杀罪被逮捕,检察官将他们分别关在两间牢房里进行审讯。检察官对囚徒A说:"我们实行的是'坦白从宽,抗拒从严'的政策,如果你坦白了而他不坦白,那么你将会被无罪释放,他将会因一级谋杀罪被判死刑;如果他坦白了而你不坦白,他将会被无罪释放,而你将会因一级谋杀罪被判死刑;如果你们都坦白,你们都将会被轻判。"当然检察官对B说的话也是完全一样的。但实际上,两个犯罪嫌疑人都清楚,如果两个人都坦白,却会因涉及更多的罪案而都被判无期。而两人都不坦白,只能按非法持有枪械罪被分别判刑两年。那么,囚徒A与B的博弈矩阵是怎样的呢?囚徒A与B又将面临怎样的选择呢?如表2-5所示。

表2-5　囚徒困境得益矩阵

		囚徒 B	
		坦白	拒不交代
囚徒 A	坦白	无期，无期	释放，死刑
	拒不交代	死刑，释放	两年，两年

基于理性经济人的前提假设，两个囚犯符合自己利益的选择是坦白招供，原本对双方都有利的策略不招供从而均被释放就不会出现，这样两人都选择坦白的策略以及因此被判无期的结局。由此可以看出，纳什均衡对亚当·斯密的"看不见的手"原理提出了挑战。按照亚当·斯密的理论，在市场经济中，每一个人都从利己的目的出发，而最终全社会达到利他的效果。但是，我们可以从纳什均衡中引出"看不见的手"原理的一个悖论：从利己目的出发，结果损人不利己，既不利己也不利他，换句话说，个体理性与集体理性发生了冲突。

在本章第一节中提到的例子"公地悲剧"也同样存在这种冲突。在这个例子中，如果大家都出钱兴办公用事业，所有人的福利都会增加。但问题是，如果"我"出钱"你"不出钱，"我"得不偿失，而如果"你"出钱"我"不出钱，"我"就可以占"你"的便宜。所以每个人的最优选择都是"不出钱"，结果使所有人的福利都得不到提升，最终所有人都过度放牧，致使草地消失，生态遭到破坏。

纳什均衡还可以用来解释"搭便车"现象，一个典型的例子就是智猪博弈。

● 智猪博弈：猪圈中有一头大猪和一头小猪，猪圈一端有个按钮。每按一下按钮，猪圈另一端食槽中会有10个单位猪食进槽，但按一下会耗去的能量相当于2单位猪食的成本，如果大猪先到食槽，大猪吃到9单位食物，小猪只能吃到1单位；如果小猪先到食槽，小猪吃4单位食物而大猪吃6单位；如果同时按并同时到食槽，则大猪吃7单位食物而小猪吃3单位。

如表2-6所示，小猪存在占优策略——等待，而大猪在小猪选择等待的情景下的最优选择是去按按钮，最终达到纳什均衡。在这种情况下，处于强势的参与者（大猪）为维护自己利益采取某种决策时，便为其他弱势参与者（小猪）提供了"搭便车"的机会。

表2-6 智猪博弈得益矩阵

		小猪	
		按	等待
大猪	按	5, 1	4, 4
	等待	9, −1	0, 0

纳什均衡是建立在参与者理性行为基础上的，这就使参与者的决策面临可能出现某些非理性行为的风险。为了降低风险，决策者可以采取最大最小策略以便降低风险，即在各种策略的最小收益中，选择具有最大收益的策略，其代价是放弃最优策略。

● 最大最小策略1：表2-7是一个新产品开发博弈的得益矩阵，两个厂商该如何决策？

表2-7 新产品开发得益矩阵

		厂商2	
		无新品	有新品
厂商1	无新品	4, 4	3, 6
	有新品	6, 3	2, 2

如表2-7所示，按照理性行为，厂商1和厂商2会有两种纳什均衡，（无新产品，有新产品）以及（有新产品，无新产品）。但如果采取最大最小策略，两个厂商都不推出新产品。因为厂商1在厂商2无新品和有新品时的最小收益分别是3和2，厂商2在厂商1无新品和有新品时的最小收益也分别是3和2，为避免决策失误带来的较大损失，两个厂商的选择是均不推出新产品。

在有些情况下，为了避免陷入被动，采取最大最小策略十分必要。在表2-8的博弈中，乙方采取"右"是一个支配性策略。因为不管甲方选什么，乙方采取"右"的策略都比采取"左"的策略好，可以得到1的收益。在期望乙方采取"右"的策略情况下，甲方应该采取"下"的策略，并得到2的收益。这样，支配性策略均衡为（下，右）。然而，如果甲方比较慎重，考虑到乙方可能不一定理性，或者可能故意捉弄甲方，则应该采取最大最小策略，形成（上，右）的博弈结果。

表2-8 最大最小策略得益矩阵

		乙	
		左	右
甲	上	1, 0	1, 1
	下	-8, 0	2, 1

最大最小策略是一种保守的策略而不是利润最大化的策略。很显然，博弈者往往是在信息不完全的情况下才采取最大最小策略。在信息完全的情形下，他肯定是会采取促使他利润最大化的策略。在某些情况下，最大最小策略所达到的均衡也是一种纳什均衡。

如果在博弈所定义的得益矩阵中，任何均衡点都符合以下条件：①在给定其他参与者行为策略的条件下，没有人有激励改变其行为策略；②没有参与者希望其他参与者会愿意改变其行为，此时将会出现协调博弈。

● 情侣博弈：表2-9中的得益矩阵给出了一个情侣博弈的得益分布，它表示一对情侣在看电视时是选择看足球比赛还是芭蕾剧，以及4种选择的组合的得益。看看他们将如何博弈。

表2-9 情侣博弈得益矩阵

	足球	芭蕾
足球	2, 1	0, 0
芭蕾	0, 0	1, 2

观察表2-9可以发现，该矩阵有两个纳什均衡，即（足球，足球）、（芭蕾，芭蕾）。因此，只要给定对方的选择，参与者就没有激励偏离均衡策略，或者即使不给定对方的策略，参与者也只能通过协调来实现均衡。显然，在这种博弈中，每个参与者的策略问题是：他希望和他的对手就策略选择进行

"协调",因为不管是否给定对手的策略,协调的结果总是最好的。协调博弈与囚徒困境博弈刚好相反,每个参与者选择策略 A 或 B,仅仅需要确信对方也会相应地选择 A 或 B。他们不像合作博弈那样需要一个有约束力的契约之类的东西,而是更需要在彼此之间确立一种相互信任。

上述博弈例子的一个共同特点是:所有博弈都在一次完成,但当博弈行为大于 1 次时,就会出现重复博弈。所谓重复博弈是指,同样结构的博弈重复许多次,其中的每次博弈称为阶段博弈。重复博弈是动态博弈中的重要内容,它可以是完全信息的重复博弈,也可以是不完全信息的重复博弈。在重复博弈中,每次博弈的条件、规则和内容都是相同的,但由于有一个长期利益的存在,因此各博弈方在当前阶段的博弈中要考虑到不能引起其他博弈方在后面阶段的对抗、报复或恶性竞争,即不能像在一次性静态博弈中那样毫不顾及其他博弈方的利益。有时,一方做出一种合作的姿态,可能使其他博弈方在今后阶段采取合作的态度,从而实现共同的长期利益。先来看一下与重复博弈有关的几个重要定义。

- 可信性:动态博弈中先行动的博弈方是否该相信后行动的博弈方会采取对自己有利或不利的行为。
- 空头威胁:对对手采取的行动是不需要任何成本的,因此这种威胁是不可置信地。
- 承诺:预先花费成本来严格限制自己的行为,从而使威胁成为可置信的。
- 子博弈:给定"历史",每一个行动选择开始至博弈结束构成了一个博弈。
- 子博弈精炼纳什均衡:剔除那些只在特定情况下合理,而在其他情况下并不合理的行动规则。
- 子博弈完美性:如果动态博弈中各博弈方的策略在动态博弈本身和所有子博弈中都构成均衡,则称该策略组合具有子博弈完美性。

在重复博弈中,可信性是非常重要的,也即子博弈完美性仍是判断均衡是否稳定可靠的重要依据,又由于长期利益对短期行为的制约作用,因此有一些在一次性博弈中不可行的空头威胁或承诺在重复博弈中会变为可信的,从而使博弈的均衡结果出现更多的可能性。如果我们考虑将表2-9的情侣博弈扩展为在固定参与者之间进行的重复博弈,或在特定的群体系统内部非固定参与者之间进行的超博弈,那么就不难想象,与其每次出现时都去尝试解决这个博弈,远不如在行为人之间建立起某种行为或惯例的稳定的均衡模式,进而使得参与者在此后遇到类似问题时都可以加以遵循,而不需要反复支付信息成本和交易成本。但协调博弈的一个问题在于,均衡解均具有不确定性和多样性,哪种均衡的规则将被选择具有随机特征,因此,在习俗层面上讲,协调博弈的均衡规则是多样的。但不管怎样,只要相应的一种行为模式被广泛接受,并被自觉遵从,就会形成习俗或自发秩序,并且有助于包括参与者在内的所有群体成员避免类似博弈局中无效率的非均衡得益。

重复博弈可分为重复次数有限博弈与重复次数无限博弈。在有限次重复博弈过程中,所有参与者都可以明确无误地了解重复的次数,即可以准确地预测到最后一个阶段的博弈,而在最后阶段的博弈中,任何一个参与者选择不合作,不会导致其他参与者的报复。因此,所有参与者都会在最后阶段的博弈中选择自己的占优策略,那就是不合作。既然所有参与者都会在最后阶段选择不合作,那么,在倒数第二阶段博弈中任何参与者也就没有必要担心由于自己选择不合作,导致其他参与者在最后阶段博弈中的报复。因此所有参与者在倒数第二阶段的博弈中,也都会选择不合作。即在倒数第二阶段博弈中,所有参与者都会选择占优策略。由此类推,可以得出以下结论:在阶段性博弈存在唯一的纳什均衡时,阶段博弈的纳什均衡解就是重复次数有限博弈的唯一子博弈精炼纳什均衡解,即重复次数有限博弈的每个阶段的均衡解都是一次性博弈的纳什均衡解。当然,上述推论成立的前提条件是阶段性博弈纳什均衡的唯一性。然而,在进行无限次重复博弈中,"欺骗"没有好处,共谋才是纳什均衡。事实上,只要对手在过去没有过"欺骗"行为,各个博弈者都会"合作"。因为"欺骗"会引发以后所有时期的惩罚,这种对"不合作"的博弈者采取的惩罚行为是一种触发策略。当博弈无限重复,没有确定的"终结之日"时,共谋作为纳什均衡就能够维持下去。

- "以牙还牙"策略:密歇根大学爱克斯罗德教授举办了一场计算机模

拟，他首先邀请全世界的学者递交自认为最优的策略程序，然后将这些策略相互之间交替进行不特定次数的"重复囚徒博弈"，并根据最终排名来判定优劣。第一轮 14 个程序之间的竞赛结果显示，"以牙还牙"的简单策略获得第一。之后，又有 63 位科学家递交了改进的程序，进行了第二轮竞赛，其中包括多个以"以牙还牙"策略为基础的改良品种。令人惊讶的是，第二轮比赛的优胜者仍然采用的是"以牙还牙"策略。

纳什均衡是一种静态博弈。然而，参与者选择策略有时间先后的博弈形式，每次博弈结构不同而连续多次。或者说，某些对局者可能率先采取行动，它是一种较为典型的动态博弈，而重复博弈则可视为一种特殊的动态博弈形式。一般地，序列博弈通常采用博弈的扩展形式来进行分析。

● 商战威胁：假设有两个企业，一个为在位企业 B，另一个为潜在的进入者 A。企业 A 存在进入市场和不进入市场两种策略，若企业 A 进入市场，企业 B 存在容纳和商战两种策略。

假设纳什均衡之一是如果 A 进入市场，B 就威胁选择商战，所以 A 不进入市场；另一个纳什均衡是 A 选择进入市场，B 随之选择容纳。但事实上，在市场进入博弈中，在给定企业 B 已经进入的情况下，商战是不可置信地威胁，因为商战的结果是损失利润。所以，（进入，商战）不是一个精炼纳什均衡，剔除这个均衡，而（进入，容纳）是唯一的子博弈精炼纳什均衡。有趣的是，假设在进入市场发生前，在位企业 B 通过不可逆转的投资（如投资 800 万）来形成一部分剩余生产能力，这部分生产能力在没有进入者进入市场时是多余的，但在进入市场发生时则降低了与进入者进行商战的成本，使在位者的最优选择从容纳改变成商战，形成额外的剩余生产能力可以阻止对手进入市场，潜在进入者知道他一旦进入市场，价格战就必然会发生，因而构成可置信的威胁。这种形成剩余生产能力的行动在序列博弈中常带有先发制人的行动，被称为事先承诺博弈。总之，作为博弈方不应该仅仅是个被动的参与者，不要仅满足于接受别人制定的博弈规则，而应该设法改变博弈使其对自己尽量有利。可置信的承诺能够促进长期利润，但承诺方也确实因此而对自己的行动施加了严格的限制。这种通过限制自己行动来获取竞争优势的做法被称为策略性行为。2005 年诺贝尔经济学奖得主托马斯·谢林曾说:"一种策略性行为就是某人通过影响其他人对自己行为的预期,来促使其他人选择对自己有利的策略,是某人通过限制自己的行为来限制其对局者的选择。"

三、全球减排博弈

气候变化是人类共同面临的严峻挑战,它使国际社会联结成最广泛的命运共同体。合作共赢地应对气候变化,可以为打破气候谈判僵局、促进全球气候治理机制改革、提高治理效率、加快向绿色低碳经济转型提供方向和指导。但当前全球合作共赢的状态没有达到纳什均衡,各国在应对气候变化的过程中存在"搭便车"的机会,往往通过博弈以争取己方的最大利益。虽然UNFCCC 缔约方会议迄今已经召开了 25 次,但各方仍然没有形成一个清晰的、实质性的减排方案。有两个问题导致了气候谈判进程艰难:一是对于单个国家来说,需要承担一定的碳减排义务,而碳排放的多少是由工业、交通等多方面决定的,因此碳排放的减少意味着经济发展将面临一个外在约束,即为了保护环境,要限制经济的发展;二是在全球碳排放总量一定的情况下,各国本应依照各自的经济水平和科技能力,承担不同比例的减排份额。但是由于各国的谈判地位和历史因素的影响,一些国家承担了较重的减排份额,而另外一些国家的减排份额并不高,这就出现了碳排放义务与责任不平等的现象。例如,个别国家提出由于发展中国家工业污染较为严重,减排的份额应该更多,但却丝毫没有考虑到发达国家历史时期的总排量远远高于发展中国家的总排量等问题。因此,构建全球碳减排体系的关键在于发达国家和发展中国家采取"合作"或"非合作"策略的决策行为的博弈与制衡,由此在不同的发展时期形成"均衡"或"非均衡"的博弈态势,才能实现最大程度的碳减排效果。

从全球气候谈判历程来看,以《京东议定书》和《巴黎协议》为节点,全球碳减排可以分为《京东议定书》之前的"囚徒困境"时期,《京都议定书》期间的"智猪博弈"时期和《巴黎协议》后的"猎鹿博弈"时期。在每个时期,发展中国家和发达国家都具有不同的利益诉求和权利义务,由此形成了不同的博弈模型。

1. 第一时期

全球存在三种得益矩阵组合。第一种组合——发展中国家不减排,而发达国家减排。此时,发展中国家将无偿分享发达国家减排所带来的生态环境改善的收益,发达国家将承担碳减排成本,但将获得国际社会的认可,双方将共同承受气候变化造成的环境负外部性成本。第二种组合——双方都不减排。此时,双方都将承受气候变化造成的环境负外部性成本,以及国际社会谴责。第三种组合——双方都减排。此时,发达国家和发展中国家将共享生态环境改善的收益和国际社会的认可,同时也将分别承担减排成本,以及共同的环境负外部性成本。由于发展中国家减排的前提条件是发达国家先行减排,因此发达国家不减排而发展中国家减排的第四种组合是不存在的。

在这个时期全球处于一种非合作均衡的博弈阶段。因为发展中国家认为全球气候变暖主要是发达国家前期排放所致,而且当前发达国家的消费结构和全球贸易结构导致其当前的人均排放量也远远超过发展中国家,考虑到各国在发展阶段和发展目标方面的差异,发达国家应当独力承担碳排放的历史和现实责任。但发达国家却认为,发展中国家高耗能、高污染的产业结构才是造成现阶段气候变化加剧的主要因素,像中国、印度、巴西等国家已成为世界资源消耗大国和碳排放大国,因此也应当承担相应的减排责任。另外,全球生态环境属于非排他性使用的公共资源,而且实施碳减排政策有可能削弱国家竞争力,在缺乏有效的国际协调机制情况下,发达国家和发展中国家都将经济利益置于环境利益之上,倾向于保持现有的经济发展方式和社会消费方式,即不减排或者是进行较低程度的减排,从而造成了生态环境持续恶化的"公地悲剧"。

2. 第二时期

随着气候变暖进程的加快,气候变化造成的环境负外部性成本越来越高,全球生态环境、经济发展以及人类健康都面临越来越大的威胁。《联合国气候变化框架条约》各缔约于1997年12月共同达成《京都议定书》,成为全球关于气候治理和国际合作的起点。在《京都议定书》的规则下,发达国家和发展中国家关于碳减排的利益诉求和权利义务构成了"智猪博弈"模型,也是发达国家独力承担减排责任的相对均衡博弈:弱势的"小猪"(即发展中国家）在2012年之前不承担减排义务，而相对强势的"大猪"（即发达国家）从2005年开始承担减少碳排放量的义务。《京都议定书》最大的贡献之一是确立了碳减排量交易和抵消的机制，形成了以欧盟为主导、亚欧非国家参与的碳减排市场体系，也是全球碳减排市场体系的雏形，即发达国家可以通过排放权交易、净排放量、绿色机制以及集团方式等方式完成强制性的碳减排任务并同时获得了碳减排带来的综合收益（包括政治、经济和社会效益，比如国际社会认可、使用发达国家货币尤其是欧元结算的经济利益等），而在绿色机制下，发展中国家通过节能减排和发展清洁能源获得了来自发达国家的资金扶持。在《京都议定书》实施期间，发达国家和发展中国家都在一定程度上参与了全球碳减排市场，实现了初步的合作共赢，全球碳减排市场体系处于不完全合作博弈时期。

在这个时期，发达国家和发展中国家在短期内找到了共同应对气候变化的均衡状态，但这种短期均衡状态很容易被内外部环境的变化所打破。作为协议签署国之一，美国在2001年3月以减少温室气体排放将会影响经济发展与发展中国家也应该承担减排和限排温室气体的义务为借口，拒绝批准《京都议定书》。作为当时全球温室气体排放量最大的国家，美国的退出对全球碳减排市场体系的进程是一个沉重的打击。从"囚徒困境"时期到"智猪博弈"时期转变的主要原因是，一些国家深刻认识到非合作博弈可能带来的"公地悲剧"。因而改变了全球应对气候变化的得益矩阵，但非完全合作仍然是克服"公地悲剧"的核心障碍。

3. 第三时期

历经数年的艰苦谈判和谨慎前行之后，国际社会迎来了巴黎气候大会。该会议规模为历次最大，参会领导人为历次最多，尤其是美国和中国表现出的更负责任、更具诚意、更加坚决的态度和努力，让国际社会对本次大会充满憧憬。会议达成的《巴黎协议》，凝聚了与会各方的智慧和力量，开启了全球关于气候治理和国际合作的新进程。在尊重各国主权、兼顾各国国情的基础上，发达国家和发展中国家将基于自主贡献的方式，构建全球碳减排市场体系，即各国提交本国预期的碳减排量，在此基础上，对2020年后国际合作应对气候变化做出整体性的制度设计和安排。由此实现了全球绝大多数国家的广泛参与，形成了发达国家和发展中国家之间最大限度的微妙均衡，也是有可能实现帕累托效率的完全合作博弈——"猎鹿博弈"，即发达国家和发展中国家只有完全合作减排，才能通过更少的碳减排成本获得最大的碳减排回报。

在这个时期，实现"猎鹿模型"博弈需要满足一个基本原则，即发达国家和发展中国家实施碳减排的努力或贡献要大致相当。如果一方的努力更多，贡献更大，这一方会要求获得更多回报，而另一方就会觉得利益受损而选择不合作。反过来说，在双方碳减排贡献相当的情况下，碳减排带来的综合收益要进行平均分配。虽然当前世界各国已认识到全球碳减排市场体系所蕴含的巨大资源和利益，但受体制、技术、资金等多种因素的限制，各国实施碳减排的努力或贡献难以确保绝对的公平一致。当前发达国家和发展中国家的利益博弈仍在持续，如果后续缺乏更合理有效的制度设计和安排，《巴黎协议》后的"猎鹿博弈"时期就有可能会退回到《京都议定书》期间的"智猪博弈"时期。

值得一提的是，作为当前全球气候变化谈判的一股重要力量，中国立场对全球气候合作影响将发挥越来越重要的作用。就减排立场的演变历程而言，中国主要经历了被动却积极参与、谨慎保守参与以及活跃开放参与的3个阶段。近几年，中国政府已经在碳交易、排放强度降低等方面做出了多方面的有益尝试，并已为其在全球气候谈判中争取到了更多的话语权。在未来，减缓行动的社会经济成本、受气候变化不利影响的脆弱性、国际转移支付和国际碳市场、与其他问题挂钩、影响中国立场的其他因素（如国际形象等）、公平原则等都将成为影响未来中国减排立场的主要因素，需慎重对待。

第三章 气候变化经济学的集成评估建模

IPCC 评估报告指出，近 100 年全球地表平均气温升高 0.74℃，2005 年全球大气二氧化碳浓度达到 65 万年以来最高水平，人类活动很可能是导致气候变暖的主要原因。在这种情况下，全球兴起了气候变化经济模拟研究。由于气候变化涉及经济安全、社会发展和自然资源等多方面因素，气候变化经济模拟将是一个系统性的复杂工程，对其研究已经成了最重要的科学前沿。目前国际上关于气候变化经济学的研究方法多数是基于模型的，尤其是以集成评估模型为代表的定量模拟模型。

本章将首先介绍什么是集成评估模型，包括其分类和优缺点等。在此基础上，第二节以诺德豪斯的 RICE（Regional Integrated model of Climate and the Economy）和 DICE（Dynamic Integrated model of Climate and the Economy）模型为例进一步阐述跨期优化类集成评估模型的基本结构；第三节介绍另一类较为流行的可计算一般均衡模型。

第一节 集成评估模型

气候变化经济学的诸多问题都涉及连接自然科学和社会科学等多个领域和学科的复杂系统，这个复杂系统囊括了从大气化学到博弈论的广泛领域。随着对这些领域知识理解的不断深入，人类开始将它们联系起来并开发出了反映其复杂互动过程的模型，以便全面分析从人类经济活动到碳排放，到大气浓度，到气候和水文循环，最后反馈回人类和自然系统的气候变化经济学逻辑机制。这种模型就是本节将要介绍的气候变化集成评估模型（Integrated Assessment Model of Climate Change，IAM），它是一种将两个或多个领域的知识整合到一个单一分析框架的经典分析方法。基于这种方法开发的模型起初是理论上的，但后来越来越计算机化、经验化、动态化、非线性化，其复杂程度亦各不相同。但不管怎样，开发集成评估模型的目的只有一个，即是通过刻画气候变化经济学机制以帮助制定合理有效的气候政策。它们一般会回答下面几个关键问题或之一：①气候系统是如何演变的；②人类活动尤其是社会经济将如何影响气候系统；③气候系统又是如何反馈人类社会尤其是经济系统的；④人类将如何平衡气候变化与经济增长的关系。

集成评估的政策分析过程起源于20世纪60年代对全球环境问题的研究，为解决全球环境问题，开始集成从自然科学到社会科学的多方面知识，在整体上分析相关问题的内在机制和应对策略。集成评估模型是从20世纪70年代能源模型的基础上发展起来的。资源建模组（MRG）就是当时其中的一个能源模型，它由诺贝尔奖获得者Tjalling Koopmans主持，踊跃分析预测长期能源需求和技术。其中，克鲁格曼关于生产线性规划方法的早期工作以及萨缪尔森的市场即最大化原则，形成了从那时开始到现在的许多能源模型的核心，之后，耶鲁大学的诺德豪斯利用集成评估的概念来分析气候变化问题，当时模型的处理方法是将大气二氧化碳浓度以及温度变化作为环境变量。到了20世纪90年代，集成评估模型正式进入发展阶段，越来越多的地球气候物理机制被引入进来，例如增加土地利用和陆地碳循环、非二氧化碳气体以及空气污染，以研究气候变化的特殊影响。在这个时期，经济系统与气候系统开始系统性地被整合到一个统一的模型框架中用于评价气候经济政策，跨学科交叉的集成评估模型开始正式流行起来。自20世纪90年代以来，国际上先后出现多种针对气候变化经济模拟的集成评估模型，例如最经典的由诺德豪斯等研发的RICE模型（Regional Integrated Model of Climate and the Economy）、DICE模型（Dynamic Integrated Model of Climate and the Economy）。

当前，气候变化集成评估模型已经取得了实质性进展，它为全球层面的气候变化经济模拟提供了有力帮助，并极大促进了气候变化经济学的发展。虽然集成评估模型在整体刻画气候经济系统的动态跨学科融合方面极具优势，然而，由于其评价结果严重依赖于模型构建时所涉及的气候经济参数以及模型运行时所依赖的基准情景，未来相关研究仍面临很大的挑战。

一、什么是集成评估模型

如果要对集成评估模型下一个定义，必须首先了解"集成评估"这个词。

- 集成评估应包含三个目标：评估控制政策，统一框架以及量化相关指标。（Weyant et al., 1996）
- 集成评估是一种结合、诠释、联系来自不同科学学科知识的过程。在这个过程中，问题中所有的因果联系均能从综合的角度在两个方面得到评价：（1）相比较于单学科评估，集成评估需要有价值增量；（2）必须为决策者提供有用的信息。（Rotmans, Dowlatabadi, 1997）
- 集成评估是一种联系知识（科学）和行动（政策）的信息反复共享过程。（van der Sluijs, 2002）

在"集成评估"的基础上，目前存在的多种气候变化集成评估模型的定义如下：

- 任何利用多学科研究知识的模型。（Weyant et al., 1996）
- 包含一系列来自其他领域的子模型，用于环境科学、技术和政策的集成评估。（Schneider, 1997）
- 将气候变化中自然科学和经济学部分结合起来，以评估气候变化下的政策选择。（Kelly, Kolstad, 1999）
- 将包括物理学、化学、生态学、经济学和政治学联系在一起的多学科交叉模型。（Tol, 2001）
- 与气候学、生态学、区域科学以及工程学联系起来的气候变化经济学研究领域。（Yang, 2008）
- 采用多学科的计算模型，使用 GCM 的计算结果去评估气候政策的利益和损失。（Ackerman et al., 2009）

总的来说，集成评估模型是将气候模型与经济模型相结合，用于定量分析气候问题和评价气候政策的多学科交叉模型。集成评估模型已经成为气候变化经济学最流行的研究工具之一，它通过刻画从经济活动到温室气体排放再到气候变化的影响，以及气候变化对人类社会的经济影响反馈来分析气候变化经济学相关问题，例如温室气体减排的成本效益、实现某一减排目标的减排路径、特定减排路径的社会经济影响等，并给出解决这些问题的政策建议。

开发集成评估模型难度很大，它需要大量的资源投入，尤其需要跨学科交叉的知识储备。IPCC第4次评估报告采用了6个被用来产生40个排放情景气候变化集成评估模型，并将它们作为附件放在排放情景专门报告中（Special Report on Emissions Scenarios，SRES）。这6个模型代表了排放情景建模的方法以及集成评估模型的基本框架，这些模型包括：日本国立环境研究所的亚太综合模型（AIM）、美国ICF咨询公司的大气稳定框架模型（ASF）、美国国家公共健康和环境卫生研究所的温室效应集成评价模型（IMAGE）、日本东京理科大学的多区域资源产业分配模型（MARIA）、奥地利国际应用系统分析研究所（International Institute of Applied Systems Analysis，IIASA）的能源供应战略选择及集成环境影响模型（MESSAGE）、美国的太平洋西北国家实验室的微型气候评估模型（MiniCAM）。下面对这6个模型做简要介绍：

- AIM是用于温室气体排放和亚太地区全球变暖影响的情景分析的大型计算机模拟模型。该模型的开发主要是为了研究该地区的全球变暖对策，但它与世界模型相关联，因此可以进行全球估算。AIM包含三个主要模型：温室气体排放模型（AIM/排放）、全球气候变化模型（AIM/气候）、气候变化影响模型（AIM/影响）。它的技术路线是：排放影响气候系统，气候系统反映气候变化，气候变化影响经济。
- ASF是一个通过调节能源价格最终实现能源供需平衡的集成评估模型，当前的ASF版本包括能源、农业、森林砍伐的温室气体排放和大气模型，并提供了9个世界区域的排放估算。其中，能源、农业、森林砍伐模块估计主要农产品的生产，它是由人口和国民生产总值（GNP）增长驱动的；温室气体排放模块使用能源、农业和森林砍伐模块的输出来估算每个ASF地区的温室气体排放，它通过将温室气体排放源映射到相应的排放动因，并根据这些动因中的变化进行更改来估算这些排放；大气模块使用温室气体排放估算值来计算温室气体浓度以及相应的辐射强迫和温度效应。

• IMAGE 由三个完全链接的模型系统，即能源工业系统（Energy-Industry System，EIS）、陆地环境系统（Terrestrial Environment System，TES）和大气—海洋系统（Atmosphere-Ocean System，AOS）组成。其中，EIS 用于估算世界 13 个地区的温室气体的排放。TIMER 是一个系统动力学模型，它基于预期需求、相对成本或价格以及机构和信息延迟，在能效、发电和能源供应方面做出投资决策。TES 的目的是模拟全球土地利用和土地覆盖的变化及其对温室气体和臭氧前体的排放以及对生物圈与大气之间的碳通量的影响，这个子系统还可被用于评估土地利用政策控制温室气体积累的有效性，大规模使用生物燃料的土地类型变化后果，气候变化对全球生态系统和农业的影响以及人口、经济和技术进步对全球土地覆盖率变化的影响。

• MARIA 是一个精简的集成评估模型，用于评估经济、能源、资源、土地利用和全球气候变化之间的相互关系。该模型起源于诺德豪斯（1994）开发的 DICE，是一种跨时域非线性优化模型，其开发目的是评估解决全球变暖的技术和政策选择。MARIA 的能源模块包括 3 种主要的化石能源（煤、天然气和石油）、碳汇、核能和可再生能源技术（水能、太阳能、风能和地热），并考虑了资源可开采的状况。MARIA 中的全球变暖子系统是基于 Wigley 的排放浓度机制的五阶段常数模型构造的，它也同样采用了 DICE 模型的两级热库模型，因此仅需关联全球碳排放量。MARIA 还包括一个简化的粮食生产和土地用途模块，用于评估生物质的潜在贡献。由于 MARIA 并不在能源细节和经济活动方面展开，因此它的功能是宏观评估。

• IIASA 使用了一套综合模型来制定 SRES 情景。MESSAGE 是构成 IIASA 集成模型框架的 6 个模型之一。MESSAGE 是一种动态线性规划模型，可在资源可用性、给定技术菜单和对有用能源的需求约束下计算成本最小的供应结构。它估计了详细的能源系统结构，包括能源需求、供应和排放模式。MESSAGE 通常与宏观经济模型 MACRO 连接在一起使用，以测试排放情景的一致性，因为它们对应于自底向上和自顶向下这两个不同的能源建模视角。MACRO 是 Global 2100 模型的修改版本，该模型最初于 1992 年发布，随后在全球许多能源研究中广泛使用。MACRO 最大化了每个世界区域中一个代表性生产者—消费者的跨时效用函数，并评估宏观经济发展与能源使用之间的关系。IIASA 有一个反应气候过程的气候变化强迫模型（Model for the Assessment of Greenhouse Gas-Induced Climate Change，MAGICC），这个模型是一个 GCM（一般气候模型）模型。MAGICC 系统估算了大气中温室气体的浓度以及由温室气体引起的升温潜能。IIASA 以区域人口和人均经济增长作为输入变量，然后计算出各种情景的未来经济和能源发展的能源需求，因此，它还包含一个情景产生器（Scenario Generator，SG）。在 IIASA 集成建模框架的 6 个模型当中，SG、MESSAGE、MACRO 和 MAGICC 用来描述和分析 SRES 情景，其他两个模型 RAINS 和 BLS 用于对 SRES 情景进行建模。RAINS 用于模拟硫和 NOx 排放，以及随后的大气传输、排放物的化学变化、沉积和生态影响。BLS 是一个部门级的宏观经济模型，它用于估算 11 种农产品生产的所需投入（例如土地、化肥、资本和劳动力）。

- MiniCAM 是一个小型的快速运行的集成评估模型，它使用 ERB 模型（Edmonds 等，1994，1996a）以及农业、林业和土地利用模型（Edmonds 等，1994）估算全球温室气体排放量；使用 MAGICC（Wigley 和 Raper，1993）模型来估计气候变化；使用 SCENGEN（Hulme et al.，1995）来估计区域气候变化；使用损失函数（Manne 等，1995）来评估气候变化的影响。MiniCAM 由太平洋西北实验室的全球变革小组开发的 MiniCAM 会定期进行改进，最近的变化包括增加了农业土地利用模块，并具有估算所有《京都议定书》气体排放量的能力。MiniCAM 使用简单的人口乘以劳动生产率来估算总劳动生产率水平，使用国民生产总值/能源弹性对国民生产总值的估计值进行校正。在情景设定方面，MiniCAM 开发了扩展的经济活动水平流程，以使人们更清楚地了解新人口情景的潜在影响，首先，通过年龄细分用以计算工作年龄人口；其次，通过增加劳动参与率以估计劳动力；最后，通过建立一个外部过程来估计劳动生产率增加率的长期演变。MiniCAM 包含局部均衡模型 ERB，该模型通过价格来平衡模型中 11 个区域中的 7 个主要能源类别（煤炭、石油、天然气、核能、水力、太阳能和生物质）的能源供需。

结合上述定义和相关模型，集成评估模型一般都包含经济和气候两个基础模块，通过经济减排的成本函数和气候影响的损失函数开展成本效益分析。考虑到集成评估模型的最终目标是对未来的全球或区域减排路径提供参考依据，它还可能包含一个减排政策模块。基于此，通用集成评估模型的分析框架的运行流程通常涉及以下4个步骤：①通过经济模块估算相关经济指标，包括劳动力、产出、技术等，同时预测温室气体排放；②通过气候模块估算相关气候指标，包括温室气体浓度、全球升温、降水量和海平面等；③由温室气体浓度变化估算升温、降水量及海平面上升等气候指标；④结合经济模块和气候模块开展成本效益和社会福利分析；⑤在政策模块中，通过设定减排目标、减排方式和减排情景等开展减排政策模拟。

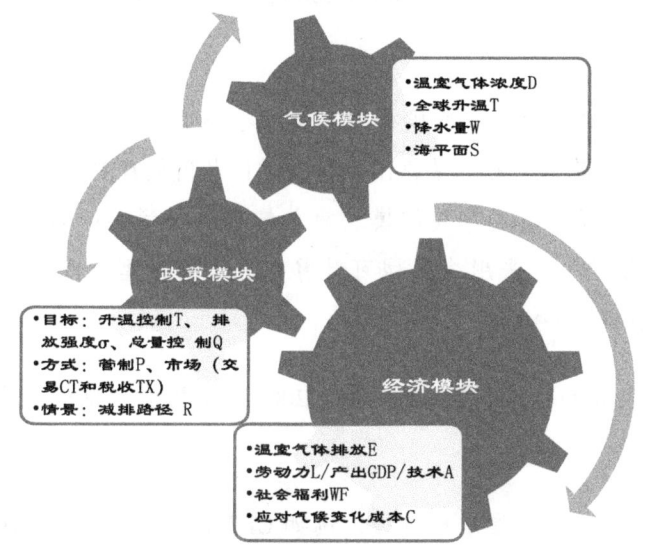

图3-1 集成评估模型的分析框架

二、集成评估模型的分类

根据出发点不同，集成评估模型存在多种分类方法。

按照模型规模不同，森田恒幸等（1997）将集成评估模型分为以下4种类型：

• 第1类：全范围的集成评估模型，即构建从社会经济活动到气候变化及其对社会经济影响的全过程的大规模集成评估模型。

- 第2类：基于气候变化的集成评估模型，这类模型是以气候变化自然过程及其影响为核心的中规模集成评估模型，也可以说是全范围集成评估模型的子模块。

- 第3类：基于社会经济的集成评估模型，这类小模型在分析气候变化影响时，重点关注人类应对气候变化过程中的经济成本效益，通常会以最优化的方式探索经济发展与气候变化间的动态交互机制。

- 第4类：基于气候政策的集成评估模型，这类模型结构最为简单，主要是从发展的角度比较气候政策效果。

按照模块耦合程度不同，Bahn（2006）将集成评估模型分为以下2种类型：

- 第1类：经济模块与气候模块高度耦合的模型，例如RICE、DICE和MERGE等。这类模型有助于寻找出经过优化的长时间序列减排方案。

- 第2类：经济模块与气候模块简单耦合的模型，例如IGSM模型。这类模型的经济模块一般采用多区域可计算一般均衡模型，而气候模块则采用高分辨率的通用气候系统。

按照模型侧重点不同，Goodess等（2003）将集成评估模型划分为以下3种类型：

- 第1类：成本效益分析模型，例如CETA、DICE、FUND、ICAM-3、MERGE以及MiniCAM等。这类模型通常以最优化作为基本分析工具来研究气候变化对经济带来的影响。另外，这类模型的气候子模块通常被设定在二维以下，因此可以实现实时模拟。

- 第2类：生物物理影响评估模型，例如CLIMPACTS、ESCAPE、IMAGE以及IGSM等。这类模型主要通过对生物物理评估而不是经济政策评估来分析区域层面甚至是全球层面的高空间分辨率气候变化带来的影响。遗憾的是，它们通常很难在相应空间分辨率上建立较为复杂的经济过程，因此，在经济指标上一般仅采用GDP、人口以及能源使用等通用指标。

- 第3类：政策导向预警模型，例如ICLIPS。该模型将气候变化对社会经济影响模块通过气候冲击响应函数转化为可容忍窗口（Tolerable Windows），并通过温度、降水量以及海平面高度的变化指标展现出来，在此基础上给出保持与可容忍窗口一致的碳排放路径。因此，这类模型可用于推算气候变化的阈值。

与 Goodess 等的分类方法类似，Van Vuuren（2011）将集成评估模型分为更关注经济成本效益分析和更关注自然系统与经济的物理过程刻画这两类。

可以看出，除了全范围大规模集成评估模型外，由于受到包括技术、机制和实现等诸多方面的约束，无论是上述哪种分类方式，其最终都要在模型广度（规模）和模块深度（复杂度）间做出取舍，即要么是在模型涉及范围上做出简化，要么是在子模块的复杂度和耦合度上做出简化。一般而言，在关注成本效益分析模型中，其气候模块相对于 GCM 几乎都被严重简化了。例如，在 DICE 模型中，大气碳含量是碳排放量的函数，其他温室气体则通常是一个固定值，碳浓度被直接用来计算辐射强迫，升温随着辐射强迫的变化而变化。另一方面，在关注自然系统与经济的物理过程的模型中，其对气候变化以及碳循环的刻画要更加细致。例如，在 MAGICC 模型中，通过将至下而上的能源平衡模型与全球碳循环模型融合来刻画温室气体排放、碳循环以及全球尺度的气候变化。

按照建模方法不同，Yang（2008）将集成评估模型分为以下 3 种类型：

● 第 1 类：可计算一般均衡模型，例如 EPPA 和 SGM 等。这类模型从微观经济主体行为出发，以社会核算矩阵为数据库基础，以宏观与微观变量之间的连接关系为纽带，研究部门之间以及区域之间的相互关联的经济关系，描述多个市场及其行为主体间的相互作用，可用于估计政策变化所带来的各种直接和间接影响。

● 第 2 类：跨期优化模型，例如 RICE 和 MERGE 等。这类模型在刻画经济主体对未来事件的决策与响应方面，尤其是针对跨期决策优化的模拟，具有很好的动态性、灵活性和透明性，通常可分为贴现后的福利最大化模型和成本最小化模型。

● 第 3 类：情景模拟模型，例如 ICAM 和 IMAGE 等。这类模型一般不关注是否存在最优解，也不附加任何决策者或者经济个体的最优化行为，通常采用自下而上的模式。

对比这3类模型，可以发现，可计算一般均衡模型的最大优势是可以将减排措施细化到部门层面，以量化减排政策的部门影响。然而，由于受到算法约束，可计算一般均衡模型通常采用相对简单的线性方程来刻画相应的机制。这种简化通常在气候系统以及碳循环系统中比较明显，例如辐射强迫与温度的关系。事实上，多数气候系统模型是非线性方程，将其强行转化为线性函数必然导致失真。进一步地，在气候模块与经济模块的交互融合方面，可计算一般均衡模型的表现亦不尽如人意。例如，早期的能源环境类 GREEN 以及 G-CUBED 模型主要关注碳排放核算，缺乏对气候模块的融合，因此仅被用于计算碳税、碳关税对减排的影响。之后的可计算一般均衡模型虽然包含了温度上升的损失函数，可惜尚不能将气候变化对经济的影响融合到生产函数中，例如，FUND 模型将气候损失划分为15种类型，但这种对温度上升带来的损失刻画没有落实到温度对生产的影响。此外，可计算一般均衡模型的核心数据来源社会核算矩阵的更新存在严重的时滞性，这将使其动态性大打折扣。可以说，目前还没有出现一个可用于长期预测的可计算一般均衡模型。

另一方面，跨期优化模型的最大优势是可以在宏观层面上对经济模块和气候模块做出多方面集成。然而，跨期优化模型的不足也是显而易见的，这类模型一般没有考虑市场的均衡，其经济机制相对太简单，目前尚未细化到部门水平，例如，RICE 对经济部门的刻画仅停留在国家区域层面的产出、劳动和资本等，而对于如何将经济模块扩展为市场均衡的模型，乃至多部门多区域的一般均衡模型，尚需要进一步的研究。跨期优化模型对气候模块建模要求同样不能过于复杂，因为优化过程需要耗费大量的系统资源，甚至有可能无解。好在目前出现了一些针对解决这些问题的新算法，如 OBOT（Oracle Based Optimization Technique）。这种算法首先将跨期优化模型分解为气候模块与经济模块两个子模块，然后，采用数据库交互搜索技术在两个子模块中完成优化搜索，从而实现对气候模块的进一步细化扩展，同时保障了经济模块与气候模块间的紧耦合关系。

最后，虽然情景模拟模型在刻画部门经济耦合方面并不精细，也不采用一般均衡框架，但它的最大优点是能够通过外生参数快速给出既定情景的相关模拟结果，尤其是评估未来不同排放情景下的社会成本。

进一步分析 Yang（2008）对集成评估模型的分类，可以看到，在当前种类繁多的气候变化集成评估模型中，由于侧重点不同，各个模型可被用于小范围的、有特征需求的相关研究分析，但对于大型的气候经济集成评估问题尚都存在自己的缺陷。

- 例如，跨期优化类模型在部门结构、技术进步以及区域经济交互的细化方面仍存在较多不足；
- 又例如，可计算一般均衡类模型也很难将气候变化指标纳入经济系统，尤其是将气候相关指标作为生产函数的影响要素。

因此，构建一类新的气候变化集成评估模型相当重要。一种可行的方法是将上述两类方法融合，一方面，从系统的角度出发，将影响经济增长的因素分解为包含技术、资本、劳动力、能源和气候变化等，从而形成一个气候经济交互耦合的一个系统整体，其中，气候变化因素可以由温度、降水量和海平面高度等指标组成；另一方面，从经济学的角度出发，将跨期优化类模型中的经济模块扩展至更为详细的可计算一般均衡模型。显然，将两类方法融合面临的最大问题是在部门层面上寻找最优策略将会增加巨大的计算量，这个问题仍需重点关注。

第二节　DICE/RICE：经典的集成评估模型

DICE 模型（Dynamic Integrated Model of Climate and Economy）和 RICE 模型（Regional Integrated Model of Climate and Economy）是气候变化经济学中的最为经典的集成评估模型之一，由 2018 年诺贝尔经济学奖获得者——耶鲁大学诺德豪斯为首的气候经济学家开发并发展起来，它们同属于集成评估模型中的跨期优化模型。本节将分别从 DICE/RICE 模型概述、模型结构和模型发展三个方面来探讨经典的集成评估模型中跨期优化类模型。

一、DICE/RICE 模型概述

DICE 发布于 1992 年，是以诺德豪斯（1979）的工作为原型开发的一个集成全球经济和气候系统的政策优化模型（也称福利最大化模型），由 GAMS 平台开发实现。DICE 模型关注于气候变化对经济的定量影响，其建模目标是在社会福利效用最大化的目标下，模拟出最优的全球减排控制路径。

在最初的 DICE 模型中，全球被视为单一经济体，各国的排放模式和减排政策是完全一致的，之后，DICE 模型经历了一系列的改进和更新，主要体现在对模型数据、结构和贴现率方面的修正，最新的一个版本是 DICE-2013。与之前模型相比，该模型的一个主要特征是：它提出了包括基线、最优、温度限制、低贴现时间偏好和《哥本哈根协议》等情景模式的修改和分析。

1996 年，诺德豪斯等在 DICE 模型的基础上开发出了 RICE 模型。RICE 模型与 DICE 模型在结构上高度相似，它的最大特点是将全球划分为 6 个区域，并通过改变拟合参数截距的方法为各区域估计了不同的减排成本。可以说，早期的 RICE 模型就是 DICE 模型的多区域版本，它考虑了不同国家/区域的减排政策在应对全球气候变化中的作用。

2000 年，诺德豪斯和 Boyer 采用 EXCEL 而非 GAMS 开发了一个新版本——RICE-99 模型。与早期版本相比，该模型对结构和控制变量的刻画更加精细，主要表现在：①生产函数采用资本、劳动力和能源这三个要素复合以替代之前的资本和劳动力双因素；②新模型将能源供给与化石燃料相结合，通过市场来决定能源使用；③在碳循环方面引入了一个包括陆地、海洋和大气三层碳库的碳循环模块以代替之前的单层碳库模块；④RICE-99 模型将气候变化对宏观经济的影响由全球层面扩展到区域层面。

RICE-2010 版本是当前最为完整的 RICE 模型，它把全球扩展为包含美国、欧盟、日本、俄罗斯、欧亚（东欧和中亚一些国家）、中国、印度、中东、撒哈拉以南非洲、拉丁美洲、其他高收入国家和其他发展中国家在内的 12 个国家/区域。与早期版本相比，RICE-2010 的一个主要特征是：更为详细

的区域划分、更短的时间间隔和更长的时间跨度。

由于 DICE/RICE 模型具有简单性和高度透明性，它被广泛应用于气候变化经济建模研究，也因此被公认为该领域的一个基准模型。它们的进化过程如图 3-2 所示。

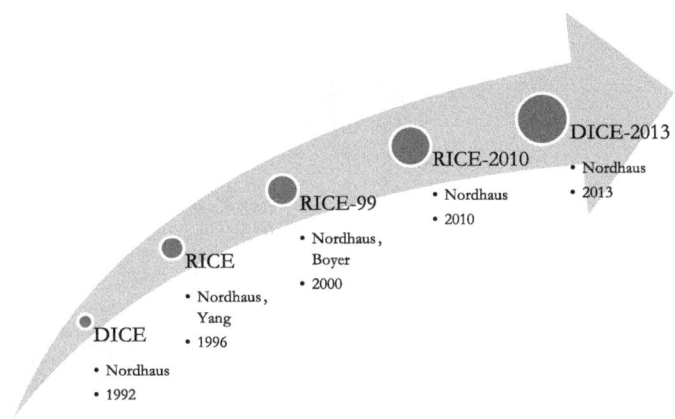

图 3-2　DICE/RICE 模型的进化过程

二、DICE/RICE 模型结构

DICE/RICE 模型从新古典经济增长理论来探讨气候变化经济学问题。在这种方法中，各经济体通过对资本、劳动力、技术的投资来评估当前和未来的能源使用及其带来的气候变化影响。DICE/RICE 模型的建模原理是：生产在带来消费的同时也伴随着温室气体排放，温室气体排放改变温室效应进而引发气候变化，气候变化将导致经济损失并降低消费，而经济体对气候变化的反应则以投资变化来实现。DICE/RICE 模型通过比较每个时期的减排量，最大化跨时期序列中贴现后的社会福利，其核心政策手段是通过碳减排控制率分析政策情景相对于基准情景的减排比例。DICE/RICE 模型的逻辑框架如图 3-3 所示。

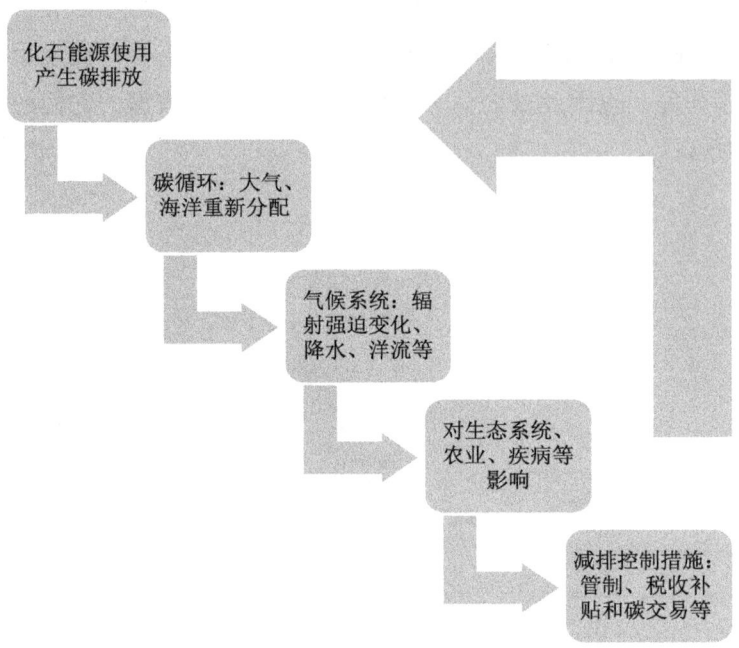

图 3-3　DICE/RICE 模型的逻辑框架

(一) 目标函数

DICE/RICE 模型属于政策优化模型,它们可以作为简单的预测模型运行。政策优化模型的优点是:一方面,可以模拟一个竞争市场系统的行为;另一方面,可以在经济福利中比较替代路径和政策的影响。DICE/RICE 模型的政策优化过程以目标函数为出发点,在目标函数中,所有的消费选择、减排政策都朝着有利于目标优化的方向演化。消费的边际效用基于对数效用函数(也称伯努利效用函数),即一个人对于消费感受是"多多益善",即效用函数的一阶导数大于零;随着消费的增加,满足程度的增加速度不断下降,效用函数二阶导数小于零。在 DICE 模型中,个人福利 u 和社会福利 U 分别被定义如式 (3.1) 和式 (3.2)。

$$u = \ln(C/L) \tag{3.1}$$

$$U = L \times u = L \times \ln(C/L) \tag{3.2}$$

其中，C 为总消费，c 为人均消费，L 为人口。α 为消费的边际效用弹性，它反映了代际消费的可替代性。当 α 取零时，则代际消费可近似替代；α 越大，则代际消费的可替代性就越低。于是，式（3.3）可以被看作式（3.2）在 $\alpha = 1$ 时的极限替代。

$$U(t) = L(t)\left[c(t)^{1-\alpha}/(1-\alpha)\right] \qquad (3.3)$$

目标函数跨期社会总福利 W 被定义为人口规模权重作用下人均消费的贴现值，计算公式如式（3.4）所示。

$$W = \sum_{t=1}^{T_{max}} R(t)\ U(t) = \sum_{t=1}^{T_{max}} (1+\rho)^{-t} L(t)\left[c(t)^{1-\alpha}/(1-\alpha)\right] \qquad (3.4)$$

其中，R 是贴现率，ρ 为社会时间偏好，ρ 越小，则未来效用就越重要；当 ρ 为零时，代际效用同等重要性。式（3.5）表现了经典的贴现率与社会时间偏好的关系。

$$R(t) = (1+\rho)^{-t} \qquad (3.5)$$

有关贴现率的取值问题，可以参照第二章的相关内容，这里不再复述。

与 DICE 模型的目标函数略有不同，RICE 模型的每个区域都假定有一个社会福利函数，随着时间的推移，每个区域都最优化它的消费量、温室气体的政策，以及投资。因此，RICE 模型的目标函数构建是在对全球各国（区域）赋权的基础上，进行加权求和，其目标函数如式（3.6）所示。

$$W = \sum_{t=1}^{T_{max}} \sum_{i=1}^{N} \psi_{i,t} R(t)\ U_i(t)$$
$$= \sum_{t=1}^{T_{max}} \sum_{i=1}^{N} \psi_i(t)(1+\rho)^{-t} L_i(t)\left[c_i(t)^{1-\alpha_i}/(1-\alpha_i)\right] \qquad (3.6)$$

其中，i 为国家（区域），$\psi_i(t)$ 代表 i 国家（区域）t 时期的全球权重。

（二）宏观经济模块

生产函数是宏观经济模块中最基本的方程，DICE 模型采用希克斯中性

（Hicks-neutral），即不改变资本和劳动的边际产量之比率的柯布-道格拉斯（Cobb-Douglas）生产函数（C-D 函数）来计算各个国家（地区）的当期产出。在 DICE 模型的宏观经济模块中，全球产出受到气候变化的影响主要来源于两个方面：一是气候变化本身即全球升温变化对当期产出的影响，二是应对全球气候变化所采用的减排政策对当期产出的影响。基于此，生产函数被设定为式（3.7）。

$$Q(t) = [1 - \Lambda(t)] A(t) K(t)^{\gamma} L(t)^{1-\gamma} / [1 + \Omega(t)] \tag{3.7}$$

其中，$Q(t)$ 代表全球产生受气候变化 $\Omega(t)$ 和应对气候变化 $\Lambda(t)$ 双重影响调整后的净产出，$\Omega(t)$ 和 $\Lambda(t)$ 分别由式（3.8）和式（3.9）给出，γ 代表全球资本的产出弹性，$A(t)$ 是全要素社会生产率，$L(t)$——当期人口是基于外生给定的对数函数在基年人口规模的基础上逐年递增计算得出，$K(t)$——全球资本存量是参照 Goldsmith（1951）提出的永续盘存法，采用相对效率几何递减模型，对资本增量投入 $I(t)$ 累积形成，即当期物质资本存量等于上一期经过折旧后的存量加上当期物质资本投资，如式（3.10）所示。

$$\Omega(t) = \psi_1 T_{AT}(t) + \psi_2 [T_{AT}(t)]^2 \tag{3.8}$$

$$\Lambda(t) = \Psi(t) \theta_1(t) \mu(t)^{\theta_2} \tag{3.9}$$

$$K(t) = (1 - \delta_K) K(t-1) + I(t) \tag{3.10}$$

在式（3.8）中，T_{AT} 代表大气温度变化并反映了大气温度变化对全球产出的二次函数调整过程，ψ_1、ψ_2 为相关参数；在式（3.9）中，$\mu(t)$ 代表减排控制率，$\Psi(t)$ 为减排参与成本标记，θ_1、θ_2 为相关参数；在式（3.10）中，$I(t)$ 代表全球的当期投资，δ_K 代表全球资本折旧率。

由式（3.7）计算出的当期全球产出将被全部分配于消费 $C(t)$ 和投资 $I(t)$，即：

$$Q(t) = C(t) + I(t) \tag{3.11}$$

气候变化集成评估的一个重要特征是经济模块和气候模块是高度融合的。在 DICE/RICE 模型中，从宏观经济模块到气候变化模块的连接是通过全球碳排放量来实现的。早期的 DICE/RICE 模型假定全球碳排放量主要来源于经济活动过程中化石能源的使用，于是，建立全球碳排放量 $E(t)$ 与经济产出和碳排放强度 $\sigma(t)$ 间的一种函数关系，如式（3.12）。

$$E(t) = \sigma(t)[1-\mu(t)]A(t)K(t)^{\gamma}L(t)^{1-\gamma} \tag{3.12}$$

其中，碳排放强度 $\sigma(t)$ 的变化由模型外生给定；减排控制率 $\mu(t)$ 表示实际全球碳排放量 $E(t)$ 是在理论全球碳排放量 $\sigma(t)Q(t)$ 的基础上减少 $\mu(t)$ 的比例。为了方面政策模拟，模型要求化石能源使用的碳排放量满足式（3.13）的约束条件。

$$E_{cum} \geqslant \sum_{t=1}^{T_{max}} E(t) \tag{3.13}$$

其中，E_{cum} 是全球化石能源使用的碳排放减排目标。

考虑到土地利用变化也是全球碳排放增加的一个重要来源，RICE-2010 将全球碳排放总量 $E(t)$ 拆分为化石能源使用碳排放量工业碳排放 E_f 和土地利用类型变化碳排放 E_l 这两个部分，如式（3.14）所示。其中，土地利用类型变化碳排放由模型外生给定。

$$E(t) = E_f(t) + E_l(t) \tag{3.14}$$

在上述模型的基础上，RICE 模型的宏观经济模块将全球碳排放量、生产函数及其相关的生产要素向区域层面拓展，在数学表达式上，只需要增加一个代表国家（区域）的下标 i。

(三) 气候变化模块

宏观经济模块产生的全球碳排放会改变气候系统碳库，如陆地、海洋、大气碳库中的碳含量，使得全球辐射强迫发生变化，最终导致全球升温及其影响的出现。DICE/RICE 模型的气候变化模块就是对这一过程开展的建模研究，其核心是通过碳循环将宏观经济行为与气候变化过程联系起来。需要注意的是，在早期的 DICE/RICE 模型中，气候变化模块只包含一个单层碳库，直到 2000 年的 RICE-99 更新版本，模型才引入了上述包含陆地、海洋和大气三层碳库的碳循环过程。在相关的数学方程中，新的三层碳库分别是大气碳库 $M_A(t)$、上层海洋与生物圈碳库 $M_U(t)$、深层海洋碳库 $M_L(t)$。其中，任何相邻的两个碳库之间都存在着碳流通，从而形成了一个闭环的全球碳循环系统。三个碳库之间的碳循环过程可以参照以下三个方程。

$$M_A(t) = E(t) + \varphi_{11} M_A(t-1) + \varphi_{21} M_U(t-1) \tag{3.15}$$

$$M_U(t) = \varphi_{12} M_A(t-1) + \varphi_{22} M_U(t-1) + \varphi_{32} M_L(t-1) \tag{3.16}$$

$$M_L(t) = \varphi_{23} M_U(t-1) + \varphi_{33}(t-1) \tag{3.17}$$

其中，φ_{ij}（i，j 分别取值 1，2，3）表示了相邻两个碳库间的碳流通系数。

全球碳排放 $E(t)$ 改变了大气碳含量，并进一步影响到了全球辐射强迫水平 $F(t)$，如式（3.18）所示：

$$F(t) = \eta \{ \log_2 [M_A(t)/M_A(1750)] \} + F_E(t) \tag{3.18}$$

这里的 $M_A(1750)$ 代表工业化以前的大气碳含量，以 1750 年为界。事实上，全球辐射强迫除了受到大气碳含量的影响之外，还会受到其他温室气体如甲烷、氧化亚氮等的影响。考虑这个影响，式（3.18）引入了外生变量 $F_E(t)$，用它来表示其他温室气体导致的辐射强迫变化。地表温度变化 $T_A(t)$ 和海洋温度变化 $T_L(t)$ 可分别由式（3.19）和式（3.20）计算得出。

$$T_A(t) = T_A(t-1) + \xi_1 \{ F(t) - \xi_2 T_A(t-1) - \xi_3 [T_A(t-1) - T_L(t-1)] \} \tag{3.19}$$

$$T_L(t) = T_L(t-1) + \xi_4 \{ T_A(t-1) - T_L(t-1) \} \tag{3.20}$$

值得一提的是，与一些直接采用 GCM 的 IAM 不同，DICE/RICE 模型对于气候系统的表达较为简单。DICE/RICE 模型使用一个简化的气候模块，通过 3 个 GCM 模型（Schneider, Thompson, 1981; Stouffer, 1989; Schlesinger, Jiang, 1990）的运行结果，对气候模型的模拟得到的基准结果进行校正。

三、DICE/RICE 模型发展

作为最经典和最流行的气候变化集成评估模型，DICE/RICE 模型已经被大量的相关领域学者用于分析研究，也因此出现诸多修改后的扩展版本，尤其在宏观经济模块方面：

● 1997 年，诺德豪斯和波普在 DICE 模型的基础上，通过构建 PRICE 模型，并采用蒙特卡洛法来分析模型中参数的不确定性。

● 2000 年，Bounanno 等在 RICE 模型的基础上，通过引入能源要素及相关的研发创新指标来改变生产函数，从而扩展开发出 FEEM-RICE 模型。

● 2003 年，Zwaan 等在 DICE 模型的基础，通过引入能源系统内部的干中学机制，开发出 DEMETER 模型。

● 2004 年，波普在 RICE 模型的基础上，通过引入诱发创新机制，开发出 ENTICE 模型。

● 2006 年，Bosetti 等在 RICE 模型的基础上，引入研发投资和干中学共同作用的内生技术进步机制。

● 2007 年，Böhringer 等在 DICE 模型的基础上，通过添加由扭曲性税收带来的公共品模块，以突出气候政策设计过程中采用次优方案的重要性。

● 2008 年，Bosello 在 FEEM-RICE 模型的基础上，新增了适应性模块并引入内生技术进步。

● 2009 年，De Bruin 等对 DICE 模型进行扩展，将适应作为决策变量，构建了 AD-DICE 模型。

● 2010 年，Wang 等在 DICE/RICE 模型基础上，构建了具有 GDP 溢出机制的中美气候保护模型。

另一方面，与大量的针对 DICE/RICE 模型的宏观经济模块进行扩展不同，对 DICE/RICE 模型的气候变化模块的扩展研究相对较少。这是因为虽然

在理论上可以通过融合 GCM 的热力学、流体力学方程来详细表示大气运动过程，但 GCM 模型的内部细节太过庞大和复杂，它甚至涉及成千上万个方程。如果进一步考虑气候变化模块与多区域宏观经济模块的交互影响，显然不够现实。因此，一般的做法是，先对气候变化模块的碳循环过程进行抽象简化，再将其与宏观经济模块交互应用。从目前针对 DICE/RICE 模型中气候变化模块的改进来看，大致可分为两个类型：一是整体气候模块或称零维气候模块，这个类型将全球看作一个整体，通过分析不同地球圈层交互过程的来描述碳循环过程；二是区域气候模型或称多维气候模块，这个类型以地理区域划分为基础，将全球划分为存在地理条件、植被种类、土壤类型等因素差异的多个区域，进而分析不同区域与碳循环过程的交互影响。

为了与前述 DICE/RICE 模型的三层碳库零维碳循环模块做出比较，下面介绍一下 Svirezhev 等在 1999 年提出的改进三层零维碳循环模块。

1. 大气碳循环

t 时期的大气碳含量的变化量 $\dot{M}_t$ 取决于该时期的人类活动碳排放量 E_t、陆地系统对碳的净吸收量（包括植被净固碳量 $\dot{V}_t$ 和土壤净固碳量 $\dot{So}_t$）、海洋系统对碳的净吸收量 $\dot{O}_t$，用方程表示为：

$$\dot{M}_t = E_t - \dot{V}_t - \dot{So}_t - \dot{O}_t \tag{3.21}$$

t 时期的大气碳含量（质量）M_t 与大气 CO_2 浓度关系为：

$$D_t = \frac{M_t}{\varphi_d} \tag{3.22}$$

其中，φ_d 是大气 CO_2 的质量转换浓度系数。

t 时期地表温度变化的变化率与该时期大气碳含量以及当期地表温度变化有关。用方程表示为：

$$\dot{T} = \chi \ln(\frac{M_t}{M_0}) - \nu T_t \tag{3.23}$$

其中，$\dot{T}$ 是地表温度变化量，χ 和 ν 是地表温度变化参数。

2. 陆地碳循环

方程（3.21）中，t 时期的植被净固碳量 $\dot{V}_t$ 表示为该时期内因植被净第一性生产力（Net Primary Productivity，Npp）而增加的植被碳含量与因植被死亡而减少的植被碳含量 $\iota_t V_t$ 之差，用方程表示为：

$$\dot{V}_t = Npp_t - \iota_t V_t \tag{3.24}$$

其中，t 时期的植被净第一性生产力 Npp_t 的固碳量与该时期的地表温度变化 T_t 和大气碳含量 M_t 呈正向关系，见方程（3.25）；ι_t 代表 t 时期因植被死亡导致的植被碳含量减少率，它与时间 t 有关，见方程（3.26）：

$$Npp_t = Npp_{t_0}(1 + \varpi_1 T_t)[1 + \varpi_2(M_t - M_{t_0})] \tag{3.25}$$

$$\iota_t = \iota_{t_0}(1 + \varpi_3 t) \tag{3.26}$$

方程（3.25）和方程（3.26）中，ϖ_1 和 ϖ_2 是植被净第一性生产力 Npp 的参数；ϖ_3 是植被碳含量减少率的参数；ι_{t_0} 代表因植被死亡导致植被碳含量减少率的初值。

方程（3.21）中，t 时期的土壤净固碳量 $\dot{So}_t$ 表示为该时期内因植被死亡而残留于土壤的碳含量 $\varepsilon_s \iota_t V_t$ 与土壤碳降解量 $\delta_s So_t$ 之差，用方程表示为：

$$\dot{So}_t = \varepsilon_s \iota_t V_t - \delta_s So_t \tag{3.27}$$

其中，ε_s 是因植被死亡而减少的植被碳含量转移到土壤的比率；δ_s 代表土壤碳含量的降解率，它是 t 时期地表温度变化的函数，用方程表示为：

$$\delta_s = \delta_{t_0}(1 + \varpi_4 T_t) \tag{3.28}$$

其中，δ_{t_0} 是土壤碳含量的降解率的初始值，ϖ_4 是土壤碳含量的降解率的参数。

3. 海洋碳循环

如果忽略温度对海洋吸收碳能力的影响（当温度上升在 2~3℃，将显著降低温度变化对海洋吸收碳能力的影响），方程（3.21）中，t 时期的海洋系统对碳的净吸收量 $\dot{O}_t$ 是一个关于大气碳含量和海洋碳含量的函数，用方程表示为：

$$\dot{O}_t = \sigma_o [(M_t - M_{t_0}) - v_o (O_t - O_{t_0})] \qquad (3.29)$$

其中，σ_o 和 v_o 是海洋系统对碳的净吸收参数。

在对 DICE/RICE 模型开展全面评估后，王铮等（2014）指出，集成评估模型的一个重要特征是除了分析经济系统对气候系统的影响之外，更重要的是这个模型是否融入了气候系统对经济系统的反馈机制，尤其是是否考虑了气候变化对经济发展路径的影响。除了卢卡斯（2002）指出的，资本、劳动力、技术是影响经济增长的根本原因外，气候变化也会给经济带来诸多影响，甚至已经影响到了经济的发展路径。例如，在宏观经济环境中，气候变化对当期经济的影响，必然会引发下一期的经济投资行为，进而改变经济增长路径。诺德豪斯（2008）认为，从某种意义上将，DICE/RICE 模型已经将碳排放视为同资本、劳动力、技术类似的一种新的生产要素，而且这种生产要素会对经济增长带来负面影响。以 DICE/RICE 模型代表的跨期优化模型正是考虑气候变化对经济增长路径影响，才能在当前众多的气候变化经济学相关模型中脱颖而出，即使它们的宏观经济模块并不如 CGE 模型复杂，气候变化模块也没有 GCM 模型详尽。

同时，DICE/RICE 模型也存在不少缺陷。阿科力等（2010）认为 DICE/RICE 模型在考虑气候模块的不确定性方面是不足的，例如，诺德蒙斯在 RICE 模型中将气候敏感性参数的默认值设定为 3。虽然它处于 IPCC 报告中关于该数值预估概率分布的最可能范围，但其不确定性却是确定的，一般而言，这个问题可采用情景模拟的方法来处理。值得一提的是，如果从伦理学的角度来看，当前一些基于 DICE/RICE 模型获取的针对减排成本最小化或社会福利最大化的减排情景合理性还有待商榷。因为减排成本最小就意味着发达国家可以依赖于其技术和资金优势推迟减排，从而挤占了发展中国家的发展机会和空间。这也需要对 DICE/RICE 模型的模型框架和建模机制做更深层次的探索。

第三节　可计算一般均衡模型

如前文所述，跨期优化模型的最大优势是可以在宏观层面上对经济模块和气候模块做出综合集成，但它的不足也是明显的。跨期优化模型一般没有考虑到市场的均衡，其经济机制通常过于简单，难以细化到部门层面。例如 RICE 对经济部门的刻画仅停留在国家区域层面的产出、劳动和资本等，而对于如何将经济模块扩展为市场均衡的模型，乃至多部门多区域的一般均衡模型尚需要进一步的研究。可计算一般均衡模型正好可以弥补这种不足。可计算一般均衡模型是一个基于新古典经济学理论且内在一致的宏观经经济模型。它的主要优势在于：考虑了各种政策可能会产生重要的一般均衡影响，全面评估政策的实施效果，能源危机以及税收和贸易政策改革的效果，也被应用到气候变化经济学领域。到目前为止，CGE 模型的发展已经有了几十年的历史，并被广泛应用于 60 多个国家，在国际贸易、环境和发展政策等方面也做出了贡献。本节将分别从模型概述、模型结构和模型在气候变化经济学领域的发展这三个方面来探讨普通的 CGE 模型。

一、CGE 模型概述

CGE 模型是由瓦尔拉斯（Walras）的一般均衡理论发展而来的可以计算出均衡解的模型。一般均衡理论是局部均衡论的对称，它是一种关注整个经济体系中商品和生产要素的价格及供求量均衡的经济理论和分析方法。最初的一般均衡理论是由瑞士洛桑学派的创始人瓦尔拉斯于 1874 年在其发表的《纯粹经济学要义》中用抽象的方程组表达出来的。

瓦尔拉斯的一般均衡理论认为经济社会中的各种活动都可表现为数量关系，这些数量之间存在紧密联系。例如，在一个包含商品市场和生产要素市场的经济体系中，所有商品和生产要素的价格与供求都是互相联系、互相影响和互相制约的。任何一种商品或生产要素价格的变动，不仅受其自身供求的影响，还要受到其他商品和生产要素的供求与价格的影响。如果给定生产要素的供给函数、消费者的需求函数和产品的生产函数，那么所有生产要素和产品的价格及供求就能够自行调节，最终达到均衡的状态。任何因素的细微变化，都将影响这个经济体系的均衡状态。

在一般均衡理论的基础上，CGE 模型通常可以被理解为包含以下 3 个特性的模型。①可计算性：用真实的经济数据作为原始输入且能通过计算得出均衡解；②一般性：模型包含多个产业、多个主体，如政府、家庭、产业、贸易伙伴，且模型包括一般行为方程、效用最大化方程和利润最大化方程等；③均衡性：经济系统中的供求关系是通过价格的变动，产品、要素市场得以出清。例如，在约翰森（Johansen）提出的世界上第一个 CGE 模型中，这三个特征就有所表现。首先，这个 CGE 模型涵盖了 20 个成本最小化的产业和 1 个效用最大化的家庭用户部门，它是"一般的"模型。其次，价格是模型最关键的纽带，它决定了消费和生产决策，因此是"均衡的"模型。最后，模型利用投入产出数据量化了挪威的经济增长，且估算了家庭用户的价格和收入弹性，因此是"可计算的"的模型。

到了 20 世纪五六十年代，一般均衡理论得到了新的发展。1951 年，阿罗和德布鲁等（Arrow，Debreu et al.）从理论上证明了在有限经济中存在符合帕累托最优的均衡价格。之后，在 60 年代一些主要的经济学家对关于一般均衡解的存在性、唯一性、最优化和稳定性等理论命题进行了发展和完善。进一步地，斯卡夫（Scarf）借助模型在数理上解的存在性定理，设计了一个存在明确收敛特征的均衡模型算法。虽然 Scarf 算法并不如 Johansen、Newton-Raphson 或 Euler 算法简单，但它指出从投入产出表数据给出了一个初解出发一定可以求解的方程。这个工作是有创新意义的，并且他将该算法用于分析诸如税收、关税等政策变动的影响，从而把模型从理论层面提升到了实际应用层面。

自 Johansen 于 1960 年开发出首个模型之后，CGE 模型就步入了停滞阶段。因为在那个时期，一系列宏观计量经济模型正强势兴起，它们主要关注数据以及回归方程对过去数据拟合的能力，例如 Wharton、DRI、MPS 模型等。与 CGE 模型相比，虽然这些计量经济模型往往忽视经济理论，但它们因更关注时间序列分析而具有广泛的应用性，同时也适用于动态框架下的结构问题分析，即分析当期一些外生变量变动如何影响下一期内生变量的变动。

如果说20世纪70年代之前CGE模型发展受到了计量经济模型压制，那么70年代之后CGE模型便开始进入逆袭阶段。在70年代，西方许多国家都陷入了巨大的石油危机。由于计量经济模型主要依赖于过去结构不变的石油价格时间序列数据，所模拟石油冲击影响相当小。但事实是，70年代石油危机引发了大萧条以来最严重的经济衰退。在这种情况下，CGE模型通过考虑经济主体对价格变动的反应，比如当价格上升时，消费者可能寻找替代品或改变偏好，厂商可能会改变生产计划等，很好地展现了当时的时代特征，模拟结果大大优于纯粹依赖数据的计量模型。当然，这个时期的信息技术发展也为CGE模型的发展做出了不小的贡献。

20世纪90年代以后，CGE模型进入了最重要的发展期。这主要得益于汤姆·赫特尔（Tom Hertel）的贡献和GTAP数据库的诞生。早在20世纪80年代中期，赫特尔博士对在欧洲和北美如何进行CGE建模感到沮丧，相关研究不仅数据获取不易，且研究结果难以验证。面对这种困难，他开始赴澳大利亚参与IMPACT项目，这是一个关于数据、培训和开源模型的项目。之后，赫特尔开始和肯·皮尔森（Ken Pearson）合作将基于GAMS的贸易模型转换为GEMPACK，并在此过程中与马克·霍里奇（Mark Horridge）合作，修补了CGE建模的"家谱"——将CGE建模的所谓"水平"和"线性化"学派结合在一起。除了与墨尔本的IMPACT合作外，赫特尔还在堪培拉受到了SALTER模型和数据库的架构师罗伯特·麦克道格尔（Robert McDougall）的赞赏，并被推荐到普渡大学工作。当时SALTER项目面临的主要问题之一是在纳入全球CGE模型之前，双边贸易数据的不一致性和协同性。为了交换协同的贸易数据，SALTER与普渡大学的全球贸易分析中心共享了其核心I-O表，并开始筹建第一个GTAP数据库。之后，马克·格哈尔（Mark Gehlhar）接管了对贸易数据进行核对的任务并对早期的方法进行了很大的改进。这个工作当前被定义为该领域的最新水平。1991年12月，赫特尔在国际农业贸易研究协会（IATRC）会议上组织了一次有关CGE建模的会议并开始招募会员，全球贸易分析项目的英文首字母缩写词GTAP由此诞生了。通过融合全球数以百计的研究人员所提供的投入产出数据以及其他数据，基于GTAP数据库的CGE模型构建了一个包括50多个国家和地区、60多种产品的多国模型。该模型如今已被广泛应用于很多国家的政策分析中,包括税收、公共消费和社保支付、关税和其他国际贸易干预、环境政策、技术、国际商品价格和利率、工资设定和工会行为等,以及资源探明储量和可开采量等变动对于宏观变量、产业变量、区域变量、劳动力市场、收入分配以及环境等的影响。CGE 模型已逐渐发展成为应用经济学的一个分支。

CGE 模型存在多种分类方法。

根据研究范围不同,CGE 模型可分为全球模型和区域模型这两个类型。

(1) 全球模型

所谓全球模型是指研究范围包含全球多个国家或者经济体(如欧盟)的模型。在这类模型中,每个国家拥有自己的投入产出结构,国与国之间通过进出口贸易、国际投资和运输等方式联系起来,它们适合分析国际问题。全球 CGE 模型大多是基于 GTAP 数据库的,比较有名的模型有 GTAP、AIM 和 Mirage 等。

(2) 区域模型

与全球模型相比,区域模型的研究范围较小,通常是指在一个国家或区域内含有多个省区等下级子区域,各个子区域都有各自的投入产出结构,子区域与子区域之间存在贸易流通行为,它们适合于分析区域宏观政策对子区域的影响以及子区域间经济行为的交互影响等问题。区域模型的例子如中国多区域 CGE 模型,其结构可能包含有 31 个省区市,几十个行业,如果进一步细分,甚至可能包含有好几百个区县级子区域,一两百个行业。

根据研究对象是否与外界存在交互行为来划分,CGE 模型可分为单区域模型和多区域模型这两个类型。

(1) 单区域模型

所谓单区域模型是指,研究对象仅针对单个区域,可以是单个国家,可以是单个省,也可以是单个县市。单个国家模型的主要特征是:对外贸易相对简单,单区域进出口行为无须和其他区域交互,多数通过外生设定。

(2) 多区域模型

与单区域模型相比,多区域模型除了要考虑单个区域内的经济交互外,还涉及区域间的贸易交流,目前主流的 CGE 模型都是多区域模型。例如在上述提及的中国多区域 CGE 模型中,不仅需要考虑各个省份内部的投入产出结构，还需要关注省与省之间的经济贸易行为。

除了上述两种分类方法外，CGE模型还可以分为静态模型和动态模型。其中，静态模型主要用于分析一个政策变动前后两个均衡状态之间的差异，例如，2008年全球金融危机之后，中国于2010年推出的4万亿投资对宏观经济的影响，在这个分析过程中，主要涉及2010年的中国宏观经济结构；另一方面，动态模型主要用于分析一个政策变动之后的长期持续影响，例如，中国2010年采取的是每年四千万亿投资，持续10年的政策，这又会对宏观经济产生什么样的影响，此时，就涉及2010年后10年的中国宏观经济结构变动问题，也就是结构动态化问题。

二、CGE模型结构

CGE模型是基于一般均衡理论而建立的针对特定经济系统的可计算模型。它把经济系统视为一个整体，外生变量的任何变动都会导致系统内所有用内生变量表示的商品和要素的价格、数量等指标的整体变动，以至于经济系统将会从一个均衡状态向另一个均衡状态转变。在模拟外部冲击时，模型将表现出牵一发而动全身的特征。

CGE模型实质是描述经济系统供求平衡关系的一组方程，且在生产者利润最大化、消费者效用最大化等一系列条件约束下，求解得出在各个市场都能达到均衡的一组数量和价格组合。其求解过程实现了经济体通过对商品和要素的数量和价格的调整以及瓦尔拉斯一般均衡理论所描述的供需平衡。总体而言，CEG模型通常存在以下几个特征：

- 价格是内生的，且由市场供需决定。
- 以一般均衡理论为基础，兼顾产品市场、要素市场和其他相关市场的均衡。
- 供给函数与需求函数受到生产者的利润最大化和消费者效用最大化的条件约束。
- 涉及多部门、非线性以及资源总量的约束。

参考翟凡（1997）、郑玉歆和樊明太（1999）、李善同等（2009）和王铮等（2010）等的相关建模过程，下面介绍一个通用CGE模型的基础结构：

1. *产品市场供给——生产者行为*

CGE模型对产品市场供给的刻画是通过分析生产者行为来实现的，主要包括两类方程。

第一类为描述性方程，主要用于表示生产过程中要素投入和产出、中间投入和产出等的关系，即产品市场的供给方程。其中，生产者行为通常使用新古典生产函数，它允许各种生产要素投入之间的替代，如式（3.30）。

$$X_i^{(s)} = g_i(A_i, K_i, L_i, E_i, Z_i) \tag{3.30}$$

其中，$X_i^{(s)}$代表第i部门的总供给，A_i代表生产技术水平，在一定时期内为常数；K_i代表资本投入，一般情况下假定投资K_i在初期不变；L_i代表劳动投入；E_i代表合成能源投入；Z_i代表其他要素投入；i是第i部门。

参照李子奈（2000）对生产函数的分类，其常用的函数形式有如下几种：

（1）线性生产函数：

$$X = A + \alpha K + L \tag{3.31}$$

（2）投入产出生产函数：

$$X = \min(\frac{K}{\alpha}, \frac{L}{\beta}) \tag{3.32}$$

（3）柯布-道格拉斯（C-D）生产函数：

$$X = AK^\alpha L^\beta, \ 0 < \alpha < 1, \ 0 < \beta < 1 \tag{3.33}$$

（4）常替代弹性生产函数（Constant Elasticity of Substitution，CES）：

$$X = A[\delta K^{-\rho} + (1-\delta)L^{-\rho}]^{-\frac{1}{\rho}} \tag{3.34}$$

（5）变替代弹性生产函数，这类函数较为复杂，常用的形式有两种：

第一种假设要素替代弹性为要素比例的线性函数，即$\sigma = a + b\frac{K}{L}$，由此得到：

$$Z = A\exp\int \frac{\mathrm{d}k}{k + c\left(\dfrac{k}{a + bk}\right)^{\frac{1}{\alpha}}} \tag{3.35}$$

其中，$Z=X/L$，$k=K/L$，a，b，c 为待估计参数。

第二种假设要素替代弹性为时间的线性函数，即 $\sigma = \sigma(t) = a + bt$，其生产函数的一般形式为：

$$X = B\left(\lambda L^{\frac{\sigma(t)-1}{\sigma(t)}} + (1-\lambda)K^{\frac{\sigma(t)-1}{\sigma(t)}}\right)^{\frac{\sigma(t)}{\sigma(t)-1}} \tag{3.36}$$

实际上，考虑到传统的两种生产要素（劳动力、资本）或者多种生产要素（劳动力、资本、土地、能源等），采用实际替代弹性的 CES 生产函数更为普遍。但有时为了简化，也有使用 CES 函数的特殊形式——规模不变的 C-D 函数，其各种要素的产出弹性之和为 1。为了满足对各种技术要求的灵活使用，CES 生产函数还可被拓展为两层或更多层的嵌套模式。值得一提的是，式（3.31）~式（3.34）可以看作为式（3.35）在参数取不同数值时的特例。此外，还有一种较为常用的生产函数是超越对数生产函数，其函数形式为：

$$X = \beta_0 + \beta_K \ln K + \beta_L \ln L + \beta_{KK}(\ln K)^2 + \beta_{LL}(\ln L)^2 + \beta_K \beta_L \ln K \ln L \tag{3.37}$$

可以看到，这种函数形式具有较好的易估性和包容性。这是因为，一方面该函数可以比较容易地通过单方程线性模型方法来估计所需参数；另一方面，它可以被认为是多种函数形式的近似，如式（3.34）的泰勒展开。在多要素分析过程中，可以方便地扩展成多要素生产函数模型。

在实际应用中，CGE 模型还可以通过引入列昂惕夫投入产出矩阵的中间需求 IT_i，来进一步细化描述总供给 $X_i^{(s)}$，即：

$$X_i^{(s)} = \sum_{i=1}^{n} VA_i + IT_i \tag{3.38}$$

其中，VA_i 代表第 i 部门的增加值，也就是 GDP。

中间投入的部门产出关系可表示为：

$$IT_i = \sum_j IT_{ij} = \sum_j a_{ij} IT_j \qquad (3.39)$$

$$IT_{ij} = a_{ij} IT_j \qquad (3.40)$$

其中，a_{ij} 是投入产出系数，表示第 j 部门每单位产值对第 i 部门产品消耗的价值量。

第二类为供给的优化方程。主要描述生产者在生产可能性约束下，如何实现成本最小或利润最大，即根据要素回报率与其边际生产率相等来确定给定价格水平下最优的产品生产组合。

在生产可能性曲线约束下，劳动力的需求函数可通过生产者利润最大化原则推导得出。假设第 i 部门的产品净价格为 PN_i，它是由产品价格 P_i 扣除间接税和中间消耗后所剩余的部分，于是有：

$$PN_i = P_i(1 - t_i) - \sum_{j=1}^{n} P_j a_{ji} \qquad (3.41)$$

其中，P_i、P_j 分别为第 i、j 部门的产品市场价格，t_i 为第 i 部门的间接税率。需要注意的是，这里的 a_{ji} 与方程（3.40）中 a_{ij} 的含义相同，它表示第 i 部门每单位产值对第 j 部门产品消耗的价值量。

于是，第 i 部门的利润 π_i 可表示为：

$$\pi_i = PN_i X_i - \sum_{k=1}^{m} w_k L_{ik} - r_i K_i \qquad (3.42)$$

其中，w_k 为第 k 工种的劳动力工资率；L_{ik} 为第 i 部门第 k 工种的劳动力需求数量；r_i 是第 i 部门的资本回报率。

为了使得各部门利润最大化，可取 π_i 分别对 L_{ik}、K_i 求一阶导数为零的表达式：

$$\frac{\partial \pi_i}{\partial L_{ik}} = PN_i \frac{\partial X_i}{\partial L_i} \cdot \frac{\partial L_i}{\partial L_{ik}} - w_k = 0 \qquad (3.43)$$

$$\frac{\partial \pi_i}{\partial K_i} = PN_i \frac{\partial X_i}{\partial K_i} - r_i = 0 \tag{3.44}$$

即：

$$PN_i \frac{\partial X_i}{\partial L_i} \cdot \frac{\partial L_i}{\partial L_{ik}} = w_k \tag{3.45}$$

$$PN_i \frac{\partial X_i}{\partial K_i} = r_i \tag{3.46}$$

式（3.45）和式（3.46）表明，第 i 部门各工种的工资率等于其边际产值；第 i 部门的资本回报率等于资本的边际产值。联立这两个式子与式（3.30）生产函数，可求解得到各部门对各工种劳动力和资本的需求数量。

$$L_{ik} = l_{ik}(PN_i, w_1, \cdots, w_k, r_i) \tag{3.47}$$

$$K_i = k_{ik}(PN_i, w_1, \cdots, w_k, r_i) \tag{3.48}$$

其中，全社会对 k 工种劳动力的需求量为：

$$L_k = \sum_{i=1}^{n} L_{ik} \tag{3.49}$$

以式（3.33）的 C-D 生产函数为例并假设第 i 部门只有一个工种，则第 i 部门对劳动力和资本的需求函数分别为：

$$X_i^{(s)} = A_i K_i^{\alpha} L_i^{\beta}, \quad 0 < \alpha < 1, \quad 0 < \beta < 1 \tag{3.50}$$

$$L_i^{(d)} = X_i^{(s)} A_i^{-1} \left(\frac{\alpha_i r_i}{\beta_i w_i} \right)^{\beta_i} \tag{3.51}$$

$$K_i^{(d)} = X_i^{(s)} A_i^{-1} \left(\frac{\beta_i w_i}{\alpha_i r_i} \right)^{\alpha_i} \tag{3.52}$$

2. 产品市场需求——消费者行为

CGE 模型对产品市场需求的刻画是通过分析消费者行为来实现的，主要包括两类方程。

第一类为描述性方程。主要表示消费支出与产品价格之间的关系，即产品市场的需求方程。作为产品市场的需求方，主要消费者通常包括各类居民、企业和政府。在 CGE 模型的产品需求描述中，居民一般被划分为城市居民和农村居民这两种类型。居民的消费需求量可以表示成可支配收入和产品价格的函数。

$$C_{ih} = c_{ih}[P_1, \cdots, P_n, (1-\bar{S}_h)M_h] \tag{3.53}$$

$$C_{ie} = c_{ie}[P_1, \cdots, P_n, (1-\bar{S}_e)M_e] \tag{3.54}$$

$$C_{ig} = c_{ig}[P_1, \cdots, P_n, (1-\bar{S}_g)M_g] \tag{3.55}$$

其中，C_{ih} 为第 h 种居民对第 i 部门消费品的需求量；C_{ie}、C_{ig} 分别为企业、政府对 i 部门消费品的需求量；$\bar{S}_h$、$\bar{S}_e$、$\bar{S}_g$ 分别为居民、企业和政府的储蓄率；$\bar{S}_e$ 通常被设定为 1；M_h、M_e、M_g 分别为居民、企业和政府的可支配收入；P_i 为第 i 部门的消费品价格。

从居民的角度来看，居民通过提供劳动力获得收入，如果扣除各种税收，再加政府转移支付 GTH、企业转移支付 ETH 以及国外转移支付 $\overline{NFN^{(h)}}$，居民的可支配收入 M_h 可表示为：

$$M_h = \sum_{i=1}^{n} w_k L_{ik}(1-t_h) + GTH + ETH + \overline{NFN^{(h)}} \tag{3.56}$$

其中，t_h 为劳动要素收入所得税率。

第三章　气候变化经济学的集成评估建模

从企业的角度来看，企业利润 π [1]来源于资本的收入，如果扣除向政府缴纳的税 t_e、居民转移支付 ETH 以及对国外转移支付 ETF，企业的可支配收入 M_e 可表示为：

$$M_e = \left(\sum_{i=1}^{n} PN_i X_i - \sum_{k=1}^{m}\sum_{i=1}^{n} w_k L_{ik}\right)(1-t_e) - ETH - ETF \quad (3.57)$$

其中，t_e 为企业所得税率。

从政府的角度来看，政府可以制定相关政策，如碳税、利率、汇率、关税、财政补贴等，用于研究政策变动对整个经济系统的影响。这些政策通常是以外生控制变量的形式被引入函数的。在消费者行为分析过程中，政府扮演着消费者的角色。它的收入来源于各种税收和费用，开支包括各种公共事业开支、转移支付、财政补贴以及消费等。具体来看，政府收入包括进出口关税（$TM-TE$）、企业增值税收 TDE、居民所得税 TDH 以及间接税 TX。如果扣除政府对居民的转移支付 GTH（通常外生设定），于是，政府的可支配收入 M_g 可表示为：

$$M_g = TM - TE + TX + TDE + TDH - GTH \quad (3.58)$$

其中，政府的关税收入 TM 等于所有部门进口商品的世界市场价格 PWM_i、进口商品数量 M_i、进口关税税率 tm_i 和汇率 ER 之积的和：

$$TM = \sum_i (PWM_i \cdot M_i \cdot tm_i \cdot ER) \quad (3.59)$$

政府的出口退税 TE 等于所有部门出口商品的世界市场价格 PWE_i、出口商品数量 E_i、出口退税税率 te_i 和汇率 ER 之积的和，它可以看作是政府的负收入：

$$TE = \sum_i (PWE_i \cdot E_i \cdot te_i \cdot ER) \quad (3.60)$$

政府的间接税 TX 等于所有部门产出 X_i 与国内产品价格 PD_i 和间接税税率

---

[1] π 为公式（3.57）的第一个括号中计算数值。

t_i 的积：

$$TX = \sum_i (X_i \cdot PD_i \cdot t_i) \qquad (3.61)$$

企业所得税 TDE 包括一般意义上的所得税和缴纳给政府的各种税，它等于所有部门的净收入，即部门净价格 PN_i 乘以部门产出 X_i 减去包含所有工种的劳动者报酬 $\sum_{k=1}^{m} w_k L_{ik}$，乘以企业的所得税率 t_e：

$$TDE = \sum_{i=1}^{n} \left(PN_i X_i - \sum_{k=1}^{m} w_k L_{ik} \right) \cdot t_e \qquad (3.62)$$

居民的所得税 TDH 等于所有工种的劳动者报酬 $\sum_{k=1}^{m} w_k L_{ik}$ 与财产收入 ETH 之和与所得税率 t_h 的积：

$$TDH = \left(\sum_{k=1}^{m} \sum_{i=1}^{n} w_k L_{ik} + ETH \right) \cdot t_h \qquad (3.63)$$

对 i 部门消费品的需求总量 C_i 是各种居民、企业和政府对 i 部门消费品需求之和：

$$C_i = \sum_{h=1}^{m} C_{ih} + C_{ie} + C_{ig} \qquad (3.64)$$

参照李子奈（2000）对需求函数的分类，其常用的函数形式有如下几种：

（1）线性需求函数：

$$C_i = \alpha + \sum_{j=1}^{n} \beta_j P_j + \gamma I \qquad (3.65)$$

（2）对数线性需求函数：

$$\ln C_i = \alpha + \sum_{j=1}^{n} \beta_j \ln p P_j + \gamma \ln I \qquad (3.66)$$

其中，$\beta_1 + \beta_2 + \cdots + \beta_n + \gamma = 0$，满足需求函数零阶齐次条件。

(3) 线性支出系统需求函数 (Linear Expenditure System, LES):

$$C_i = r_i + \frac{b_i}{P_i}(Z - \sum_{j=1} r_j P_j), \quad i = 1, 2, \cdots, n \tag{3.67}$$

$$\sum_i b_i = 1 \tag{3.68}$$

$$\sum_i P_i C_i = Z \tag{3.69}$$

其中,r_i 为第 i 部门消费品的基本消费量,Z 为消费总支出,b_i 为边际消费倾向。

需要指出的是,该函数可能存在内在的经济逻辑缺陷。一般而言,是消费决定支出,而非支出决定消费。因此,被使用更多的是它的一个改进,即扩展的线性支出函数系统 (Expand Linear Expenditure System, ELES)。

$$C_i = r_i + \frac{b_i}{P_i}(M - \sum_{j=1} r_j P_j), \quad i = 1, 2, \cdots, n \tag{3.70}$$

$$\sum_i b_i = 1, \quad 0 \leq b_i < 1 \tag{3.71}$$

其中,用可支配收入 M 代替了总支出 Z,且假设零储蓄,可支配收入全部用于消费。

如果考虑储蓄行为,则消费支出等于可支配收入减去储蓄。假如居民、企业、政府都有稳定的储蓄率,全社会的总储蓄 S 就可以表示为:

$$S = \sum_{h=1}^{m} \bar{S}_h M_h + \bar{S}_e M_e + \bar{S}_g M_g \tag{3.72}$$

如果所有储蓄都用于投资,那么,第 i 部门的投资需求可表示为:

$$I_i = b_{ie} \frac{S}{P_i} \tag{3.73}$$

其中，I_i 为企业对第 i 部门的投资需求；b_{ie} 为第 i 部门投资在总投资（总储蓄）I 的占比。于是，第 i 部门的总需求等于第 i 部门消费品需求、资本品需求及中间品需求之和。

$$X_i = C_i + I_i + IT_i \tag{3.74}$$

第二类为效用的优化方程，主要描述消费者在预算（可支配收入）约束条件下，如何实现效用最大化，即根据所选择商品（包括服务、投资、休闲）的单位价值的边际效用相等来确定给定价格下最优需求组合。

（1）就居民消费需求而言，下面以扩展的线性支出系统 ELES 式 (3.70) 为例，分析最优的居民对各部门产品的消费需求组合是如何通过效用优化约束推导得出的。

根据克莱因和鲁宾（Klein and Rubin, 1977）提出的效用函数（也称 Stone-Geary 效用函数），商品 i 的效用可表示为实际需求量 C_{ih} 与维持生活的基本需求量 r_{ih} 之差的对数的函数，且满足 $C_{ih} > r_{ih} > 0$，$\sum_{i=1}^{n} b_{ih} = 1$，即：

$$U = \sum_{i=1}^{n} b_{ih} \ln(C_{ih} - r_{ih}), \quad i = 1, 2, \cdots, n \tag{3.75}$$

其中，b_{ih} 是居民在满足基本需求量之后用于第 i 种商品的支出比例，即对商品 i 的边际消费倾向。

在居民可支配收入 M_h 的约束下：

$$\sum_{i=1}^{n} C_{ih} P_i = M_h \tag{3.76}$$

为了使效用最大化，可构造如下拉格朗日函数：

$$L(C_{1h}, C_{2h}, \cdots, C_{nh}, \lambda) = \sum_{i=1}^{n} b_{ih} \ln(C_{ih} - r_{ih}) + \lambda \left(M_h - \sum_{i=1}^{n} C_{ih} P_i \right) \tag{3.77}$$

根据一阶优化条件：

$$\frac{\partial L}{\partial C_{ih}} = 0, \quad i = 1, 2, \cdots, n \tag{3.78}$$

$$\frac{\partial L}{\partial \lambda} = 0 \tag{3.79}$$

可得：

$$\frac{b_{ih}}{C_{ih} - r_{ih}} - \lambda P_i = 0, \quad i = 1, 2, \cdots, n \tag{3.80}$$

$$\sum_{i=1}^{n} P_i C_{ih} = M_h \tag{3.81}$$

化简得：

$$\lambda = \frac{\sum b_{ih}}{\sum P_i (C_{ih} - r_{ih})} = \frac{1}{M_h - \sum P_i r_i} \tag{3.82}$$

$$b_{ih} = \lambda P_i (C_{ih} - r_{ih}) = \frac{1}{M_h - \sum P_i r_{ih}} P_i (C_{ih} - r_{ih}) \tag{3.83}$$

式（3.83）即式（3.70）的 ELES 消费需求函数为：

$$C_{ih}^{(d)} = r_{ih} + \frac{b_{ih}}{P_i}(M_h - \sum_{j=1} r_{jh} P_j), \quad i = 1, 2, \cdots, n \tag{3.84}$$

ELES 消费需求函数的经济含义是：消费者对商品 i 的消费份额 $P_i C_i$ 可以拆分成两个部分，一是该商品的基本消费需求 $P_i r_{ih}$；二是居民可支配收入 M_h 减去所有商品的基本消费支出后的剩余部分中用于购买商品 i 的部分，后者占前者的比例为 b_{ih}。

（2）在政府消费需求方面，如果假定政府的消费需求效用函数为

(Cobb-Douglas 形式):

$$U = \sum_{i=1}^{n} b_{ig} \ln C_{ig}, \quad \sum_{i} b_{ig} = 1, \quad b_{ig} \geq 0 \tag{3.85}$$

其中, b_{ig} 是政府对第 i 种商品的消费份额, 则在政府可支配收入 M_g 的约束下, 可推导出政府部门对各种商品的消费需求函数为:

$$C_{ig}^{(d)} = \frac{b_{ig} M_g}{P_i} \tag{3.86}$$

这个需求函数的推导过程如下:

由根据式 (3.85) ~式 (3.86), 政府消费支出的效用最大化问题可转化求下面函数最优解:

$$\max U = \sum_{i=1}^{n} b_{ig} \ln C_{ig} \tag{3.87}$$

$$\text{s. t.} \sum_{i=1}^{n} P_i C_{ig} = M_g \tag{3.88}$$

可构造拉格朗日函数:

$$L(C_{1g}, C_{2g}, \cdots, C_{ng}, \lambda) = \sum_{i=1}^{n} b_{ig} \ln C_{ig} + \lambda \left(M_g - \sum_{i=1}^{n} P_i C_{ig} \right) \tag{3.89}$$

根据一阶优化条件可得:

$$b_{ig} = \lambda P_i C_{ig} \tag{3.90}$$

$$\sum_{i=1}^{n} P_i C_{ig} = M_g \tag{3.91}$$

化简后就可得到政府部门对各种商品的消费需求函数如式 (3.86)。

(3) 企业投资需求也类似, 如果假定企业的投资需求效用函数为 (Cobb-Douglas 形式):

$$U = \sum_{i=1}^{n} b_{ie} \ln I_i \qquad (3.92)$$

$$\sum_{i} b_{ie} = 1, \quad b_{ie} \geqslant 0 \qquad (3.93)$$

其中，b_{ie} 是企业对第 i 部门的投资在总投资的占比，则在投资总需求 I 的约束下，企业对第 i 部门的投资需求问题可转化为求下面函数最优解：

$$\max U = \sum_{i=1}^{n} b_{ie} \ln I_i \qquad (3.94)$$

$$\text{s.t.} \sum_{i=1}^{n} P_i I_i = I \qquad (3.95)$$

类似于公式（3.89）~式（3.91）的推导，通过构造拉格朗日函数可以求得投资需求函数，这里不再复述。

$$I_i^{(d)} = \frac{b_{ie} I}{P_i} \qquad (3.96)$$

基于（1）、（2）、（3），就可以得到 CGE 模型产品市场的需求模型，即：

$$X_i^{(d)} = C_{ih}^{(d)} + C_{ig}^{(d)} + I_i^{(d)} + IT_i \qquad (3.97)$$

3. 劳动力市场的供给和需求

如果采用新古典充分就业的假设，则在一定时期内劳动力总供给 $L_k^{(s)}$ 外生给定，且劳动力的供给等于劳动力的需求。于是，劳动力的供给总量由城市的劳动力供给量 $L_u^{(s)}$ 和农村的劳动力供给量 $L_r^{(s)}$ 加总构成，其供给函数为：

$$L_k^{(s)} = L_u^{(s)} + L_r^{(s)} \qquad (3.98)$$

如果放弃新古典充分就业的假设，即在经济中就业是不充分的，劳动力的供给是工资的函数，其供给函数见式（3.48）。此时，模型计算结果可用于分析政策变化对失业率的影响问题。

有关充分就业假设，可参考本节关于模型闭合内容的相关介绍。

4. 进出口替代

区域经济离不开进出口贸易。CGE 模型的进出口贸易行为通常采用小国假设，即单一国家或地区进出口贸易行为不会对商品的市场价格带来影响，它只能是市场价格的接受者。进口商品价格 PM_i 和出口商品价格 PE_i 可分别表示为：

$$PM_i = PWM_i(1 + tm_i) \cdot ER \tag{3.99}$$

$$PE_i = PWE_i(1 + te_i) \cdot ER \tag{3.100}$$

根据小国假设，第 i 部门的出口商品数量 E_i 通常被设定为世界市场价格 PWE_i 与出口商品价格 PE_i 之比的函数：

$$E_i = \omega_i \left(\frac{PWE_i}{PE_i} \right)^{\eta_i} \tag{3.101}$$

其中，ω_i 是规模参数，η_i 是出口价格弹性。

在针对进出口商品的可替代性问题上，部分学者通过将国外商品设定为外生给定，且国内商品和国外商品可完全替代的方式进行了简化处理。然而，该方式的一个缺点是，当国外商品价格、汇率或贸易政策中的任何一个发生改变时，所引起的国外商品价格变动将完全传递到国内相关商品。这是不合理的。为了解决这个问题，当前多数 CGE 模型都采用了 Amington 假设，即国外和国内的竞争商品是不完全替代的。这种假设将把来自不同区域的同类商品视为不同商品，有助于描述进出口商品的可贸易程度。基于此，第 i 部门的复合商品数量 Q_i 就可以被表示为进口品数量 M_i 和国产品需求量 D_i 的常数替代函数（Constant Elasticity of Substitution, CES）：

$$Q_i = \xi_i [\delta_i M_i^{-\rho_i} + (1 - \delta_i) D_i^{-\rho_i}]^{-\frac{1}{\rho_i}} \tag{3.102}$$

其中，ξ_i 是规模参数，δ_i 是替代份额参数，ρ_i 是替代弹性参数，$\sigma_i = \frac{1}{1+\rho_i}$ 代

表进口和国产品的替代弹性。σ_i 越小，则进口品与国产品的差距越大；当 $\sigma_i = 0$ 时，则不可替代。

基于 Amington 假设的 CES 表明，在既定的价格水平下，进口品数量具有无限弹性，它可以通过国产品需求量和贸易平衡来确定，具体如下：

$$\frac{M_i}{D_i} = \left(\frac{\delta_i}{1-\delta_i} \cdot \frac{PD_i}{PM_i}\right)^{\sigma_i} \tag{3.103}$$

该方程可通过类似于本节关于产品市场的供需函数推导方式得出，即在成本最小化约束下求如下 CES 函数的最优解：

$$\min PQ_i = M_i \cdot PM_i + D_i \cdot PD_i \tag{3.104}$$

$$\text{s.t.} \quad Q = \xi_i [\delta_i M_i^{-\rho_i} + (1-\delta_i) D_i^{-\rho_i}]^{-\frac{1}{\rho_i}} \tag{3.105}$$

可构造拉格朗日函数：

$$L_i(M_i, D_i) = PM_i \cdot M_i + PD_i \cdot D_i + \lambda_i \{Q_i - \xi_i [\delta_i M_i^{-\rho_i} + (1-\delta_i) D_i^{-\rho_i}]^{-\frac{1}{\rho_i}}\} \tag{3.106}$$

根据一阶优化条件可得：

$$PM_i = \lambda_i \{\xi_i [\delta_i M_i^{-\rho_i} + (1-\delta_i) D_i^{-\rho_i}]\}^{-\frac{1}{\rho_i}-1} \cdot \delta_i(-\rho_i) M_i^{-\rho_i-1} \tag{3.107}$$

$$PD_i = \lambda_i \{\xi_i [\delta_i M_i^{-\rho_i} + (1-\delta_i) D_i^{-\rho_i}]\}^{-\frac{1}{\rho_i}-1} \cdot (1-\delta_i)(-\rho_i) D_i^{-\rho_i-1} \tag{3.108}$$

化简就可得式（3.103）。

5. 市场均衡

构建 CGE 模型需要事先确定模型要描述的经济主体。CGE 模型的经济主体不仅包括生产者、消费者（消费者包括城镇居民消费者和农村居民消费者），还包括政府和其他机构（如国外部门等）。CGE 模型的一般均衡分析过程，通常假设经济主体是理性的，且按照既定行为规则进行决策，例如生产决策基于成本约束下的利润最大化原则，消费决策基于预算约束下的效用最大化原则。在明确经济主体及其行为规则的基础上，CGE 模型的一般均衡理论不仅要考虑产品市场均衡，还要考虑要素市场、居民收支、政府预算等多个方面的市场均衡。

（1）产品市场均衡，即在给定一组产品价格 P_i 条件下，产品市场中所有部门的总供给 $X_i^{(s)}$ 等于总需求 $X_i^{(d)}$，分别见式（3.30）和式（3.97）。由于 $X_i^{(s)}$ 和 $X_i^{(d)}$ 均为产品价格 P_i 的函数，可以此求出一组均衡价格，使总供给等于总需求。引入第 i 部门的超额需求变量 DS_i，则当产品市场均衡时，有：

$$DS_i = X_i^{(d)} - X_i^{(s)} = 0 \qquad (3.109)$$

根据需求理论，式（3.109）满足价格的零次齐次性，即：

$$DS(P_1, P_2, \cdots, P_n) = DS(\lambda P_1, \lambda P_2, \cdots, \lambda P_n) \qquad (3.110)$$

式（3.110）表明，当所有产品价格按同一比例变动，则总供给和总需求不受影响，换句话说，由 $DS_i = 0$ 得出的产品价格是相对的。如果要计算绝对价格，那么必须先固定一种商品的价格，然后给出一个价格指数方程：

$$\sum_{i=1}^{n} P_i \Omega_i = \overline{P} \qquad (3.111)$$

其中，$\overline{P}$ 为价格指数，Ω_i 为权重。

需要指出的是，如果总供给与总需求不相等，CGE 模型可采用广义均衡的方式将总供给与总需求的差额设定为库存。

（2）要素市场均衡。生产要素主要包括劳动力和资本等，其中，劳动力均衡是指在部门间流动以实现生产者和消费者的优化目标。当劳动力总供给大于其总需求时，劳动力市场会出现失业现象。CGE 模型可通过引入失业率指标来填补这种不均衡现象，资本均衡是指总投资等于总储蓄，当两者不等时，CGE模型可通过引入金融债券、外资或政府财政储备来弥补这种失衡，从而实现广义均衡。

（3）居民收支均衡。居民总收入一般来源于劳动力回报、企业利润分配、政府转移支付、国外净汇款等。在扣除个人所得税之后，它在数值上等于包含消费和储蓄之和的总支出。

（4）政府预算均衡。政府总收入一般来源于对企业和居民的征税，其总支出对应于对企业和居民的转移支付。当政府总收入不等于政府总支出时，CGE模型可通过引入财政赤字作为指标以实现广义均衡。

6. 宏观闭合

CGE模型的宏观闭合理论用以保证模型解的存在性、稳定性和唯一性。所谓闭合，就是区分CGE模型中的内生变量和外生变量以及赋值。然而，森（Sen，1963）指出，在一个封闭的经济系统中，如果投资水平和政府支出水平是固定的，那么产品市场和要素市场是无法同时实现最优的。大量研究表明，CGE模型无法避免过度识别问题，换句话说，模型中的方程数是不等于变量数的。为了保证解的唯一性，需要对模型做出相应的假设，也就是删除一组约束条件或者增加一个内生变量。因此，需要在最优生产（产品市场）、失业率（劳动市场）、公共开支（政府预算）、投资水平（居民收支）等选项中做出取舍。

Dewatripoint和Michel（1987）根据不同的宏观闭合规则，将CGE模型分为以下几个类别：

● 卡尔多闭合（Koldorian）。当投资水平和政府开支都是外生给定的，可以假定工资率不是由劳动的边际生产率决定的，即生产者利润非最优以放弃产品市场均衡，这种方案被称为卡尔多闭合。

● 凯恩斯闭合（Keynesian）。当社会上存在着劳动力剩余时，可以各部门劳动力需求量（或者说就业率）处理为内生变量就业率当作内生变量，它反映了凯恩斯关于需求不足、供给过剩的假设，这种类型通常被称为凯恩斯模型。

● 约翰逊闭合（Johanson）。以生产者利润最大化为前提，假设总投资水平是外生给定的，可以把政府开支当作内生变量，即以政府预算结余或赤字来填补投资与储蓄的差额,这种类型通常被称为约翰逊闭合。

● 新古典闭合(Neoclassical)。以生产者利润最大化为前提,假设政府开支水平是外生给定的,可以把投资水平当作内生变量,即把总投资水平将被自动调节到储蓄水平上,这符合新古典学派的假设,因此,可称之为新古典闭合。

三、CGE 模型发展

当前 CGE 模型已被广泛地用于气候变化经济学领域中人们所关心的绝大多数问题研究中。这些研究包括但不限于:计算为实现既定的温室气体减排目标需要付出的经济成本和减排路径;对不同温室气体减排政策工具如碳税和碳交易等的实施过程及效果分析;分析特定温室气体减排政策对不同社会阶层收入分配、就业水平、国际资本流动、公众健康和气候指标等的影响。可以说,CGE 模型已经在实践中发挥着重要的决策支持作用,并已成为气候政策研究的主流分析工具之一。

然而,利用 CGE 模型开展气候变化经济学的相关问题分析仍面临着一系列的挑战。

首先,最核心的挑战是模型是否有解以及如何求解。虽然阿罗和德布鲁等(Arrow, Debreu et al.)、斯卡夫(Scarf)在理论上证明了 CGE 模型解的存在性、唯一性、最优化和稳定性等问题,但要把相关的宏微观经济理论与气候变化问题融合来构建一个合理的、庞大的放映现实的模型仍然不是一件容易的事情,尤其是宏观模型闭合问题,而求解算法的正确性和高效性更是存在着一些瓶颈问题需要攻克。

其次,虽然 CGE 模型在分析气候政策的经济效益方面有着明显的优势,但是由于受限于计算能力和算法,所构建的模型往往是静态的,一般只能用来分析短期政策效果,即在假设经济结构、消费结构等不变的前提下开展相关问题研究。事实上,诸如技术进步、能源结构、消费习惯等在长期政策分析中动态变化特征明显,如何将这种动态变化特征引入 CGE 模型的标准化方法尚不明确。

最后,气候变化经济学领域的 CGE 模型还面临着稀疏数据下参数识别问题的考验。通常情况下，CGE 模型中的参数和系数可以根据实际数据并结合计量经济学方法估计得出的。但可惜的是参数估计所需的长时间序列数据即使是在信息相对完备的发达国家也十分稀缺，虽然可采用校准的方法来克服因数据不足带来的困难，但也因此带来了模型在可靠性和稳定性方面的损害。因此，数据编制和参数估计也是气候变化经济学领域的 CGE 模型未来发展有待突破的一个重要方向。

第四章　应对气候变化的经济政策工具

气候变化经济学问题研究的一个重要任务是如何应对气候变化以及在正确评估应对气候变化过程中的成本效益。由于气候变化经济学的研究对象（如温室气体）具有外部性效应，因此一国温室气体的排放所带来的危害必须由地球上所有国家共同承担，同样其减排行动也将会使其他国家受益。

从生产的角度来讲，作为一种共有资源，碳排放与其他生产要素一样可被视作一项资本品。然而，物理的不可分割特性导致了其产权难以界定，任何组织和个人都同等地拥有排放权利，这将导致理性经济人在利益最大化驱使下无限制地使用这项资本品，而又无须承担相应的责任，气候变化和应对气候变化的相关问题也因此更加引人注目。

经济学的外部性原理告诉我们，可以由政府代表社会作为碳排放资源的产权主体，在向社会提供它独特的生产和服务时，从经济利益上建立起气候保护的市场机制，而建立这个机制的关键是如何使外部性内部化，即将温室气体外部性导致的社会收益或社会成本转换为经济主体内部的私人收益或私人成本，从而消除其外部性影响。从应对气候变化的具体行动来看，采用基于市场经济的政策工具最为流行，主要包括碳交易和碳税这两种手段。本章将分别从碳交易和碳税两个方面对应对气候变化的经济政策工具进行阐述。

第一节 碳交易

一、基本概念

大量研究表明，人类已不能无限制地增加碳排放，否则人类将有可能面临巨大的气候灾难（IPCC，2007）。从国际气候谈判历程来看，当前对全球温室气体的排放总量做出限制显然已经成为一种共识。因此，在总量排放的约束下，温室气体排放权必将成为一种稀缺性资源，并拥有商品的属性，或者说存在碳排放权交易（本书简称碳交易）的价值。这就是碳交易概念产生的经济学基础。碳交易最早是在《京都议定书》中提出并被定义为：以市场机制为基础，将二氧化碳排放权作为一种商品而形成的交易。从本质上来讲，碳交易是一种金融活动，一方面，金融资本直接或间接投资于创造碳资产的项目与企业；另一方面，来自不同项目和企业产生的减排量进入碳金融市场进行交易，被开发成标准的金融工具。由于碳的排放权和减排量额度（信用）的稀缺性，使其成为一种有价产品，或称碳资产。

作为一份具有里程碑意义的温室气体量化减排文件，《京都议定书》为附件B近40个缔约方设定了强制性的温室气体总量减排目标：2008到2012年期间，主要工业发达国家的温室气体排放量要在1990年的基础上平均减少5.2%，其中欧盟将6种温室气体减排8%、美国减排7%、日本减排6%、加拿大减排6%、东欧各国减排5%~8%；新西兰、俄罗斯和乌克兰的温室气体排放量可以稳定在1990年的水平上；允许爱尔兰、澳大利亚和挪威的温室气体排放量比1990年分别增加10%、8%和1%（UNFCCC，1997）。

为了协助受温室气体总量减排约束的国家顺利完成减排任务，《京都议定书》首次提出了三大碳交易机制：清洁发展机制（Clean Development Mechanisms，CDM）、联合履行机制（Joint Implementation，JI）和国际排放贸易机制（International Emission Trade，IET）。

1. CDM

CDM是三大碳交易机制中唯一一项与发展中国家直接相关的机制。其主要内容是指 UNFCCC 附件一的缔约方通过向发展中国家提供资金和技术的方式，实现项目合作。这种合作以最大限度保证不对发展中国家的社会、环境和经济产生影响为前提，将 UNFCCC 附件一的缔约方在发展中国家的项目投资所实现的"经核实的减排额度"（Certified Emission Reductions，CER）作为资金和技术提供者在《京都议定书》中的减排承诺。CDM 优势在于它在降低发达国家自身减排费用的同时，可向发展中国家提供有助于可持续发展的资金和技术。

2. JI

与 CDM 一样，JI 也是通过不同国家之间项目合作的方式实现《京都议定书》附件 B 缔约方的减排承诺。不同的是，JI 是《京都议定书》为附件 B 缔约方之间设定的温室气体减排项目交易。它允许附件 B 缔约方通过转让减排单位（Emission Reduction Units，ERUs）来完成减排目标。其中，ERUs 的转让必须保证缔约方分配数量单位（Assigned Amount Units，AAUs）❶ 总额不变。

3. IET

IET 允许附件 B 缔约方通过将其超额完成的配额指标，以贸易方式转让给另一附件 B 缔约方，它与 JI 共同构成了《京都议定书》关于缔约方之间的双重碳交易机制。这里的配额是指缔约方在一定时期内分配到的碳排放权份额，例如欧盟配额（European Union Allowances，EUA）就是在欧盟排放交易体系下企业分配到的碳排放权份额。由于受到所分配配额的限制，一些企业的实际碳排放量可能低于其配额，而另外一些企业正好相反。此时，那些实际碳排放量低于配额的企业可以将盈余配额出售给存在配额缺口的企业，实现碳排放权的有效配置。这种基于配额的市场交易机制通常被认为是实现总量控制减排的最佳途径。

二、交易机制

构建一个具有法律约束力的全球减排方案，已成为当前全球气候谈判的

---

❶ 每个分配数量单位等于 1 吨二氧化碳当量。

核心议题。然而，要达成一个被普遍认可的、统一的全球减排方案十分困难。原因在于：

第一，从公平的角度来看，发达国家较早地完成了工业化过程，并在历史上释放了大量的温室气体，而发展中国家的历史累积排放量却相当低，其未来经济发展却需要大量的排放空间。发达国家和发展中国家在碳排放时间上具有显著差异。根据 UNFCCC 中"共同但有区别责任"的原则，全球减排应该是历史排放较多的发达国家率先开始减排。

第二，从效率的角度来看，由于温室气体减排具有全球性，即无论在全球范围内任何地方的减排对气候保护的贡献是一样的，因此，首先从发展中国家开始减排可以使全球减排成本大幅下降，然而这种减排成本相对发展中国家的人均 GDP 来说又是突出的高，不能简单考虑成本。

第三，从全球经济平衡来看，当前发达国家的工业化进程已经完成，国富民安，减排对其经济发展的影响较小；而多数发展中国家正处在经济快速发展期，未来几十年对碳排放需求还将持续增加，减排将不利于这些国家消除贫困，发展经济，一味要求发展中国家与发达国家同样减排将使全球经济两极化日趋显著。

可以看到，如何在保证全球经济持续增长的前提下，兼顾公平性和效率性是实现全球减排方案必须克服的难点问题。幸运的是，基于配额的碳排放权交易机制为解决上述难题提供了一种有效途径：最发达国家可以履行减排责任，最不发达国家可以从碳交易中获取经济利益。这也使得碳交易成了全球应对气候变化最为重要的经济政策工具之一。从实践的角度来看，实施基于配额的碳交易机制的关键在于解决两个方面问题：配额分配和配额交易。

第一，实施碳交易的基础和前提是要对参与交易主体的配额进行分配。对于不同配额分配原则的选取必然会涉及公平性问题，当前基于公平性的配额分配原则主要包括以下 4 种形式：

- 按排放现状分配的世袭原则，它表现为历史排放多的国家未来配额也多；
- 按人口分配的平等主义原则，它体现了人人享有同等环境与发展权利；
- 按国家能够支付的可用资源分配的支付能力原则，它兼顾国家的历史排放责任和现有资源；

- 按历史责任分配的人均累计排放均等原则，它要求历史排放多的国家在未来承担更多的减排责任。可惜的是，当前仍缺乏一个被普遍认可的、公平的配额分配原则。

相关研究表明，作为第一个具有法律约束力的国际减排协议，虽然《京都议定书》对主要工业国家的碳排放总量做出了限制，但其效力也相当有限。因此，后京都时代的碳配额分配必须综合考虑区域公平因素，包括历史责任、缓解行动以及对最易受影响的国家或地区的援助。此外，考虑到未来人类可向大气排放的碳总量（全球总配额）仍存在诸多不确定性，还需要将未来全球总配额与配额分配原则相结合。

第二，在配额分配的基础上，经济主体间可以进行配额交易，而配额交易的核心是要确定碳排放权的交易价格。进一步地，碳排放权交易价格的形成问题大多又被转换为对减排成本或配额价格的估算问题上。与此同时，为了防止交易价格的剧烈波动，减少交易风险，一个普遍做法是在配额交易机制中设定交易价格的上限和下限。一方面，在碳市场中设置价格上限可以减少碳价格超出可接受水平的风险。这样可以为排放者提供更确定的排放成本，并限制减排的短期经济成本。事实上，诸多现行的碳市场均已建立价格上限机制，如澳大利亚和美国区域温室气体行动计划（RGGI，2008）等。另一方面，与设置价格上限对应的是设置价格下限，在碳市场中，价格下限可以保证碳排放单位的最低价格。价格下限为低碳技术投资者提供了更高的确定性，促使碳排放成本朝更低的目标推进。

此外，为促进碳市场的稳健发展，碳交易中的激励、惩罚等辅助机制也是重要的研究内容。良好的存储和惩罚机制将有助于激励减排主体控制排放的同时又能充分发挥市场的积极作用。而将配额存储和惩罚机制与配额分配和价格形成机制相结合的研究思路是未来碳市场发展的必然趋势。其中，配额存储比例、存储期限以及惩罚金额将是重点关注对象。

从长期来看，解决温室气体负外部性的有效途径是建立一个全球范围内的温室气体排放权交易市场并允许转让排放许可证，即可排放温室气体数量的证明。这种高效合理的温室气体排放权交易市场机制应具备以下5个特征：

（1）全球所有区域都必须拥有排放许可证才能排放；

（2）排放许可证规定了区域可以排放的温室气体数量；

（3）任何区域排放超出排放许可证规定的允许排放数量时，都将受到高额的罚款；

（4）排放许可证在全球所有区域间进行分配，所有排放许可证允许排放的温室气体总和等于温室气体排放控制的最高水平；

（5）排放许可证是可交易的。

事实上，这种可转让温室气体排放许可证产生了一个外在性市场。从效率的角度来看，在总量上设定了温室气体排放的上限，有效控制了因温室气体过度排放可能带来的灾害。排放许可证的可交易性使得不同区域可以根据自身减排能力决定购买或出售排放许可证，在总体上实现温室气体减排成本最小化。从公平的角度来看，排放许可证可以通过不同的分配原则实现区域间初始排放许可证的分配，确保区域间的公平性。

三、碳市场

根据科斯定理，碳交易把气候变化、碳减排和可持续发展紧密连接起来，通过市场机制来解决因温室气体排放负外部性带来的市场失灵和无效率现象，通常被认为是市场经济框架下解决温室气体排放问题最有效率的一种方式。由于当前对碳排放权交易市场（简称碳市场）的定义还没有形成一个统一的共识，参照经济学的市场概念，本书将碳市场定义为：所有具有买方和卖方的商品交换场所，其交易对象为碳排放权。

从交易目的和交易类型来看，碳市场可以有相应的以下两种分类方法。

从交易目的来看，碳市场可分为非京都机制市场和京都机制市场。非京都机制市场是指不基于《京都议定书》交易机制的碳市场。非京都机制市场以自愿交易为主，表现为企业通过自愿购买一定数量的减排量，来中和企业生产过程所排放的碳。通常它被用于企业社会责任、品牌建设和社会效益等活动。事实上，由于缺乏统一的市场管理，自愿交易市场的交易数量和交易价格经常出现巨大的波动并无规律可循，市场规模也较小。随着《京都议定书》的正式生效，以《京都议定书》这三大碳交易机制为基础而建立的京都机制市场迅猛发展起来。

从交易类型来看，碳市场可分为基于配额的碳市场和基于项目的碳市场，其中，基于配额的碳市场在总量控制和市场机制的作用下，对管理者制定、分配或拍卖的碳排放权配额进行交易，它以 IET 机制下的 AAUs 或 EUA 交易为主；基于项目的碳市场将可证实降低碳排放的项目进行交易，主要将包括 JI 项目中的 ERUs 合作和 CDM 项目中的 CERs 合作。

目前国际上交易比较活跃的碳市场体系主要运行于发达国家，包括欧盟、美国、加拿大、澳大利亚等。

1. 欧盟

根据《京都议定书》规定，2008—2012 年欧盟碳排放总量需比 1990 年平均减少 8%。为了实现这个目标，欧盟委员会依据《欧盟 2003 年 87 号指令》于 2005 年推出了全球首个基于配额交易机制（Cap and Trade）的区域性碳市场——EUETS。基于配额交易机制，EUETS 对温室气体的排放量设定了一个上限配额，这一上限每年都会略微收紧，随着时间的推移，总排放量会下降到既定的目标值。

EUETS 试图将碳减排的企业外部环境成本内部化，通过市场交易行为将碳排放权转化为一种有偿使用的生产要素，以建立一个基于配额交易的区域碳市场，从而有助于合理有效地配置碳排放权资源、推动节能减排技术发展，最终实现《京都议定书》欧盟量化减排目标承诺下的区域减排成本最小化。

EUETS 覆盖了欧盟约 40%的温室气体排放，它允许 EUA 作为一种商品在欧盟之间流通。EUETS 采取总量交易的形式，它首先根据《京都议定书》中各成员国减排目标对 EUA 进行国家间分配，然后通过国家分配计划（National Allocation Plans，NAP）确定国家配额分配数量和分配形式，最终发放给相应企业。被确定纳入限排名单的企业可以根据一定标准免费获得，或者通过拍卖有偿获得 EUA，而实际排放低于所得配额的企业可以在碳市场出售，超过所得配额的企业可以在碳市场购买 EUA。如果企业通过技术升级或其他途径减少了碳排放，其多余的碳排放权便可在市场上出售给有需求的企业，也可以保留多余的排放额度来满足未来的需求。

EUETS 不仅只是进行 EUA 的交易，还与全球的碳减排有着紧密的联系。《京都议定书》对 UNFCCC 附件一所包含的国家（即发达国家群体）规定了具有法律约束力的量化减排目标，并在第 6 条、12 条和 17 条分别规定了 JI、CDM 和 ET 这三种协助发达国家履行减排义务，同时鼓励发展中国家采取自愿性减排行动的机制。依照《京都议定书》的设定，CDM 引导发达国家和发展中国家合作开展减排项目，实现的减排量经认证后获得核证减排量 CER，可用于冲抵发达国家合作方的排放。JI 则规范发达国家之间基于减排项目的合作，以及减排成果 EUR 的认定、转让与使用。与 CDM 和 JI 基于项目的机制不同，以 EUETS 为代表的碳排放配额交易市场以排放配额 EUA 作为交易标的，由政府主管部门设定配额总量并通过一定的方法向企业分配，企业根据自身实际排放情况选择减排或在市场上购入配额，以实现本企业的减排任务。当然，在排放限额内，企业还是可以从世界各地的减排项目中购买有限数量的国际信用（International Credits，IC），也就是经过认证机构核证的温室气体减排量，是自愿减排市场交易的碳信用额 VER（Voluntary Emission Reduction）。

为了保证参与 EUETS 的企业能够按规定参与基于配额交易机制，欧盟委员每年对这些企业进行一次核查，对超过配额的碳排放量企业处以 100 欧元的高额罚款（2008—2012 年），且该罚款不能抵消企业的减排指标，需在下一年度予以弥补。

有关 EUETS 的详细介绍见本章第二节内容。

2. 美国

在联邦层面，立法者提出了单独的 ETS 和碳税法案，这两项法案都侧重于向公民返还碳价收入。2019 年 1 月 24 日颁布的"能源创新和碳分红法案"（The Energy Innovation and Carbon Dividend Act）强调，对所有化石燃料的温室气体排放征收碳税，并将收入存入碳分红信托基金，以便分发给美国公民。2019 年 3 月 28 日出台的"健康气候和家庭安全法"（Health Climate and Family Security Act）提出了一项针对化石燃料生产商、分销商和进口商的限额交易计划，该计划基于他们销售燃料的碳含量，并通过一项基金和股息支付将碳价收入分配给美国公民。

在州立政府层面，由于美国各州的"州情"不一样，目前有 7 个州正在实施或者计划实施碳市场，详细见表 4-1。

表 4-1 美国各州的碳市场发展现状

管辖权	状态	关键事件
加利福尼亚州	已经实施 ETS	于 2013 年 1 月 1 日启动了碳市场 在 2018 年 12 月,加州空气资源委员会(CARB)批准了一套 2020 年后的改革方案,关键的改革包括增加价格上限、低于价格上限的两个限价储备层、不再有免费分配以及减少使用抵消
马萨诸塞州	已经实施 ETS,同时加入了 RGGI	马萨诸塞州的 ETS 于 2018 年开始运作,覆盖电力行业,同时它加入了区域温室气体减排行动(RGGI),以帮助确保马萨诸塞州实现其强制性减排目标,即到 2050 年在 1990 年的基础上减少 80% 的排放
新泽西州	ETS 正准备重新加入 RGGI	曾参与过 RGGI 并于 2011 年退出 2018 年 1 月 29 日,新泽西州州长签署了一项行政命令,采取一切必要的监管和行政措施全面参与 RGGI。新泽西州的目标是 2019 年 5 月立法到位,并参加 2020 年第一次 RGGI 拍卖
新墨西哥州	正在探索碳定价	2019 年 1 月 29 日,新墨西哥州启动了一项行政命令,通过探索减少该州温室气体排放的各种措施,为 2030 年减排目标提供战略方向
俄勒冈州	计划实施 ETS	2019 年 1 月 31 日,碳减排联合委员会引入了《2020 年住房法案》,该法案提议根据俄勒冈州政府的议程建立一个国家范围的配额交易方案(俄勒冈州气候行动方案) 2019 年 3 月 25 日,碳减排联合委员会(Joint Committee On Carbon Reduction)对向能源密集型和贸易密集型行业发放补贴以及使用拍卖收入的提议提出了修正案
弗吉尼亚州	计划实施 ETS,并与 RGGI 联系起来	2018 年 9 月,根据 RGGI 各州的意见,DEQ 发布了一份修订条例草案,以确保与 RGGI 2017 示范规则一致,并统一关键的设计要素 2019 年初,弗吉尼亚州就修订的条例草案举行公开磋商,如果没有延误,到 2020 年,弗吉尼亚州的 ETS 就可以运营和链接到 RGGI
华盛顿州	ETS 暂时暂停	2017 年 12 月 15 日,法院裁定,环保部无权将天然气和石油产品的供应商纳入 ETS,因为它们不是温室气体的直接排放者,国家暂停了"清洁空气规则"(Clean Air Rule, CAR)下的合规要求 2018 年 5 月 14 日,环保部向华盛顿州最高法院提出了对法院裁决的上诉。第一次听证会于 2019 年 3 月举行,双方都提出了自己的论点。最高法院没有说明何时做出裁决,因此 CAR 的合规要求暂时暂停

在区域层面,美国在 2005 年建立了一个强制性温室气体排放交易机制——区域温室气体倡议(Regional Greenhouse Gas Initiative,RGGI)。2005 年签署该协议的州有康涅狄格州、特拉华州、缅因州、新罕布什尔州、新泽西州、纽约州和佛蒙特州。2006 年 8 月,RGGI 各州发布了一项示范规则,为制定各州的监管/法定提案提供了一个监管框架。该机制于 2009 年开始运行,有 10 个州(康涅狄格州、特拉华州、缅因州、马里兰州、马萨诸塞州、新罕布什尔州、新泽西州、纽约州、罗得岛州和佛蒙特州)颁布了各自的法规,涵盖电力行业的二氧化碳排放,新泽西州在 2011 年 12 月结束时退出了该计划。RGGI 的详细情况见表 4-2。

表 4-2 区域温室气体倡议概览表

类别	内容明细
涵盖范围	康涅狄格州、特拉华州、缅因州、马里兰州、马萨诸塞州、新罕布什尔州、纽约州、罗得岛州、佛蒙特州
温室气体总排放量	462.94 $MtCO_2e$(2014 年)
各部门的温室气体排放总量	能源　　　397.5 $MtCO_2e$ 工业　　　25.6 $MtCO_2e$ 农业　　　9.8 $MtCO_2e$ 废弃物　　30 $MtCO_2e$ 船用燃料　140 $MtCO_2e$
温室气体减排目标	2020 年:RGGI 各州已承诺,在 2005 年二氧化碳排放量的基础上,将发电产生的二氧化碳排放量减少 50% 以上 2030 年:在 2020 年二氧化碳排放上限的基础上减排 30%,并在 2021 年至 2030 年期间持续减排 275 万吨/年
碳价	2018 年:4.78 美元/吨二氧化碳当量
配额	每个 RGGI 州的二氧化碳配额每季度发布一次,二氧化碳排放配额使用"单轮,密封标价、统一价格"的格式进行拍卖,每季度拍卖最高者可获得 25% 的拍卖配额

资料来源:International Carbon Action Partnership,https://icapcarbonaction.com/en.

值得一提的是,2003 年成立的 CCX 是全球第一个具有法律约束力的自愿减排交易平台,同时开展《京都议定书》附件 A 中规定的 6 种温室气体减排交易的市场。它允许会员自愿参与温室气体排放登记、减排和交易。在 CCX 的减排计划中，要求会员实现两阶段的减排目标是：第一阶段，2003—2006 年，所有会员温室气体排放量比基准线每年减少 1%；第二阶段，2007—2010 年，所有会员温室气体排放量比基准线每年减少 6% 以上。为了实现这个目标，会员间可通过购买许可证或者碳减排项目产生的信用额度实现。目前 CCX 已陷入困境，自愿交易难以为继，近年来已出现交易的减少和企业退出市场的现象。曾经 CCX 作为市场机制方式解决气候变化的典范，CCX 如今已连续数月只有少量的现货成交，其碳限额交易已经名存实亡。芝加哥气候交易所的崛起和兴衰说明，缺少强制力的会员自愿承诺排放机制，必须要以立法为基础建立强制性温室气体减排机制，否则终究会失去其市场意义和交易价值。

3. 加拿大

2019 年，加拿大各州均实施了碳定价（包括碳税和碳排放权交易）机制。2018 年 6 月 21 日加拿大通过的"温室气体污染定价法"建立了一项联邦碳定价计划，也被称为联邦支持系统（Federal Backstop System），这是继 2016 年 10 月加拿大总理宣布的泛加拿大碳污染定价方法之后的又一举措。该方法使各省和地区能够灵活地制定自己的碳定价机制，并概述了所有机制必须达到的标准，从而确立了碳定价的联邦基准。联邦支持系统类似由基准信用的 ETS 和碳税组成，其中，ETS 主要组成部分是 OBPS，它为系统下的每个部门设置了一个排放强度标准。OBPS 适用于发电、排放密集和贸易暴露的工业设施，纳入 OBPS 的基准线是每年排放量大于或等于 50 $ktCO_2e$ 的设施，同时也允许合格设施自愿参加。排放超过标准的设施必须支付联邦燃料费（Federal Fuel Charge）规定的碳价，提交购买的剩余信用额度或符合条件的抵消额度。碳税是对化石燃料的监管，根据计划，加拿大联邦碳污染价格将在 2019 年以每吨 20 美元的低价开始，直到 2022 年达到每吨 50 美元为止，每年以每吨 10 美元的价格上涨。碳税涵盖范围包括各种液体、固体和气体燃料以及可燃垃圾。联邦燃料费通常不适用于工业设施使用的燃料，其排放是基于产出的定价系统（Output-Based Pricing System，OBPS）。

在过去的两年中，联邦政府一直在与各省和地区合作，以确保加拿大各地都有碳定价机制。2018 年 10 月 23 日联邦政府公布了符合联邦基准的省份和地区，以及联邦支持体系将适用于哪些地区。联邦 OBPS 于 2019 年 1 月 1 日生效，联邦燃料费于 2019 年 4 月 1 日生效。符合联邦基准的 3 个省将继续实施其现有的碳定价措施，它们是阿尔伯塔、英属哥伦比亚和魁北克。纽芬兰和拉布拉多、西北地区、新斯科舍和爱德华王子岛 5 地基本符合联邦基准的碳定价倡议，但对于大型工业设施要选择联邦 OBPS。努纳武特、育空和爱德华王子岛适用于联邦支持系统，但由于各州情况不同，努纳武特和育空于 2019 年 6 月 1 日才实施。联邦支持系统适用于这些省份：马尼托巴、新不伦瑞克、安大略和萨斯喀彻温，其没有达到联邦基准，需要选择联邦支持系统。其中，在萨斯喀彻温，联邦 OBPS 只适用于发电和天然气输送管道，因为该省自己的大型工业设施符合联邦标准。

4. 澳大利亚

新南威尔士温室气体减排计划（New South Wales Greenhouse Gas Reduetion Scheme，NSW GGRS）是全球最早实施碳交易的减排计划之一，它于 2003 年 1 月在澳大利亚新南威尔士州正式启动。NSW GGRS 是一个涉及 6 种温室气体为期 10 年的温室气体减排体系，其与欧盟排放交易体系最大的区别是，参加 NSW GGRS 的企业仅包含电力零售商以及其他负有减排义务的电力企业。为了保证交易制度的顺利实施，NSW GGRS 设计了一个以人均二氧化碳排放量为目标的温室气体减排框架，同时建立了企业超额排放的罚款制度。NSW GGRS 是全球最大的京都体制外碳市场，其运行过程受新南威尔士州独立价格和管理法庭（IPART）的监督。

5. 中国

中国碳市场的核心要素包括配额总量、覆盖范围、配额分配、排放数据的监测报告与核查（Measurement，Reporting and Verification，MRV）、履约考核、抵消机制以及市场交易 6 个方面。相比于国际碳市场，中国国内碳市场起步较晚。2017 年 12 月 18 日国家发改委在《全国碳排放权交易市场建设方案（发电行业）》中声明，中国碳市场建设需要依次经历"基础建设期""模拟运行期"和"深化完善期"。在基础建设期，完成全国统一的数据报送、注册登记和交易系统的建设，深入开展能力建设，提升各类主体参与能力和管理水平，开展碳市场管理制度建设，耗时一年左右。在模拟运行期，开展发电行业配额模拟交易，全面检验市场各要素环节的有效性和可靠性，强化市场风险预警与防控机制，完善碳市场管理制度和支撑体系，中国现处于模拟运行期。在深化完善期，发电行业交易主体间开展配额现货交易，交易仅以履约（履行减排义务）为目的，履约部分的配额予以注销，剩余配额可跨履约期转让、交易。2017年12月19日全国碳市场正式启动，以此为节点地方政府参与全国碳市场建设可分为"基础建设阶段"和"实施运行阶段"。

事实上，在建立国家碳市场之前，我国已先行开展了试点城市的碳市场建设工作。2011年10月国家发展改革委印发了《国家发展改革委办公厅关于开展碳排放权交易试点工作的通知》，到2013年，深圳、上海、北京、广东、天津试点启动；2014年湖北、重庆试点启动；2016年福建碳市场启动，四川联合环境交易所启动CCER（国家核证自愿减排量）交易，截止到2019年全国一共有8个碳交易试点，横跨中国东、中、西部地区，在经济结构、能源结构、产业结构等方面具有较大差异和较强的代表性，共覆盖了电力、工业、建筑、交通等多个行业近3000家重点排放单位，2017年年排放配额总量约为12亿吨二氧化碳（见表4-3）。

表4-3 中国8个碳市场试点城市概览表

省市	纳入行业	纳入标准	重点排放单位数量（2017）	减排目标
北京	电力、工业、建筑、交通	5千吨以上	943	到2020年，与2015年相比，碳强度减少20.5%
天津	电力、工业	2万吨以上（包括直接排放和间接排放）	109	到2020年，与2015年相比，碳强度减少20.5%
上海	电力、工业、民航、交通、建筑	电力和工业：2万吨二氧化碳/年或1万吨标准煤/年；那些已经参与2013—2015阶段的企业，他们的标准：每年1万吨二氧化碳或5000吨标准煤 交通：1万吨二氧化碳/年或5000吨标准煤/年，其中，航空和港口为10万吨二氧化碳/年或5万吨标准煤/年，直接和间接排放 建筑：1万吨二氧化碳/年或5000吨标准煤/年	381	到2020年，与2015年相比，碳强度减少20.5%，且总二氧化碳排放量将限制在2.5亿吨以内

续表

省市	纳入行业	纳入标准	重点排放单位数量（2017）	减排目标
重庆	电力、工业	2万吨二氧化碳/年或1万吨标准煤/年	195	到2020年，与2015年相比，碳强度减少19.5%
湖北	电力、工业	2014年：2014—2016年，每年的能源消耗量超过1万吨标准煤 2015年：2010—2011年，每年的能源消耗量超过6万吨标准煤	344	到2020年，与2015年相比，碳强度减少19.5%
广东	电力、航空、民航	2万吨二氧化碳/年或1万吨标准煤/年	246	到2020年，与2015年相比，碳强度减少20.5%。
深圳	电力、工业、建筑、交通	企业：3000吨二氧化碳/年 大型公共建筑、政府大楼：1万平方米	808	到2020年，与2005年相比，碳强度降低45%；到2022年，温室气体排放量达到峰值
福建	电力、工业、民航	2013—2016年任何一年的能源消耗在1万吨标准煤以上	255	到2020年，与2015年相比，碳强度减少19.5%

数据来源：ICAP《2019全球碳市场进展报告》。

随着区域碳交易体系的逐步建立，全球碳市场的规模将不断增大。然而，以京都机制为基础的碳市场在未来还存在诸多不确定性：

第一，碳市场的规模取决于未来可能达成的全球减排方案。只有市场存在对碳排放权的需求，碳交易才有存在的意义。目前在已做出减排承诺的国家中，欧盟作为一个整体，其表现最为积极。欧盟计划的长期目标是要实现至2050年温室气体减排80%~90%（EU Commission，2012）。然而，以美国为代表的其他发达国家在减排力度上远不及欧盟，能否进一步减排尚存在不确定性。此外，对于碳排放总量处于上升过程中的广大发展中国家来说，总量减排仍遥遥无期。

第二，有效发挥碳市场对全球减排作用的关键在于对未来可能出现的区域性碳市场进行整合，以形成一个范围更广，甚至全球性的碳市场，大规模的碳市场将更有利低碳技术的传播以及减排成本的降低。从现有碳市场的分布来看，主要集中在发达国家。然而，即便是对经济发展水平相当的两个区域性碳市场进行整合仍存在诸多困难，比如区域配额分配问题、交易价格形成机制问题等。

第三，在保证可持续发展的前提下，如何让发展中国家有效地参与全球碳市场尚不明晰。虽然 CDM 为发达国家与发展中国家之间的合作减排提供了一个平台，但其效果并不理想。在如何对 CDM 进行改革的问题上，发达国家与中等发展中国家存在巨大的分歧：一方面，发达国家要求中等发展中国家适时退出该机制，并加入基于配额的碳市场中；另一方面，中等发展中国家提出，CDM 改革应倾向对机制细节的完善，而非机制本身。如何构建一个兼顾发达国家与发展中国家权益的碳交易平台仍将面临挑战。

第四，国家内和国家间的政策工具协调将有可能对未来碳市场的发展带来影响。显然，在碳市场运行过程中不可避免地需要结合其他政策，比如产业政策、贸易政策等。碳市场的健康发展必须避免这些政策对市场机制的干扰。

虽然未来碳市场的发展仍存在不确定性，但全球减排行动势在必行，各个国家对碳排放权的需求也将长期存在。从有效降低减排成本的目的来看，未来碳市场还有很大的发展空间。可以想象，未来在全球范围内形成一个统一的类似 WTO 的全球碳市场是有可能的。

第二节　EUETS：代表性区域碳市场

从 2006 年开始，EUETS 已成为全球最大的碳市场。2010 年 EUETS 成交额达 1198 亿美元，占全球碳交易成交额的 84%。目前，EUETS 已经发展成为一个与国际金融和能源市场有着密切联系的碳市场，并形成了包括场外、场内、现货、衍生品在内的多层次市场结构，它为欧盟实现《京都议定书》第一承诺期的减排目标做出了巨大贡献，给全球碳市场的发展提供了重要的借鉴意义。

一、EUETS 的发展历程

作为全球首个碳排放权交易体系，EUETS 的设计和建立并没有经验可寻。因此，欧盟将 EUETS 设计为阶段性发展的模式，第一阶段为 2005—2007 年，第二阶段为 2008—2012 年，第三阶段为 2013—2020 年，第四阶段为 2021—2030 年。

第一阶段（2005—2007 年）也被欧盟视为试验阶段，以此来探索碳排放权交易制度的建立和运作、配额的确定和分配、碳市场的规范和管理等一系列内容。试验阶段的结果也为后续规划和调整提供了依据。

EUETS 发展的第一阶段涵盖了欧盟 27 个成员国（其中保加利亚和罗马尼亚于 2007 年 1 月 1 日加入欧盟），囊括了 7000 多家企业的约 11500 台排放设备。该阶段仅将二氧化碳作为被控制排放的气体，被限制的部门主要包括能源活动部门、有色金属生产与加工部门、建材业部门（包含水泥、玻璃、陶瓷等）以及纸浆、造纸、纸板生产部门。

在第一阶段，各成员国制定国家分配计划并提交欧盟，欧盟则以此为基准分配碳排放的额度。在这个阶段，至少 95% 的配额为免费分配，剩余部分由成员国以拍卖或其他形式来分配，并且规定当年度的配额需要在 2 月 28 日前发放。在配额分配方面，按照成员国来看，德国占总配额的 22%、英国占 12%、法国占 6%。按照生产部门来看，公共电力与采暖占总配额的 53%，金属生产与加工占 13%，水泥、石灰与玻璃的生产占 13%。欧盟通过第三方认证机构对企业的碳排放进行审核，超额排放的企业将被处以每吨二氧化碳 40 欧元的罚款。主要的配额交易产品为 EUA 和 CER，交易方式为现货、期货和期权。此外，欧盟还允许配额的预借，但是不允许配额的存储。

EUETS 运行第一年就进行了总价值约 82 亿欧元的 3.22 亿吨二氧化碳排放权交易，第二年交易量达到 9.9 亿吨，总价值约 180 亿欧元，第三年交易量更是飙升至 16 亿吨，总价值约 260 亿欧元。但是，该阶段欧盟碳市场也遇到了配额过剩的问题。截止到第一阶段结束，市场中存在 1.6 亿吨左右配额盈余，这相当于排放量最大的企业（德国的 RWE 电力公司）一年半的排放量，也相当于排放量排名前 4500 的企业（占排放企业总数的 68%）3 年的总排放量。

第二阶段（2008—2012 年）的时间跨度与《京都议定书》的承诺时间一

致，这意味着欧盟正式开始履行《京都议定书》规定的8%减排目标。冰岛、挪威和列支敦士登这3个非欧盟国也加入进来。除了二氧化碳之外，一些成员国也引入了对氮氧化物的控制。在第一阶段的基础上，第二阶段被限制的部门和工业设施的二氧化碳总排放量接近欧盟的一半，温室气体总排放量占到欧盟的40%。2012年1月1日，航空业也被纳入EUETS中。在2005年的基础上，欧盟要求各国平均减排达到6.5%，国家分配计划强调"一致、公平和透明"。

第二阶段依然采取国家分配方案的形式。欧盟规定最多10%的配额可被拍卖，其余为免费发放。允许企业存储配额，并且存储的配额可以沿用到第三阶段（2013—2020年）。此外，还有更加严格的惩罚措施，企业超额排放的部分将被处以每吨100欧元的罚款，并且次年的排放额度将扣除超额排放的数量。该阶段主要的配额交易产品为EUA、CER和ERU。航空部门设立独立的交易标的（EUAA），与其他部门之间不能通用。

配额过剩的问题在第二阶段同样存在，碳排放权的交易价格也一度剧烈波动。但是第二阶段的发展相较于试验阶段还是取得了不小的进步，一方面，碳排放权交易量快速增长，EUETS的市场交易量占全球交易总量的比重由2005年的45%增长到2011年的76%；另一方面，EUETS市场的价格机制初步形成，参与交易的主体也越来越多样化，市场流动性也越来越强。至2012年第二阶段截止时，欧盟排放总量相较1980年减少19%，而经济总量增幅达45%，单位GDP能耗降低近50%。

第三阶段（2013—2020年），通过对前两阶段的总结，欧盟对EUETS做出了一些调整，涵盖的国家又加入了克罗地亚，控制排放的气体包括二氧化碳、氮氧化物和全氟化合物（PFCs）。被限制的部门和装置引入了碳捕获和储存装置、石化产品的生产、氨、有色金属和黑色金属、石膏、铝以及硝酸、己二酸和乙醛酸的生产，覆盖了欧盟60%的温室气体排放。欧盟的目标是，2020年温室气体的排放量在1990年的基础上减少20%。同时，欧盟取消了国家分配方案，采用欧盟范围内的排放总量限制。总量由欧盟确定，配额由欧盟集中发放，发放的配额数量参照第二阶段发放配额数量的年平均值，然后每年下降1.74%，并且促使配额逐渐实现100%拍卖。

第三阶段同样允许企业存储配额，超额排放的惩罚制度与第二阶段一致。主要的配额交易产品为EUA、CER和ERU。但是在第三阶段只允许使用来自最不发达地区的 CER，其他发展中国家需要与欧盟签订协议，才能出口基于能效和可再生能源项目的减排信用。同时，航空部门的配额依然无法与其他部门通用。

经过十几年的发展，EUETS 的发展即将步入第四阶段。目前，EUETS 涵盖了 31 个国家，已经成为全球规模最大、覆盖国家最多的碳排放权交易体系。同时，也成了全球碳排放权交易体系的示范者和引领者，为其他国家和地区碳排放权交易的发展提供了重要的参考和借鉴。

纵观欧盟碳排放权交易体系的发展，第一阶段的试验是对 EUETS 制度的探索，配额分配以及政策制度相对宽松，给了企业充足的调整和适应时间，也为下一阶段的发展规划打下了基础。第二阶段，减排部门覆盖范围以及超额排放的惩罚措施进一步加大，并且有针对性地增加了拍卖配额的比重。第三阶段，欧盟继续增加配额拍卖的比重，旨在推动 EUETS 价格机制的形成与发展，逐步促进碳排放配额从计划配置向市场配置过度，实现碳排放权交易体系的市场化与规范化。在未来的第四阶段，随着时间的推移，欧盟将不断加强减排力度，逐渐缩小碳排放配额的上限，以此来完成相应的减排任务。表 4-4 对 EUETS 的发展阶段做了简要概述。

表 4-4 欧盟碳排放权交易体系概览表

类别	内容明细
涵盖范围	27 个欧盟成员国以及 3 个欧洲经济区欧洲自由贸易协会（EEA-EFTA）成员国：冰岛、列支敦士登和挪威
温室气体总排放量	4353 $MtCO_2e$（2016 年）
各部门的温室气体排放总量	能源：3391 $MtCO_2e$ 工业：386 $MtCO_2e$ 航空：436 $MtCO_2e$ 废弃物：140 $MtCO_2e$
温室气体减排目标	2020 年：比 1990 年温室气体排放降低 20% 2030 年：至少低于 1990 年温室气体排放的 40% 2050 年：欧盟领导人承诺比 1990 年温室气体排放降低 80%~95%
碳价	2018 年二级市场平均价格为 18.76 美元/吨 $MtCO_2e$ 二氧化碳当量

续表

类别		内容明细
阶段特征	第1阶段 （2005—2007年）	部门及阈值：发电站和其他热额定输入大于20兆瓦的燃烧装置（危险废物或城市废物设施除外）、工业（各种阈值），包括炼油厂、焦炉、钢铁厂，以及水泥、玻璃、石灰、砖块、陶瓷、纸浆、纸张和纸板的生产 配额上限：2005年2096 $MtCO_2e$ 配额分配方式：通过建立成员国家分配计划，几乎100%免费分配，少部分成员国使用拍卖
	第2阶段 （2008—2012年）	部门及阈值：2012年引入航空业务（商业航空业务>10000 t二氧化碳/年），一些国家将生产硝酸所产生的一氧化二氮的排放量包括在内，EUETS也扩大到包括冰岛、列支敦士登和挪威 配额上限：2009年2049 $MtCO_2e$ 配额分配方式：约90%的配额是免费分配的。在8个成员国之间（德国、英国、荷兰、奥地利、爱尔兰、匈牙利、捷克共和国和立陶宛）进行拍卖，占总配额的约3%
	第3阶段 （2013—2020年）	部门及阈值：引入了碳捕获和储存装置、石化产品的生产、氨、有色金属和黑色金属、石膏、铝以及硝酸、己二酸和乙醛酸的生产 配额上限：2013年2084 $MtCO_2e$ 且每年以1.74%的速度下降 配额分配方式：57%的配额将被拍卖，而剩余的配额免费分配
	第4阶段 （2021—2030年）	部门及阈值：没有变化 配额上限：下降速度调整为2.2% 配额分配方式：第4阶段修订方案的核心组成部分之一是确保以最有效的方式分配数量减少的免费配额，为此，在该阶段基准线将更新两次，以反映不同部门的技术进步

资料来源：International Carbon Action Partnership，https://icapcarbonaction.com/en.

为了促进碳市场的发展，EUETS提出了开发欧盟独立交易登记系统（CITL），以更好地管理欧盟各国的碳排放交易体系。根据2003/87/EC指令规定，各成员国须建立各自的登记注册系统并负责本国碳排放配额的管理和系统维护，成员国间的登记注册系统可以实行系统对接。每个登记注册系统必须设有欧盟管理员账户与国家管理员账户，用于行使系统管理职能，同时可以为申请排放权配额的企业设立企业账户，也允许个人申请开设自己的个人账户。当成员国的国家配额计划被核准后，欧盟管理员会将各国的排放总额发放到其管理账户，然后由其管理账户发放至企业账户，并预留一定比例的配额发放给新进入行业者。注册系统中的账户配额只能在欧盟内部的碳排放权注册系统、清洁发展机制注册系统中进行转移。针对每个配额交易过程，欧盟独立交易系统都会进行两道程序的核查，只有通过验证无误，交易才能生效。

2005年EUETS开始运行时正式启用CITL。2008年，欧盟登记机构将其与CITL的连接转向与国际碳交易登记系统（International Transaction Log, ITL）的连接。其中，ITL负责对欧盟和非欧盟的登记机构所提交的交易记录进行"京都核查（Kyoto Checks）"。2012年欧盟启动了针对所有用户的单独的欧盟登记机构（EUTL），这一系统保留了原本由CITL记录的设备账户和个人账户的一切信息。下面对CITL的相关信息做简要介绍。

- CITL登记的主要内容包含：各国的主要固定排放设备配额分配情况、航空设备配额分配情况、设备履约状况、设备持有账户（OHA）信息、国际配额使用信息和各类配额发行总量等。
- 交易记录的主体主要包含3个层面：①负责规定减排目标及各成员的减排义务的欧盟。②制定成员国分配计划的欧盟各个参与国。③企业等获得一定数量的排放配额并进行交易的市场交易主体。
- 交易记录的数据结构主要包含5个方面：配额流出账户、配额流入账户、交易类型、交易时间、交易量，其中配额流出账户和配额流入账户分别包括国籍、账户名称、账户类型及相关设备信息；交易类型分别为发行、分配、交易、清缴、作废和注销操作项目；交易时间为配额事件发生实体转移的时间；交易量主要可涉及每一单位配额都有唯一编号，可追溯其最初发行于哪个国家和适用的阶段。从上述交易内容上可以看出，相关的交易数据主要记录了配额在不同账户之间的转移，进而可以根据时间和国籍等信息明确整个交易系统内运行的状态，但是为保护交易者的权益，欧盟交易数据的公开存在3年的延迟。
- 交易记录的特点主要包含3个方面：首先，是交易系统的闭合性，

EUTL 记录了每一单位配额从发行到作废的详细信息，因此可验证配额在 EU-ETS 中的流转构成了一个闭合系统。其次，是只记录实体转移数据，所以也就无法追溯二级市场上的交易。最后，就是整个交易系统内部包含企业信息和排放设备信息，学者可进行企业微观层面的研究，进而可以更好地从微观角度来观察碳排放交易过程。

二、EUETS 的核心机制

EUETS 的出现为全球碳市场的发展提供了一个实战范本，其运行数据、机制和经验具有重要的参考价值。下面分别从配额分配及存借、价格管制及辅助这两个方面对 EUETS 的核心机制做简要介绍。

1. 配额分配及存借

碳市场得以正常运行的一个前提是碳排放权的配额分配。为此，EUETS 分别从国家和国内这两个层面做出设计。

首先，在国家层面，为了减轻在欧盟内部推行碳市场的国家阻力，加快总体市场进程的顺利实施，NAP 被 EUETS 设定为国家间配额分配的基础。NAP 规定了一个国家自行上报的配额分配方案，即参照欧盟排放交易指令，欧盟各成员国自行确定本国的用于分配的碳排放权总额，以及具体的企业分配方法。然而，这个方案是有缺陷的，主要表现为：源自各国的自行申报国家配额方案在原则上都可被 NAP 无条件接受，这就使得 EUETS 在第一阶段和第二阶段的国家配额出现供给过剩。进一步地，因 2008 年全球金融危机带来需求降低的影响，最终导致了 EUETS 运行初期的碳价格不断下跌，甚至接近于零。为了应对这个问题，EUETS 于其第三阶段推出了国家履行措施（NIM），将发放国家配额的权力由国家自行申报提升至欧洲委员会集中管理，并监督执行。

其次，在国内层面，EUETS 在其运行初期采用了以"世袭原则"，即根据减排单位历史碳排放量来确定其配额分配份额，以免费配额分配为主、拍卖为辅的配额分配方法。可惜的是，由于碳排放信息与数据基础的不完善，这种配额分配方法受到了大量抨击。因为这种分配方法既会严重降低已经采取减排措施的企业开展进一步减排的积极性，也不利于高成长的企业与行业的发展，同时还限制了新企业进入市场。为了应对这个问题，在EUETS第三阶段，免费配额分配方法开始从"世袭原则"转向"基线原则"，即以一个能代表其部门效率最优的10%的企业生产效率为基准，乘以相应行业中各企业的历史产出及调整系数，来确定企业实际能分配到的免费配额分配方法。与"世袭原则"相比，"基线原则"同等对待企业原有产能与新增产能，同时兼容产能扩张与新增企业，它鼓励企业通过提高生产效率来实现减排目标。然而，实施"基线原则"面临一个困难，即其对数据需求量大，甚至需要包括企业乃至设备层级的生产能耗与碳排放记录，以及详细的产品产量数据等，因此，"基线原则"在EUETS运行的第一阶段和第二阶段推行难度较大。由于"世袭原则"和"基线原则"都是通过历史数据来分配碳排放权配额，它们均带有一个与生俱来的缺陷，即配额发放具有时滞性，不能对市场变化做出实时响应。为此，EUETS在第三阶段还引入了一个配额分配的动态调整机制。该机制为各行业规定了一个调整系数临界值（ALT），当该行业内的某一企业生产规模低于临界值时，则调整或取消该企业的免费发放配额，实现动态调整。另一方面，为提升经济效率，增加配额分配过程透明性，EUETS的第三阶段大大提升了配额拍卖份额，从第一、二阶段的最多10%提升到最少30%，且计划2020年达到70%，尤其是，电力行业自2013年起取消免费配额，而所有配额均采用拍卖方式获得。

　　为了使企业能够在一个固定时期内有效使用配额，保障其长期战略规划不受影响，同时激励减排主体尽早开展节能减排行动，EUETS允许企业存储和借贷部分配额。在这种情况下，企业可以将当期节约的碳排放权配额留存起来以抵消下一期因扩大生产规模或者其他行为而产生的超额排放，当然也可以在碳市场进行转让。EUETS规定，每年2月发放年度配额，4月提交上年度配额使用情况，在这期间，允许企业用当年配额抵消其上一年的碳排放。事实上，配额存储与借贷会影响碳市场的运行价格，因而其设计规则在很大程度上取决于市场环境以及政策取向。例如，在EUETS的第一阶段，基于NAP的成员国自行上报配额在早期阶段存量过剩，配额价格从2005—2006年的比较稳定逐步过渡到2007年末的碳市场价格趋近于零。为了防止在第二阶段进一步积累剩余配额，稳定碳排放权的市场价格，增强市场运行的有效性，EUETS禁止第一阶段配额被跨期存储到第二阶段使用。与此相反，在2012—

2013年，也就是EUETS的第二阶段向第三阶段过渡时期，当时为了抵制因全球金融危机导致的经济萎缩、配额需求下降等不利影响，从而稳定碳市场价格，第二阶段的剩余配额被允许延续至第三阶段使用。

2. 价格管制及辅助

保持碳排放权价格的稳定是保障市场有效运行的一个重要手段。纵观EUETS的三个运行期，自2005年以来，由于初始分配带来的各种问题、全球金融危机，以及第一阶段到第二阶段配额失效等因素影响，交易市场的碳排放权价格经历了剧烈波动。例如，在其运行的第一阶段，EUA价格在半年内由8欧元快速上升到30欧元；又例如，在2006年的4—5月份，EUA价格在更短的一个月内由30欧元骤然下降到10欧元左右，且于当年年底开始持续下跌至接近于零。

为了避免碳排放价格剧烈波动，一个有效的办法是设定碳排放权价格的上限和下限。相关研究表明，在有拍卖分配配额的交易市场中，可以将拍卖底价设定为交易价格下限，由政府出资以该价格收购市场交易品，以保证市场价的稳定、提供长期的价格信号，促进相关投资。在2008—2009年，EUETS所采取的持续回购市场碳配额行为，就相当于是一种设定价格下限的政府管制行为，它在一定程度上提高了碳排放权的市场价格，起到了稳定市场的作用。另外，当市场配额稀缺时，可以引入一些类似于价格上限的辅助机制来协助稳定市场价格。例如，EUETS允许使用CDM产生的排放减量权证CER，或者JI产生的减排单位ERU来抵减自身排放。在这种情况下，CER与ERU就与欧盟排放配额EUA在EUETS市场上具有了同等效力。数据显示，与发展中国家合作的CDM项目在EUETS第一阶段的2006—2007年期间提供了相当于EUETS市场配额总量的30%左右。其结果是，这种将CER和ERU等减排指标纳入EUETS的市场交易辅助机制大大降低了EUA的交易价格，或者说降低了企业减排的履约成本。事实上，通过引入CDM与JI等辅助交易机制，可以为EUETS以外的全球其他地区提供减排激励，从而带来显著的减排拉动效应。但它同时相当于释放了大量的EUETS市场配额，减少了EUETS成员国的减排意愿，从而会对稳定EUETS的碳排放权交易价格带来冲击。研究结果表明，CDM与JI项目的实施为《京都议定书》成员方中的发展中国家和一部分碳排放权配额较富裕的《京都议定书》附件一国家带来了巨额的收益，造成了不同国家间因减排成本差异而产生的分歧，降低了市场的公平性。因此，通过规定 CER 和 ERU 的使用比例来限制外部主体的过度参与，可在一定程度上提高 EUETS 碳市场交易价格的稳定性。

总的来说，作为全球范围内涉及排放规模最大、流动性最好、影响力最强的温室气体减排交易体系，EUETS 在其运行期间，经历了全球经济繁荣背景下的碳市场的蓬勃发展，以及随之而来的全球经济危机、经济下行所导致的市场冲击与价格异动。一方面，它为世界各国提供了一个有效的碳市场运行机制范式，并积累了大量的数据与经验，另一方面，它也存在着诸多问题，值得进一步研究与借鉴。

第三节　碳税

一、基本概念

政府应对气候变化的核心问题是碳定价。除碳交易外，碳税是另一种被广泛应用于应对气候变化的政策工具。通过征收碳税，污染者需要为其排放到大气中的碳付费。

- 当你购买依赖于碳密集型材料或制造过程的产品时，你所支付的价格并不代表环境带来的成本，例如，用于生产产品的铁矿石可能来自污染严重的矿山；用于为制造厂供电的电力可能由不清洁的煤矿提供；用于将产品运输到超市的工厂卡车可能使用高含碳的化石燃料……这些可能并不会对产品价格带来任何影响。然而，通过征收碳税，生产产品所涉及的碳污染量将开始计入其最终价格。其结果是，通过高污染工艺生产的产品将变得更加昂贵，从而使通过清洁工艺生产的其他产品有可能在价格上更具竞争力。

所谓碳税，是指针对二氧化碳排放所征收的税，其目的是通过削减二氧化碳排放来减缓全球变暖，纠正环境负外部性影响。碳税通过对燃煤和石油下游的汽油、航空燃油、天然气等化石燃料产品，按其碳含量的比例征税来实现减少化石燃料消耗和二氧化碳的排放。在这种情况下，个人、商业组织和公共事业机构将尽量减少对化石能源的依赖：个人可能会减少私家车的使用而增加公共交通，并采用节能产品以替代高能耗产品；商业组织可能会通过更新新型设备来提高能源利用效率；公共事业机构可能会增加使用改良工艺的减排设施来减少温室气体排放。按照第一章外部性的理论分析，碳税是一种"庇古税"，它以实现帕累托最优的市场效率为目标来引导资源配置优化。通过建立碳税制度可使不同企业根据其自身减排成本来制定其碳排放量。一般而言，征收碳税可引发以下多方面效应，例如：

● 减少排放：随着税率的提高，碳税的减排效应不断增加，但不同国家并不一致，发达国家的碳排放多属于奢侈排放碳，碳税的减排效应较为显著；而发展中国家的碳排放多属于生存排放和发展排放，碳税的减排效应相对较小。

● 经济增长：征收碳税，一方面会降低私人投资的积极性，从而在短期抑制经济增长；另一方面可增加政府收入，通过政府投资对经济增长起到正向作用，从长期来看，这将促进企业研发创新、降低减排成本，从而有利于经济的可持续发展。

● 能源消费结构：由于碳税提高了化石能源的使用价格，相关企业将被迫采取节能技术，加速清洁能源替代，最终改变能源消费结构。

● 收入分配：与财产税、所得税等能直接调节收入分配、促进社会公平的税种不同，碳税由于具有分配累退性，会扩大资本与劳动的收入分配差距，加大收入分配不公。❶

经济合作暨发展组织（Organization for Economic Cooperationand Development，OECD）在1999年发布的"环境税收报告"中对绿色税收的概念进行了详细阐述，这段话同样适用于碳税："绿色税收首先是借由税制体系之绿色

---

❶ 累退性主要是指纳税人的税负随着收入的增加负担变小，不符合量能纳税原则。与富人相比，虽然穷人对常规能源的消费总量不大，但其消费支出占收入结构的比重较大，由于碳税提高了常规能源价格，站在总量的角度来看，对消费的影响不大，但站在结构的角度来看，对消费的影响较大。

化,在税收中立的前提下,删除现行具扭曲性的补贴及赋税、改革现行税制、开征新的生态税;再者,将环境收用于减少劳动税(所得税与员工及雇主的社会福利税等负担),则雇主将会有较大意愿雇用低所得阶层的劳动者,因而得以发展创造出就业的潜能。惟大部分环境税最终将转嫁于消费大众(包含员工),进而可能产生新的扭曲税制,因此要达到显著的就业效果,就必须大幅减少劳动税,同时必须将征收所得庞大的环境税,用以弥补劳动税之减少,以降低新扭曲税制的产生。"

征收碳税的根本目的是希望通过碳税来推广高效能源使用,减少因化石能源使用导致的二氧化碳排放。然而,常规燃料,如煤、石油和天然气的碳含量是各不相同的。如果按照重量或体积对这些不同类型的燃料征收相同税收,那么就无法实现通过碳税用相对清洁的燃料(如天然气)来替代相对污染的燃料(如煤和石油)的目标。换言之,征收碳税必须结合不同燃料的碳含量。一般而言,制定碳税税率的大小通常以英热单位(一种标准化的、可计量的单位)为基准,而不是重量或体积。每种燃料都需要根据其按英热单位计算出的热量含量来确定税率。于是,根据碳含量的不同,不同燃料的税率也呈现出差异。参照美国碳税中心(Carbon Tax Center)制定的税率规制,如果以每排放一吨碳的税费为50美元的标准,那么,根据几种主要燃料的热含量计算出的每百万英热单位燃料的价格如表4-5所示。

表4-5 基于热含量的不同燃料碳税税率

燃料	碳税税率(美元/吨)	燃料	碳税税率(美元/吨)
褐煤	1.47	原油	1.12
次烟煤	1.45	汽油	1.07
烟煤	1.40	天然气	0.80
残余燃料油	1.18		

不同的碳税方案对征收方式的选择各不相同。碳税可在生产和消费的不同环节征收,大致有3种:第一,供应链的顶部——生产商(如采煤商和采油商)与供应商(如煤炭发货商和炼油厂);第二,分销商——石油公司和公用事业机构;第三,消费者。

碳关税是一种与碳税相关的税种。早期提出碳关税的目的是要在欧盟碳排放交易机制运行后，避免欧盟国家所生产的商品遭受不公平竞争，特别是境内的钢铁业及高耗能产业。因此，它是欧盟国家对未遵守《京都议定书》国家征收的商品进口税。在国际贸易中，碳关税属于"边境调节税"的范畴，或者说是一国政府对尚未实施强制性节能减排的外国企业产品征收的一种惩罚性关税。

- 2009年6月，美国众议院通过了《清洁能源与安全法案》，该法案提出，在2012年后，总统有权对从工业温室气体高排放国家进口的产品征收碳关税。
- 2009年9月法国联合德国针对未做出足够减排承诺的国家向联合国提出引入"适当调节税"，由于存在操作困难以及潜在的贸易战风险未获通过。2010年3月欧盟部长会议再次将碳关税提上议程，讨论是否在欧盟边境上征收该税。
- 2011年5月，欧盟宣布从2012年开始将航空业纳入其排放交易体系。这意味着飞经欧盟的航空公司除了分配获得的排放许可之外，需要另行购买超出排放配额的部分，实际上是对国外航空公司开始征收"碳关税"。

与碳税相关的另一种税为能源税。能源税泛指对各种能源征收的所有税种的统称，包括国外征收的燃油税、燃料税、电力税以及我国征收的成品油消费税等各个税种。能源税已经在我国征收，虽然碳税与能源税的效果都能够促进二氧化碳减排和能源节约，但与碳税相比，能源税的气候保护针对性不强。

二、发展历程

当前，碳税正成为全球各国开展温室气体减排的一个主要手段。从历史的角度来看，碳税已经发展了一段时间并开始趋于成熟。在20世纪70年代之前，许多国家关于环境保护的政策大多是采用政府管制的方法，然而，政府管制的一个主要缺陷是效率低下。到了20世纪80年代中期，欧洲地区的部分国家开始用市场化的方式将环境问题的外部性内化为企业内部的问题，并从源头上进行控制，开始征收环境税（Environmental Tax）。总体上，早期有关碳税概念的前身大致可向前追溯并区分为下面两个阶段：

- 第一阶段：20世纪70年代到20世纪80年代。在这个阶段，人们对于环境问题的认识还很初步，保护环境意识也较为薄弱。在环境治理方面，主要采用污染者负担的基本原则，即要求排污者支付排污行为成本。可以说，当时的污染税收是一种出于环境保护目标的调控手段，税收的一些措施已具备一定的环保促进作用。这个时期税收的主要特征是补偿成本的收费。
- 第二阶段：20世纪80年代至20世纪90年代中期。在这个阶段，为了增加财政收入同时引导人们的环保行为方式，政府开始有针对性地增加各种环境税收。例如排污税、产品税、能源税、碳税和硫税等纷纷出现。

到了20世纪90年代，为应对气候变化、减少二氧化碳排放，碳税的概念开始被提出并迅速推广开来。芬兰是最早征收碳税的国家，于1990年开始实施。此后，瑞典、挪威、荷兰、丹麦、斯洛文尼亚、意大利、德国、英国等国家也相继开征碳税。随着《京都议定书》的颁布实施，"碳税"概念得到全面发展，以欧盟为代表的欧洲国家在税收方面开始了从简单地征收污染税到全面、系统地调整税制，以表现税收的整体环保要求。当前，碳税已成为了许多国家制定碳减排政策的一种主要手段。在已经开始实施相关税收政策的国家中，芬兰、丹麦、德国、日本是做得较为成功的国家，表4-6对这些国家征收碳税的相关实践做了简要对比。

表4-6 五国碳税相关实践对比

国家	丹麦	荷兰	芬兰	德国	日本
税目	碳税	能源税	碳税	能源税	环境税
开征年份	1992	1990/2007	1990	1999	2007
课税对象	煤、柴油、电力、重燃油、轻燃油、天然气等能源	电力、轻燃油、天然气/包装材料征收碳税	煤、柴油、电力、无铅汽油、轻重燃油、天然气及其他能源产品	摩托燃料、轻燃料油、天然气和电力	家庭和办公室的燃料；工厂、企业等生产过程中使用的化石能源
课税标准	CO_2排放量	碳含量和热值	CO_2排放量	CO_2排放量	CO_2排放量

续表

国家	丹麦	荷兰	芬兰	德国	日本
税率	1992年：13.4欧元/吨CO_2 2005年：12.1欧元/吨CO_2	1990年能源环境税：3.13美元/吨CO_2 1990年能源调节税：12.1欧元/吨CO_2	1990年：1.2欧元/吨CO_2 2003年：18欧元/吨CO_2 2008年：20欧元/吨CO_2	1999年：15欧元/吨CO_2	2007年：655日元/吨CO_2
减免措施	缴纳增值税的企业可以享受50%的税收返还，而如果CO_2的净税负比较重还可以享受进一步的税收优惠，如电力部门给予免税优惠	碳税的征收按能源税/碳税各占50%征收，对于能源密集型部门可以豁免能源税，但不豁免碳税，并且开征能源管理税，大型能源消费者通过计划减排协议以缴纳很少的税	能源密集型企业税收返还	农业、国防、外交、慈善等用途车辆免征能源税；能源密集型企业签署协议将减免税	家庭每户每年减免2000日元；排放大户若进行减排，减免80%；钢铁、焦炭等行业生产所用煤免税；油减免50%；渔船用燃料免税

从碳税实施的行动和结果来看，征收碳税需要关注以下3个方面的细节问题：

• 第一，税率大小。一般而言，一国征收碳税税率的大小取决于该国的实际情况。例如，在开始征收碳税时，芬兰的税率为1.2欧元/吨，瑞典的税率为250瑞典克朗/吨，丹麦的税率为100丹麦克朗/吨等；然后，它们将根据之后的实施结果及社会经济发展状况，动态调整税率，以实现既定的减排政策目标。

• 第二，减免措施。虽然征收碳税能够减少二氧化碳排放，但同时也会增加企业生产成本，减少竞争力，不合理的碳税政策还有可能增加社会不公。因此，有针对性地开展碳税减免很有必要。这些措施通常包括对特殊企业减免碳税，补贴低收入人群等。例如，丹麦对缴纳增值税的企业给予一定比例的税收返还，对特殊行业或企业还可进一步减税，尤其是电力部门免税；荷兰征税区分碳税和能源税，相对于可豁免的能源税，能源密集型行业的碳税是必须征收的；瑞典碳税优惠区分工业部门和私人部分，如工业企业和能源密集型行业可享受特定的税收减免政策。

• 第三，使用途径。政府的碳税收入通常会用于以下几个方面：①按照国家一般预算收入上缴国库；②用于研发创新节能减排新技术；③投资养老基金；④退还企业以支持相关项目；⑤补贴特殊人群，如低收入家庭。

当前已有不少国家实施了通过征收碳税以减少二氧化碳排放的市场经济手段。如果以碳税实施状况为标准，全球大致可被划分为以下3个类型。

• 第一类是以芬兰、丹麦为代表的北欧国家。它们因实施碳税较早、力度较大，总体表现为这些国家的整个征收碳税体系较为完善。
• 第二类是以欧盟、澳大利亚为代表的发达国家或地区。虽然这些国家认同通过征收碳税以应对全球气候变化的这一市场经济手段，但由于本国的经济或社会政治等多方原因，在实施碳税政策的具体行动上表现犹豫。
• 第三类是以美国、日本为代表的国家利益优先群体。由于这些国家的政策导向始终是仅关注本国利益，使得它们在推广碳税方面表现得并不积极。

碳税之所以被全球多国政府采用，除了它是一种可以将碳排放外部成本内部化的有效手段之外，其另外的一个重要原因是，基于碳税的减排政策会对社会经济带来重大影响。碳税在全球的发展，可以说在某种程度上得益于学术界对于其减排效果和经济影响相融合的交叉研究。

这种研究可以追溯至1993年，Barker利用其构建的能源—环境—经济模型评估了碳（能源）税对英国经济的影响，评估结果表明，实施碳税可在保证对宏观经济影响较小的前提下，使1990—2005年间的碳排放量比基准情景（Business as Usual，BAU）减少12%以上。从供给与需求角度出发，Shrestha（1999）对比了不同碳税税率情景对印尼电力行业的影响，对比结果显示，在低税率情景下，高电价使得能源消费大幅降低，减排量较大；而在中、高税率情境下，企业通过技术进步提高能效，采用能源替代转向低碳能源，反而没能大幅降低能源消费，减排量却较小。Baranzini（2000）研究了碳税的国家（或企业）竞争力效应、转嫁效应及其环境影响效应。研究结果表明，实施碳税的主要负面影响可通过税制的设计及相应的财政支出得以弥补。Wissema（2007）在对爱尔兰实施碳税和能源税的经济影响分析中指出，碳税显著改善了供需市场的生产和消费模式，使其从传统模型向低碳能源模式转变，与仅征收能源税相比，同时征收碳税和能源税具有更好的减排效应，预计征收 10~15 欧元的碳税税率可实现比 1998 年碳减排 25.8% 的目标。可以说，通过融合气候变化经济学的经济建模技术来分析碳税的减排效应和经济效应的研究，在国际上已经趋于成熟。在国内，近年来也有越来越多的学者开展了与碳税相关的学术研究。例如，王铮、曲建升、朱永彬、刘宇等，有关更加详细的研究成果可以参照相关书籍，这里就不再复述。

在实践方面，当前我国还处于碳税发展的初级阶段，碳税还不是节能减排的一个实际政策工具，更不用说完整的碳税税制体系。与碳税相关的主要税种仅有：消费税、资源税、车船税、城市维护建设税以及固定资产投资方向调节税、增值税中规定的有关差别税率、企业所得税中规定的有关减免税条款等。但是从长远来看，碳税将是一项体现税收公平、兼顾气候环境与经济可持续发展的重要政策工具，开征碳税对于我国环境战略的制定和实施具有重大的意义。

第五章 应对气候变化的国际合作

随着气候变化问题研究的逐步深入，各国均普遍发现与承认，应对气候变化需要国际合作。因此，其实质是一个地缘政治经济问题，涉及各个国家集团的立场博弈。事实上，自20世纪90年代初，在UNFCCC框架下召开一年一度的全球气候大会以来，在国际气候谈判中形成了诸多立场和政策不同的国家集团，主要包括欧盟、以美国为首的伞形集团国家、"G77+中国"等。但随着科学不确定性和区域变化认识的深入以及对巴黎协定后存在问题的不同理解，应对气候变化问题的谈判阵营也在不断分化与重组。例如，以发展中国家为主的"G77+中国"在哥本哈根气候大会上出现了严重的分裂，小岛屿国家联盟和最不发达国家由于受到全球温度升高最直接的影响，他们对全球的升温控制目标、减排力度、资金支持方面均提出了较高的要求，这与"G77+中国"其他国家产生了分歧，使得小岛屿国家联盟（AOSIS）和最不发达国家正逐渐从"G77+中国"中分离出来。本章将从国际气候谈判历程出发，然后阐述主要国家的气候谈判立场演变，最后评估主要国家的巴黎协定自主贡献力度。

第一节 国际气候谈判

鉴于气候变化可能给自然环境和人类社会经济带来的影响，应对气候变化行动已经刻不容缓。纵观全球气候谈判，可以将气候变化的国际谈判分为3个阶段：

一、前京都议定书时期（1972—1996 年）

1972 年，联合国人类环境会议在瑞典斯德哥尔摩举行，这是具有世界规模的第一次环境大会，来自 133 个国家和地区的 1300 多位代表出席了此次会议，并通过了《联合国人类环境会议宣言》。自此，确定了人类和环境是不可分割的共同体，共同行动、保护环境是各国政府义不容辞的责任。然而，直到 20 世纪 80 年代末，政府和其他非政府组织才开始采取行动。

1988 年，为了给政策制定者提供有关气候变化领域全面、客观、公开和透明的科学问题研究成果，以评估气候变化对环境和社会经济的潜在影响以及应对气候变化措施，联合国环境规划署和世界气象组织成立了 IPCC。自成立以来，IPCC 分别于 1990 年、1995 年、2001 年和 2007 年发布了 4 次气候变化评估报告，对气候变化的最新研究结果进行了综合、系统和全面地评估。目前，作为科学界和政府间对气候变化科学认识的共识性文件，IPCC 的评估报告已经成为全球应对气候变化决策的重要依据。正是由于 IPCC 对全球气候变化领域做出的卓越贡献，2007 年瑞典皇家科学院诺贝尔奖委员会宣布将年度诺贝尔和平奖授予美国前副总统戈尔和 IPCC。

IPCC 第一次评估报告促成了各国政府间的气候对话，并推动了政府间谈判委员会（Intergovernmental Negotiating Committee，INC）的建立，从此开始了有关气候变化问题的国际公约谈判。历经 5 次会议，由 INC 起草的《联合国气候变化框架》（United Nations Framework Convention on Climate Change，UNFCCC）于 1992 年 6 月在巴西里约热内卢举行的联合国环境发展大会上获得通过，其最终目标是："将大气中温室气体的浓度稳定在防止气候系统受到危险的人为干扰的水平上。这一水平应当在足以使生态系统能够自然地适应气候变化、确保粮食生产免受威胁并使经济发展能够可持续地进行的时间范围内实现。"（UNEP，WMO，1992）。在此基础上，UNFCCC 确立了 5 个基本原则：（1）公平原则（共同但有区别责任），即要求发达国家应率先采取措施应对气候变化及消除其不利影响；（2）特殊性原则，即充分考虑发展中国家缔约方尤其是特别易受气候变化不利影响的缔约方的具体需要和特殊情况；（3）预防原则，即各缔约方应当采取必要措施，预测、防止和减少引起气候变化的事件；（4）可持续发展原则，即各缔约方有权并且应当促进可持续发展，所采取的政策措施应当适合本国的具体情况；（5）国际合作原则，即各缔约方应当合作以促进有利的和开放的国际经济体系，为应对气候变化而采取的措施不应当成为国际贸易的壁垒。UNFCCC 成为第一个为应对气候变化给全球带来不利影响而采取全面控制温室气体排放的国际条约，也是人类在应对全球气候变化问题上进行国际合作的一个基本框架，它于 1994 年 3 月 21 日正式生效，并规定缔约方每年召开一次会议。

二、京都议定书第一期谈判时期（1997—2004 年）

虽然正式生效后的 UNFCCC 规定，至 2000 年发达国家温室气体人为排放量需降回至 1990 年的水平。但是，要使全球温室气体排放总量控制在预期水平，仍需缔约方各国的更多努力以及国际合作。历经 3 年谈判，INC 取得了实质性突破。1997 年 12 月，人类历史上第一个具有法律约束力的温室气体量化减排文件——《京都议定书》（Kyoto Protocol，以下简称《议定书》）在日本京都召开的 UNFCCC 第 3 次缔约方会议上通过。《议定书》确立了发达国家"自上而下"强制减排机制，成为首个具有法律约束力的国际气候协议。《议定书》落实了 UNFCCC "共同但有区别的责任"的原则，包括 A、B 两个附件，其中附件 A 为温室气体种类以及部门/类型，附件 B 为各国减排目标。《议定书》规定，需在附件一所列缔约方 1990 年的二氧化碳排放总量的 55%以上且至少 55 个缔约方国家批准第九十天后才具有国际法效力[1]（UNFCCC，1997）。然而，全球最大的温室气体排放国家美国在 2000 年 11 月于海牙召开的 UNFCCC 第 6 次缔约方会议之后宣布退出，成为唯一一个没有签署《议定书》的附件一国家，这使得《议定书》的生效条件无法达成。直到 2004 年底，俄罗斯的签约才使得《议定书》能够生效。

三、京都议定书第二期谈判时期（2005—2012 年）

自 2005 年 2 月 16 日，《议定书》正式生效以后，气候变化会议的重点开始转向"后京都"时代减排目标的制定，即在《议定书》第一承诺期（2008—2012 年）到期后各国如何通过修改附件 B 来确定发达国家第二承诺

---

[1] 附件一所列缔约方是指 UNFCCC 附件一所列的国家。

期（2012年以后）的量化减排指标。2007年12月，UNFCCC第13次缔约方会议在印尼巴厘岛召开，并通过了《巴厘路线图》（Bali Roadmap，以下简称《路线图》）。《路线图》是气候变化国际谈判回归的重要表现，其规定，在遵循UNFCCC和《议定书》的"双轨"谈判机制下，全球气候谈判必须在2009年底前达成共识，以便为"后京都"时代全球减排协议在2012年前达成并生效预留时间❶（UNFCCC，2007）。

2009年12月，众人瞩目的UNFCCC第15次缔约方会议"哥本哈根气候大会"在丹麦哥本哈根召开。19个国家的领导人出席了此次会议，旨在商讨《议定书》第一承诺期到期后的后续减排方案，即2012—2020年的全球中期减排协议。由于发达国家与发展中国家就温室气体减排责任、资金支持和监督机制等议题上存在巨大分歧，该会议并未取得实质性进展。这些分歧包括：第一，是否坚持《议定书》和《路线图》的原则；第二，发达国家能否做出更大幅度的减排承诺；第三，发达国家如何落实对发展中国家的资金和技术支持；第四，发展中国家是否需要强制减排；第五，发展中国家的减排行动是否需要接受"三可"，即可测量、可报告和可核实。会议最终艰难通过的哥本哈根协议维护了"共同而有区别"原则，坚持了"双轨制"的气候谈判进程；就发达国家的强制减排目标和发展中国家的自主减缓行动做出妥协，并对全球升温2℃以内的长期目标（相对于工业革命时期）、资金和技术支持、透明度等问题达成了共识。遗憾的是，该协议并不是一份具有法律约束力的国际合作文件。

2010年11月，在墨西哥坎昆召开的UNFCCC第16次缔约方会议继续就哥本哈根会议未完成的议题进行了谈判。与哥本哈根气候大会相比，虽然坎昆会议仍未解决2012年后全球温室气体排放这一核心问题，也未指明发达国家如何筹集哥本哈根协议中承诺的到2020年每年向发展中国家提供1000亿美元的"绿色气候基金"。但是，此次会议通过了两项重要决议，即《议定书》附件一缔约方进一步承诺特设工作组决议和UNFCCC长期合作行动特设工作组决议。这两项决议的通过表明各国正在重拾哥本哈根气候谈判大会中

---

❶ 双轨是指，一方面，在UNFCCC下，就全球气候合作行动进行谈判，讨论包括全球长期减排目标在内的长期合作"共同愿景"，解决减缓、适应、资金和技术四大问题；另一方面，在《议定书》下，就附件B指定减排目标的发达国家通过谈判和磋商确定2012年后"第二承诺期"的减排义务。

失去的信心，并逐步恢复发达国家与发展中国家在全球变暖问题上的相互信任。

面对《议定书》第二承诺期的存续问题，2011年12月在南非德班召开的 UNFCCC 第17次缔约方会议谈判十分艰难。虽然会议最终决定将实施《议定书》第二承诺期并启动绿色气候基金，但是加拿大宣布退出《议定书》，日本和俄罗斯不准备接受《议定书》第二承诺期，这都给未来全球谈判增加了不确定性。

2012年11月，在卡塔尔多哈召开了 UNFCCC 第18次缔约方会议，就2013年起执行《京都议定书》（简称《议定书》）第二承诺期（8年期限）达成一致。此外，大会还通过了有关长期气候资金、UNFCCC 长期合作工作组成果、德班平台以及损失损害补偿机制等方面的多项决议。

四、后京都议定书时期（2013年至今）

卡塔尔的多哈大会结束了京都议定书的第一、二期谈判的所有内容，自此，全球气候变化大会进入了后京都议定书的谈判阶段。

2013年11月，在波兰华沙召开的 UNFCCC 第19次缔约方会议上，通过了27项 COP19 决议、10项 CMP9 决议。其中重要的内容有：第一，制订各国应提交减量贡献的期限；第二，建立"华沙 REDD+机制架构"；第三，通过"华沙损失与损害机制"；第四，推动市场机制多元发展趋势等。

2015年11月在法国巴黎召开 UNFCCC 第21次缔约方会议的目标是达成具有约束力的措施，解决气候变化问题，遏制全球气温上升。该次会议被视为"拯救地球最后、最佳的机会"，同时也是最多国家领导人参与的一届。当地时间2015年12月12日，UNFCCC 的缔约方一致同意通过《巴黎协议》。《巴黎协定》重申了 UNFCCC 所确定的"公平、共同但有区别的责任和各自能力原则"，提出了3个目标：一是将全球平均温度上升幅度控制在工业化前水平2℃之内，并力争不超过工业化前水平1.5℃；二是提高适应气候变化不利影响的能力，并以不威胁粮食生产的方式增强气候适应能力和促进温室气体低排放发展；三是使资金流动符合温室气体低排放和气候适应型发展的路径。《巴黎协定》还明确了国家自主减排的减缓方式，即2020年后，所有缔约方将以自主贡献的方式参与全球应对气候变化行动；在适应和气候变化造成的损害方面，提出了确立提高气候变化适应能力、加强抗御力和减少对气候变化脆弱性的全球适应目标。《巴黎协定》同时在资金方面要求发达国家在2025年前继续其现有集资目标，2025年前由缔约方大会在每年1000美元的基础上设立新的奖金目标。

2017年11月，UNFCCC第23次缔约方会议在德国波恩举行，是在唐纳德·特朗普总统宣布美国将退出协议后举行的第一次政党会议。会议的目的是讨论和落实有关应对气候变化，其中包括在巴黎协定生效后的2020年工作细节计划。COP23达成了"斐济实施动力"，其中概述了2018年为使《巴黎协定》开始运作和启动塔拉诺阿对话的步骤细节，旨在2020年前帮助各国加强和实施其国家自主贡献的进程。

未来谈判的主要议题包括3项内容：第一，如何完善《巴黎协定》国家自主贡献减排机制，并确定各国减排路径；第二，如何在保障发展中国家经济可持续发展的前提下实现全球总量减排控制目标；第三，如何确定发达国家为发展中国家提供的减排资金和技术支持等相关合作减排机制。总之，气候谈判还会将持续进行下去。

第二节 主要国家应对气候变化的立场演变

为了能够在气候谈判中获得支持，提升谈判能力，各国基于各自的利益，在气候谈判过程中形成了三股力量：伞形集团、欧盟以及77国集团加中国（以基础四国为基础）。为了能够清楚地表明各国的谈判立场并进行对比，有必要对这三股力量的总体立场做一个简要概括。

一、气候谈判的国家集团立场

1. 伞形集团

伞形集团具体是指，除欧盟以外的其他发达国家，主要包括美国、加拿大、澳大利亚、日本、俄罗斯等。伞形集团最初形成于《京都议定书》的谈判过程中，该集团的成员都主张利用"吸收汇"和"海外减排"两种方式来代替国内的实质性减排行动。但随着除美国外的伞形集团国家先后批准《京都议定书》，使得伞形集团形式瓦解，力量削弱。在后京都时期，该集团的主要成员方出于各自不同的原因，均不愿做出大幅度的减排承诺，使得以美国为首的伞形集团重新凝聚，与欧盟、"77国集团加中国"展开了气候谈判博弈。

伞形集团在气候谈判过程中，其主要立场可以概括为以下几个方面：一是对于发达国家的减排承诺而言，伞形集团主要成员方均坚持由其自身自主提出减排目标且拒绝参加《京都议定书》第二承诺期；二是对于发展中国家的减排行为而言，伞形集团国家明确表明发展中国家应承担具有法律约束力的减排义务，同时提出对发展中国家应进行重新分组，以改变《京都议定书》中发达国家与发展中国家气候责任的"不公平划分"；三是对发展中国家提供资金支持而言，除俄罗斯立场不明确外，其他伞形集团国家均表示要引导私人部门和市场对气候变化进行投资，使社会和私有资金成为资助发展中国家的主要资金来源。

2. 欧盟

欧盟为了借助全球气候治理的契机来增强其自身的国际影响力及领导力，其在气候谈判的进程中一直处于较积极的立场。欧盟的减排目标是：2020年温室气体排放比1990年降低20%，2030年比1990年至少降低40%。在《欧盟2050年低碳经济新战略》中，欧盟委员会正式承诺，2050年欧盟温室气体排放将比1990年减少80%~95%。

3. 基础四国

基础四国是指中国、印度、巴西与南非这四个在气候变化问题上立场一致的发展中国家。自其2009年底一成立便成为"77国+中国"这股谈判力量的支柱。在国际气候谈判中，基础四国就谈判的根本性问题，其立场保持高度一致。

对于发达国家做出的减排承诺方面，基础四国坚持发达国家应承担量化、有法律约束以及可实现的减排义务，即发达国家必须做出"可衡量、可报告、可核实"的减排承诺（Jan von der，2009），而且基础四国认为发达国家应建立以2020年为时间点的中期减排目标。在2009年，基础四国在提交其立场文件中就要求发达国家作为整体在2020年温室气体排放量较1990年减少40%（UNFCCC，2009）。

对于发展中国家的减排行为方面，基础四国认为依据 UNFCCC 所确定的"共同但有区别的责任"原则，发展中国家应进行适当减排行为。他们认为在发达国家实施减排行为且提供资金、技术及能力建设支持的前提下，发展中国家可以根据国情需要，自愿采取减排行为，但这一行为不应该具有强制性与法律约束力。

对于发达国家资金支持方面，基础四国认为在资金支持上，发达国家应提供额外充足的资金来源，且这一来源中发达国家的政府公共资金应发挥主导作用，社会及私有部门的投资可作为有益的补充。在 2010 年基础四国召开的第五次气候变化部长级会议上，基础四国支持达成建立新的气候基金以兑现发达国家对发展中国家提供资金的短期承诺。

二、世界主要国家的谈判立场演变

1. 美国

自 1992 年气候问题得到关注以来，美国对待气候问题的积极性呈现出与历届政府的密切相关性，总体可以概括为：老布什政府的"保守"态度、克林顿政府的"积极"态度、小布什政府的"淡漠到调整"态度及奥巴马政府的"积极"态度。

老布什政府受当时国际格局不稳定的影响，并未对气候变化问题施以更多关注仅是被动予以应对才将其提升到战略高度。在基本符合美国利益且任期将满之至，老布什政府迅速签署并批准了 UNFCCC，但由于 UNFCCC 并未包含强制约束美国减排的量化指标，因此对美国减排的限制作用十分有限。克林顿政府在气候问题上表现出积极主动的态度。在 1996 年 7 月，UNFCCC 第 2 次缔约方会议上，美国副国务卿蒂姆·沃斯号召就"现实的、可以核实的和有约束力的中期排放目标"进行国际谈判，意味着美国开始同意制定有约束力的减排目标，这无疑是一个巨大突破。在小布什执政初期，其奉行单边主义外交，上任伊始便宣布美国将不批准《京都议定书》。其中一点主要原因是：他反对强制性而主张采取自愿性的减排措施。在小布什执政后期，受到国内外要求重视气候变化强烈呼吁的影响，小布什政府逐渐认识到气候变化问题的严重性，并赞同和接受各国合作减排的主张，但他并未采取具体且具有实质性意义的减排措施。

奥巴马政府在气候变化问题上属于积极应对的一方。在奥巴马大选期间，其就承诺到2020年把美国温室气体排放量减少到1990年的水平，到2050年在此基础上再减少80%（John，2009）。同时他力促众议院在2009年6月通过了《美国清洁能源与安全法案》，再一次明确了减排目标。在2013年6月，奥巴马政府又发布了美国迄今为止最全面的全国气候变化应对计划——《总统气候行动计划》，重申美国到2020年温室气体排放比2005年减少17%的承诺。在2014年11月的"中美气候变化联合声明"中，奥巴马承诺"美国愿意在2025年之前将温室气体排放量在2005年的基础上减少26%到28%[1]。"这一系列的行为措施，都表明奥巴马政府在气候谈判中的积极立场。

虽然在面对气候问题的积极性上，美国各届政府持有较大差异的立场，但是在要求发展中国家承担减排义务上，各届政府却拥有一致的观点态度。1996年的UNFCCC缔约方第2次会议，美国代表在审议中就不断要求发展中国家承担新的义务。1997年12月UNFCCC缔约方第3次会议前夕，美国再次重申其立场，即所有国家必须承担减排义务。虽然克林顿政府在气候谈判中表现出积极性，签署了《京都议定书》，但时任副总统戈尔表示："我们将集中精力促使主要的发展中国家有意义地参与，这是将《京都议定书》送参议院批准必须跨越的一道门槛（Zelnick，1999）。"小布什政府退出《京都议定书》的一个主要原因也是：中国、印度等发展中的大国并未有效参与减排。在2010年的坎昆会议上，美国声称要求中国和印度等新兴经济体做出减排承诺的立场不会改变。尽管奥巴马在第二任期内提出一系列减排承诺和计划，但其也依旧认为发展中国家需要承担具有法律约束力的减排目标。2009年12月18日，奥巴马更是公开坚持中国承诺的碳减排目标必须受到国际的监督，其中《美国清洁能源安全法案》中规定：自2020年起，美国在推动"总量控制与排放交易"计划的基础上，将对不实施碳减排限额国家的进口产品征收关税[2]。

美国在最初的气候谈判中，对于减排问题绝不退让，坚决不接受设定量化的温室气体控制目标。在2012年的多哈气候大会上，美国仍明确表示不会

---

[1] 中美气候变化联合声明［EB/OL］. 新华网，2013-04-13［2014-11-13］，http://news.xinhuanet.com/energy/2014/11/13/c_127204771.htm.

[2] The American Clean Energy and Security Act（H. R. 2454）June 9，2009.

设定《京都议定书》的第二承诺期减排目标。近两年，随着经济形势的变化以及国际政治的需要，美国逐步接受并提出了具体量化的减排目标。但却始终坚持拒绝具有约束力的减排目标。虽然在克林顿政府时期，美国表现出接受具有约束力减排目标的倾向，但很快这一倾向就被小布什政府的消极态度遏止。在 UNFCCC 缔约方第 13 次会议上，美国代表团表示其将继续坚持惯有立场：不同意大会关于强制性的减排方案。

美国在提供资金以援助发展中国家应对气候变化问题上，经历了从消极到接受的状态改变。在 2007 年举行的 UNFCCC 缔约方第 13 次会议上，美国最初反对向工业化国家提供资金援助，反对向发展中国家提供技术支持来降低其对重污染能源的依赖。但是在会议的最后，美国做出让步：同意对发展中国家在清洁技术上提供更多资金。奥巴马政府为了发展低碳经济、争夺新能源领域领导权以及重振国家实力，承诺对发展中国家提供资金与技术支持，并对那些极易受到气候变化的国家提供帮助，但是其却对绿色气候基金持消极态度。在 2011 年德班气候大会上，美国对绿色气候基金的设计提出了与《哥本哈根协议》以及《坎昆协议》要求严重不符的观点：在长期资金的来源上，美国认为发达国家与发展中国家要共同投资、政府与私人资本要共同投资，甚至可以以私人资本为主，以此来减轻与推卸政府公共资金应该承担的责任。

总体而言，美国在对待气候变化的根本性问题上并未有重大突破，其忽略"共同但有区别的责任"原则，强烈要求发展中国家进行有效的减排措施。虽提出自身减排的具体量化目标，但承诺减排量仍处于较低水平且拒绝其具有法律约束力，虽承诺向发展中国家提供资金与技术等援助，但在现实中并未按约定如实履行，并在资金支持的来源上鼓吹社会与私人资本，从而减轻政府责任。从历届政府来看，美国在气候变化问题上确实表现出相对积极的立场，但目前多数民主党是持反对态度的，即使未来能够克服困难做出重大的突破，美国对待气候问题的趋势仍不明朗。

2. 欧盟

早在 1990 年，欧共体就提出 2000 年将二氧化碳的排放量稳定于 1990 年排放量的水平上（Paul，2007）。在 UNFCCC 的谈判过程中，欧共体提出与美国完全相反的见解，认为 UNFCCC 中应包含发达国家限制二氧化碳的时间表。对于公约中"共同但有区别责任"原则的确立，欧盟也起到了积极的推动作用，而且《京都议定书》的成功通过，欧盟也贡献了不小的力量。1997 年 3 月，欧盟环境委员会提出：欧盟支持所有工业国家 2010 年的温室气体排放量较之 1990 年的水平减少 15%（Grubb, et al, 1999）。《京都议定书》规定：欧盟作为一个整体在 2008—2012 年间，6 种温室气体的排放水平要比 1990 年减少 8%。为实现这一目标，欧盟内部成员国间达成了"责任分担协议"，并于 2000 年 6 月启动"第一个欧洲气候变化计划"，建立了欧盟内部温室气体排放交易体系（ETS）。

在 2001 年美国宣布退出《京都议定书》的不利局势下，欧盟主动承担责任，担当起全球气候治理的世界领袖角色。2002 年欧盟主动批准《京都议定书》，并积极协调各方立场，使得《京都议定书》得以生效。欧盟为进一步显示其在减排方面的积极领导作用，在 2007 年 3 月的欧盟首脑会议中，提出了在气候变化和能源政策方面具有里程碑意义的一揽子决议。其中较为核心的是"20-20-20"行动，即欧盟承诺到 2020 年温室气体排放量较 1990 年减少 20%，在达成新的国际气候协议的情况下（即其他发达国家相应大幅度减排，先进发展中国家也承担相应减排义务），这一减排量可以增加为 30%。同时欧盟也提出，设定将可再生能源在总能源消费中的比例提高到 20% 的约束性目标，以及将能源效率提高 20%（EU, 2008）。

在 2009 年之后，欧盟立场较之以前相比略显保守。在 2009 年之前，欧盟认为，发达国家在气候变化所带来的不利影响方面应该承担更多的责任，因此在减排方面应承担更多的义务，此立场与发展中国家保持一致。但是在 2009 年之后，欧盟立场则与发展中国家发生分歧，在依旧强调发达国家应该率先减排的情况下，更多地要求发展中国家也要承担新的责任（此立场在 2007 年初见端倪）。欧盟在 2009 年 7 月提出，经济较发达且有足够能力的发展中国家最迟要在 2011 年开始每年向 UNFCCC 秘书处提交年度排放清单（Council of the European Union, 2009）。这一要求不免违背了各方在 2007 年巴厘岛气候会议上所达成的共识：发展中国家不承担具体的量化减排义务，及在发达国家可衡量、可报告和可核实的资金和技术支持下，发展中国家根据国情采取适当的国家减排行为。同时在发达国家提供资金与技术以帮助发展中国家应对气候变化方面，欧盟认为国际资金应只对超出发展中国家自身支付能力的部分进行援助，并且这一资金支持还必须建立在发展中国家进行适当国家减排行为的基础上。

随着美国在气候变化问题上积极性的增加，近些年欧盟在国际气候领域方面的领导力被进一步削弱。由于欧盟在2011年整体排放量较之1990年的水平就已减少17.5%，2012年减少19.2%，若欧盟继续坚持现有20%的减排目标将会进一步削弱其可信度及领导力。在2013年的华沙会议上，尽管欧盟愿意执行《京都议定书》第二承诺期，但提出不接受以往的量化目标，仅要求自愿承诺。2014年10月24日的欧盟峰会上，欧盟决定到2030年温室气体排放较之1990年排放量至少减少40%，但各方却认为这一减排目标在分配到各成员方之后显得更加小心与保守❶。

从整体来看，在1990—2009年间，欧盟在全球气候治理问题上担当领头羊的角色，为UNFCCC及《京都议定书》的成功生效做出了巨大贡献，在此阶段欧盟所做的减排温室气体承诺也很积极，也更加符合发展中国家的利益。但自2009年以后，欧盟立场逐渐发生倾斜，要求有能力的发展中国家也需要履行相应的减排义务，并提出其对发展中国家的资金支持也需要建立在发展中国家执行相应减排措施的基础上。自此欧盟立场虽也比较积极，但较之前有所保守，在有能力做出更大程度减排承诺的情况下，依旧以其他发达国家进行更大程度的减排以及发展中国家进行减排行为为前提。

3. 英国

为建立良好的国际道德形象，并通过成为治理气候变化问题主导者的这一方式夺回国际话语权，英国在国内层面积极制定减排政策，在国际层面积极推动国际气候谈判。从国内气候政策来看，英国不仅是先行者，还是积极的倡导者与实践者。早在1863年，英国就制定《工业大气污染法》来应对因为工业化问题而产生的大气污染问题。在2003年的能源白皮书《我们能源的未来：构建低碳经济》中，英国第一次提及"低碳经济"，并提出在2010年将二氧化碳排放量减少20%，到2050年减少60%的目标（潘家华等，2006）。

---

❶ 欧盟宣布40%温室气体减排目标 专家指太小太晚［EB/OL］. 新浪财经，2014-10-24, http://finance.sina.com.cn/world/20141024/134220633214.shtml.

英国于2009年3月生效《气候变化法》，成为世界上首个在法律文件中明确中长期减排目标的国家，即在2020年前将温室气体排放量在1990年的基础上减少34%，到2050年减少80%❶。

从国际气候谈判中来看，英国作为欧盟的一分子，其谈判立场与欧盟基本保持一致。《京都议定书》为欧盟规定的减排目标为：在2012年温室气体排放量较1990年的水平减少8%。根据欧盟内部的"减排量分担协议"，英国承担了更多的减排责任，即2012年较之1990年减排12.5%。在召开哥本哈根气候会议的前夕，英联邦政府首脑会议发表《英联邦气候变化宣言》，强调各方应达成具有法律约束力的协议，发达国家应对困难国家给予援助，尤其是资金援助。在2010年，英国政府就确认从2010年到2013年英国将为发展中国家提供15亿英镑的应对气候变化问题的快速启动资金❷。

但随着近些年全球应对气候变化问题的合作前景并不明朗，英国也一再表示，若没有全球各国的合作减排，个别国家的减排措施对全球气温的控制并无意义。英国也逐渐从关注自身减排措施转变为强调国际减排的统一行动，强调具有约束力的法律协议来规定发达国家与发展中国家共同减排，以及发达国家与发展中国家应共同出资应对全球气候变化问题。外加欧盟近几年在气候谈判中的"保守"立场，即在减排30%并无困难的情况下，依旧承诺20%的减排目标，使得英国在气候问题上的积极倡导更加略显迟疑。

从整体来看，英国在气候变化问题上一直保有积极的态度立场，但在国际合作减排前景不明朗以及欧盟气候谈判立场微小转变（从最初的积极倡导到如今的些许保守）的不利影响下，英国也由最初的提高自身减排承诺来推动国际气候谈判，转变到后来的强调国际合作减排的统一行动。英国强烈希望能够达成国际上具有法律约束力的协议，来使得发达国家与发展中国家共同承担责任应对全球气候变化问题。

4. 澳大利亚

澳大利亚在过去30年间的国内气候政策是不一致且没有方向的。可以解

---

❶ 英国通过《气候变化法案》[EB/OL]. 科技部, 2009-03-06, http://www.most.gov.cn/gnwkjdt/200903/t20090305_67767.htm.

❷ 布朗：英、法将向发展中国家提供15亿英镑资金[EB/OL]. 中国新闻网, 2009-12-11, http://www.chinanews.com/gj/gj-oz/news/2009/12-11/2014153.shtml.

释这一现象的原因之一是：气候问题作为政治问题在澳大利亚被高度关注，但是澳大利亚的两大党派——工党与自由党，在气候问题方面却有着几乎相反的观点态度。

澳大利亚工党在气候变化问题上属于较积极的一方，其努力在国际气候治理方面有所作为。在1988年6月，工党政府就签署了"多伦多协议"，提出到2005年温室气体在1988年的基础上减排20%的目标（Canadian Meteorological and Oceanographic Society，1998）。在1992年的"地球峰会"上，工党政府代表澳大利亚迅速签署了UNFCCC，致力于与世界各国共同应对气候变化问题。然而相比工党而言，澳大利亚自由党在气候变化问题上的立场就稍显保守。在1997年，自由党政府虽然声称会采取措施减少温室气体排放，但是其认为采取一致的减排目标会损害澳大利亚的工业及经济发展。虽然在1998年4月，自由党政府签署了《京都议定书》，但是其以按照议定书要求进行减排会损害澳大利亚本国利益为由，拒绝批准议定书。

在2007年12月12日，澳大利亚工党总理Kevin Rudd上任一周后，就宣布批准《京都议定书》，作为履行2007年选举游说时的承诺。其后，在2008年，澳大利亚出台了一系列法律规章来履行减排承诺，其中比较重要的是2008年12月出台的《碳污染减排制度：澳大利亚的低污染未来》，这一白皮书对ETS进行了最终设计，并规划了2020年的减排新目标：相比2000年的温室气体排放水平，澳大利亚将无条件减排5%。但若所有的大型经济体承诺限制排放且所有的发达国家至少做出与澳大利亚相同程度的减排承诺，那么其将相对于2000年的减排量减少15%（Australian Government，2008）。

澳大利亚近十年来在国际气候谈判中始终扮演着不积极者的角色。虽然工党提出减排5%的目标相比自由党来说，已进步很多，但是由于澳大利亚是全球最大的煤炭出国口，其人均排放量已超过美国，因此这一减排承诺，从实际减排量以及相对其他发达国家的减排承诺来看，使得澳大利亚仍处于气候谈判不积极的状态。而且澳大利亚自2008年后一直坚持减排5%的低承诺，不愿做出新承诺。在2012年的多哈会议上，澳大利亚仍旧表示：政府承诺减排5%的这一减排政策不会改变。对于向发展中国家提供资金以帮助其应对气候变化问题方面，澳大利亚在2013年11月的华沙气候会议上，拒绝做出向发展中国家出资的新承诺，还声称："要求发达国家做出新的出资承诺是不现实且不可接受的。"

从澳大利亚的国内气候政策来看，工党与自由党对待气候问题的较大差异可以用来部分解释其气候政策的不一致性及无方向性。但从澳大利亚在国际气候谈判中的行为来看，近10年来其一直属于气候谈判的不积极者。不论在减排目标还是提供资金方面，都不愿做出新的积极承诺。

5. 加拿大

加拿大在对待气候变化问题上的积极性与执政党派呈现密切的关系。加拿大的进步保守党与自由党属于积极推进全球环境治理的党派，但保守党在气候问题上则不断提出倒退观点。

在1984年至1993年11月的这段时间内，进步保守党作为加拿大的执政党，积极倡导和组织气候变化的国际谈判。1988年6月，加拿大积极组织筹办了重要的气候大会"多伦多会议"，在此次会议上，加拿大提出国际社会应采取削减温室气体措施的建议。在1994年至2006年2月的这段时间内，自由党成为加拿大的执政党。早在1992年的选举阶段，自由党就提出"到2000年在1988年上减排20%"的目标。1998年，加拿大签署《京都议定书》，并于2002年批准议定书，承诺2008—2012年在1990年的排放水平基础上减排6%。但自2006年3月保守党执政以来，加拿大在气候问题上就不断提出倒退观点，与美国成为盟友，表现出对待气候谈判越来越低的积极性。

保守党在上任伊始便宣布放弃履行《京都议定书》第一承诺期的减排目标，反对延续议定书，且仅提出到2020年将按照2006年的排放量减排20%。据估算，这一减排量仅相对于在1990年的排放水平上减排3%，仅为《京都议定书》规定其义务的一半。2009年哥本哈根气候会议后，加拿大又进一步降低中期目标为：在2005年温室气体排放量基础上减排17%，这一目标倒退到与美国中期目标相一致的程度（谢来辉，2012）。2011年的德班气候会议，加拿大拒绝任何有关议定书第二承诺期的法律文件，只承诺进行自愿减排，其强调签订一个包括全球主要排放气体的量化减排协议。在德班会议刚刚结束的第2天，加拿大便宣布退出《京都议定书》，成为第一个退出议定书的缔约方。在2012年的多哈会议上，加拿大更是与日本、俄罗斯等发达国家结为联盟，明确表示不参加《京都议定书》的第二承诺期。

加拿大从最初的全球环境治理积极倡导者，现已转变为国际气候谈判向前发展的一大障碍。据欧洲气候行动网络及德国监测 2013 年年报指出：在过去的一年，加拿大气候政策仍无明显向前发展的趋势，在所有的工业国家中依旧维持最差表现。报告指出加拿大在人均排放量、可再生能源发展和国际气候政策等方面的表现在工业国家中排列榜末❶。

考虑到加拿大在气候问题上的一贯不积极立场，未来其立场转变的可能性不大，在很大程度上依然会表现出消极保守的态度。

6. 日本

日本在气候问题上的立场大致可以分为 3 个阶段：首先是追随美国反对制定二氧化碳排放的具体指标；其次为展现其外交能力与国际影响能力，积极参与环境保护进程，作为签订《京都议定书》的美欧利益调节者；近期在后京都时代，日本立场越来越消极，与美国再次结为同盟，反对《京都议定书》的二期承诺。总体来看，日本在国际气候谈判中的立场呈现出"不积极—积极—不积极"的发展过程。

在 1990 年以前，日本对待气候谈判问题的立场与美国一致：反对制定具体的二氧化碳排放标准。1989 年 11 月，在荷兰的诺德韦克召开了国际大气污染和气候变化部长级会议。在此次会议上，日本强调虽然日本的二氧化碳排放量位于世界前列，但是人均排放量却低于大多数的工业化国家。如果制定相同的排放标准，这会使日本陷入不利的发展地位（Kameyama，2002）。

随后日本对待气候问题的立场逐渐发生积极的转变。在 1993 年 11 月出台的《环境基本法》，标志着日本环境体系的真正变革。在 1995 年的 UNFCCC 第一次缔约方会议上，日本环境厅长就表述了日本希望主办第三次或以后缔约方会议的意愿（陈刚，2006）。1997 年 UNFCCC 缔约方第 3 次会议在日本举行。为了借此机会成功举办一次国际会议，彰显其外交能力，日本提出积极的减排目标以期望激励他国仿效。在此次会议上，日本政府最终设定了 5% 的减排底线。2001 年在"伞形集团"盟友美国与澳大利亚宣布退出《京都议定书》的压力下，日本经过权衡，最终批准议定书。正因为日本、欧盟和俄罗

---

❶ 加拿大气候政策 沦为工业国榜末 [EB/OL]. 星岛环球网，2013 - 11 - 20，http://www.kwcg.ca/supersite/?action-viewnews-itemid-65196

斯等国家的同意批准，才使《京都议定书》得以生效。1998年10月，日本通过《地球温暖化对策推进法》，以积极落实5%的减排目标。在2003年，更是制定并颁布了《增减环保热情及推进环境教育法》，成为亚洲第一个制定并颁布环境教育法的国家。

在2008年的达沃斯世界经济年会上，虽然日本的积极立场并未发生重大转变，但对于议定书的部分不满已显露端倪。在此次会议上，日本首相福田虽然宣布成立百亿美元基金来抗击全球变暖，表明日本会积极地和发展中国家一起合作来减少温室气体排放，同时会对深受气候变化影响的发展中国家施以援手[1]。但日本表明了对议定书所设定的以1990年为基准年进行减排要求的不满，这是因为日本相对较早采取节能措施，在1990年温室气体排放量相对其他工业化国家已经处于较低的位置。日本福田首相表示《京都议定书》中确定的以1990年为目标基准年需要修改。

日本在2009年就显露出与美国一致的消极立场，尤其在2010年，日本在气候会议上的立场更是发生消极转变。日本在2010年召开的坎昆会议上，坚决反对延长将于2012年到期的《京都议定书》，也反对前首相承诺的到2020年（基于1990年）将日本减排25%的这一中期目标纳入大会的政治文件。在2011年的德班气候会议上，日本再次与美国结为同盟，反对二期《京都议定书》。在2012年多哈气候会议上，日本明确表明不参加议定书的第二承诺期。2013年的华沙气候会议上，日本更是提出严重倒退观点：表明政府已确定在2005年基础上减排3.8%这一新的减排目标。这一修正后的减排目标比1990年的排放水平还高出3.1%的排放量[2]。总体来看，日本在后京都时代的气候谈判立场逐渐与美国趋于一致，持有较消极的谈判态度。

总体来看，日本从初期反对制定具体的排放标准，到对于《京都议定书》的签订贡献不小力量，再到后京都时代坚决拒绝参加《京都议定书》第二承诺期。日本在基于本国利益的基础上，对待气候问题经历了从"不积极"到"积极"再到"不积极"的态度转变。

---

[1] 日本首相宣布成立百亿美元基金抗击全球变暖[EB/OL]. 腾讯财经，2008-01-28，http://finance.qq.com/a/20080128/001892.htm.

[2] 日本减排目标"倒退"遭到国际社会批评[EB/OL]. 新华网，2013-11-16，http://news.xinhuanet.com/2013/11/16/c_118165524.htm.

7. 俄罗斯

从国内环境政策层面来看，俄罗斯属于积极应对气候变化问题的国家，在国内其颁布了一系列法律法规来应对环境气候问题。但在气候谈判中俄罗斯更多地是以漠然态度应对，虽然中间有过一段时期强调其"负责任大国"的形象，但近几年来，俄罗斯更多地表现出旁观者及不积极的态度。

俄罗斯的国内环境政策开始于较早阶段。早在苏联时期，俄罗斯就凭借社会主义制度的优越性，选择直接规制手段，在环境治理方面取得了一定成效。在20世纪80年代末至90年代前半期，伴随着苏联解体与经济改革，俄罗斯环境政策在形式上取得了一定进展。如1991年俄罗斯颁布《自然环境保护法》；1994年颁布总统令，将环境保护与可持续发展作为俄罗斯国家战略；制定联邦政府行动计划以更好地保护环境与利用自然资源等。

2008年当梅德韦杰夫成为俄罗斯总统后，更是高调宣扬俄罗斯将积极应对气候变化。为此，俄罗斯在国内采取了一系列减排措施，例如，实施规模最大的减排项目——哈巴罗夫斯克热电厂由煤炭发电转为天然气发电；2009年11月，颁布新的《节能和提高能效法》，规定各政府机构及私人住宅需逐步安装节能设施；签发《关于提高俄罗斯能源效率若干措施》的总统令，要求2020年GDP能效将提高40%[1]。

由于在国内俄罗斯较早地执行了气候保护政策，致使自苏联解体以来，其温室气体排放量一直处于较低水平。因此在国际气候谈判中，俄罗斯总体处于旁观者、不积极的地位。虽然在2004年，俄罗斯总统普京签署了《京都议定书》，但俄罗斯政府一直认为其不应该处于附件一的国家名单中。2008年，在波兹南会议之后，俄罗斯再次重申：按照俄罗斯现有的经济发展水平，其应该从"附件一国家中"被划入发展中国家，以此试图摆脱议定书中的强制性减排义务（毛艳，2010）。在2010年的坎昆会议上，俄罗斯表示希望能够在《京都议定书》的第二承诺期内继续使用第一承诺期未使用的"排放权"，但这一提议遭到了欧盟的反对，此时俄罗斯的不积极立场已显露端倪。在2011年底的德班会议上，俄罗斯明确表示对《京都议定书》第二承诺期的

---

[1] 俄罗斯目标：到2050年温室气体减排50%［EB/OL］. 全球节能环保网，2009-11-16, http://www.gesep.com/news/Show_25053.html.

减排目标将不予承诺,与伞形集团的其他成员一致,俄罗斯也想摆脱《京都议定书》和 UNFCCC 长期合作行动中规定的减排义务。2012 年的多哈会议,俄罗斯再次表明其立场:明确不参加《京都议定书》第二承诺期。在 2013 年的华沙会议上,俄罗斯再次声明其应当从附件一国家的名单中除去。

总的来说,由于俄罗斯在国内较早实施减排措施,致使其减排量处于较低位置,因此在气候谈判中,俄罗斯处于淡漠、不积极的态度,一直强调其应从《京都议定书》附件一国家的名单中除去,摆脱议定书中规定的具有约束力的减排义务。

8. 中国

作为一个发展中国家,中国在气候问题上的谈判立场始终符合发展中国家的基本利益。

在对待发达国家的减排问题上,在气候谈判的早些年间(1990—2000 年间),中国始终坚持强调"发达国家在气候变化问题上应负主要责任"。在 1991 年 6 月的发展中国家环境与发展部长级会议上,时任总理李鹏就提出应明确环境恶化的历史和现实责任,强调"公平但有区别的责任"原则。1995 年的 UNFCCC 缔约方第 1 次会议,中国代表团团长陈耀邦强调了发达国家应对气候变化问题负主要责任。1995 年 10 月,时任国家主席江泽民在联合国成立 50 周年特别纪念会上也再次强调发达国家在工业化与现代化进程中对生态环境的恶化是欠了债的,其理所应当需要对环境保护做出更大的贡献。

在谈判的近几年(2009 年至今),中国立场逐渐由"强调发达国家负主要责任"转变为"督促发达国家加大减排力度"。在 2009 年的哥本哈根气候会议上,中国强调:现阶段,中国仍是相对落后的国家,对现期二氧化碳的排放不应负主要责任,西方发达国家应承担主要责任,加大力度减少二氧化碳排放。在 2012 年 12 月的多哈会议上,中国坚持《京都议定书》第二承诺期必须如期落实,发达国家应加大减排力度。在 2013 年的华沙气候会议上,中国再次敦促发达国家应进一步提高其到 2020 年的减排承诺,加大减排力度。

在对待本国减排行为的问题上,中国起初认为:中国不应该承担限制温室气体的减排义务。在 1997 年的公约缔约方第 3 次会议上,中国代表团团长陈耀邦表明：在中国达到中等发达国家水平之后，将会仔细研究减排义务。在 1999 年 10 月 UNFCCC 缔约方第 5 次会议上，中国代表团团长刘江再次声明：中国在达到中等发达国家水平之前，是不可能承担减排温室气体的义务的。

随着气候谈判的不断成熟，以及中国经济的不断发展、思想的不断进步，作为一个负责任的大国，中国逐渐由最初的不接受温室气体减排义务，到 2002 年提出的"只坚持 UNFCCC 规定的现有义务，拒绝任何形式的新义务"，直到近几年中国愿意承担与自身相对应的责任，积极做出自愿减排承诺。在 2009 年的哥本哈根气候会议上，中国承诺到 2020 年将单位 GDP 二氧化碳排放在 2005 年的基础上降低 40%~45%。在 2010 年的坎昆会议上，中国代表团团长解振华再次强调：不管这次会议谈判结果如何，中国自主减排的立场不会改变。在 2014 年 11 月，国家主席习近平在《中美气候变化联合声明》中，更是指出中国计划在 2030 年左右达到二氧化碳排放高峰并努力将这一时间提前，并计划到 2030 年将非化石能源占一次能源的消费比重提升到 20% 左右。

在发达国家提供资金与技术支持问题上，中国在 1990 年参加气候谈判以来，就始终坚持发达国家应提供资金与技术支持来帮助发展中国家应对气候变化问题。在 1991 年的部长级会议上，时任总理李鹏就提出国际社会应向发展中国家提供资金和技术援助。在 UNFCCC 第 1 次缔约方会议上，中国对发达国家没有履行提供"新的、额外的"资金和技术转让承诺提出不满。在 UNFCCC 第 5 次缔约方会议上，中国提出：希望发达国家能够按照 UNFCCC 规定提供资金援助与技术转让。在 2012 年与 2013 年的气候谈判会议上，中国也分别强调"发达国家承诺的资金支持应尽快到位"以及"加强对发展中国家提供资金与技术支持"的观点主张。

从整体来看，中国气候谈判的立场由最初的防范谨慎逐渐转变为如今的积极主动。在发达国家对气候变化负主要责任，切实履行其做出的减排承诺并加大力度对发展中国家提供充足资金与友好转让技术的情况下，中国愿意采取措施积极应对气候变化问题，积极推动绿色低碳发展，积极主动承担与其发展水平相适应的国际责任与义务。

9. 印度

印度一直积极参与国际气候谈判，其深知只有积极参与才能有效维护本国利益。在气候谈判过程中，印度总的立场是与发展中国家的一致立场相契合的，其强调发达国家与发展中国家责任的差异性，拒绝为发展中国家设立强制性减排任务，并要求发达国家为发展中国家提供充足的资金与技术援助。印度一直认为要求发展中国家采取减排措施是不公平的，因为并不是它们造成了现有环境问题，因此印度一直强调发达国家的历史责任，在现有减排行为下，发达国家应承担更大的义务。在2013年4月的第四届清洁能源部长级会议上，印度总理辛格还在呼吁发达国家采取切实行动应对气候变化，不仅要兑现减排承诺，更要兑现提供资金与技术支持的承诺。在气候谈判初期，印度就强烈要求发达国家提供额外的、新的资金弥补发展中国家在减排方面所增加的成本，并希望获得其更多技术支持。在2007年的巴厘岛会议上，印度更是提出发达国家对发展中国家的援助是至少满足3个条件：可测量、可报告与可核查。

印度在国际气候谈判的初期坚持不承诺量化减排，但近些年，印度也逐渐做出具体的量化减排目标，但依旧不接受强制性减排任务。在2009年的哥本哈根气候会议前，印度虽宣布到2020年将温室气体排放在2005年基础上降低20%~25%，但在气候会议上，印度再次表明其只进行自主减排，不参与"可报告、可检测、可核实"的减排行动，也不接受国际社会的监督。在2010年的坎昆气候会议与2011年的德班气候会议上，印度还一再拒绝确定碳排放峰值的年份。

与其他基础四国成员不同的是，为保护本国利益并缓解本国减排压力，拥有较多人口的印度提出人均排放的概念，认为人均排放应作为各国分担气候责任的基本标准。早在1991年的政府间谈判委员会第二次会议上，印度发言人就指出："公平的解决方案只能建立在发达国家大量削减人均排放量的基础上。同时在一段时期内，发展中国家可以提高其人均排放量。"在2000年的UNFCCC缔约方第6次会议上，印度再次强调国家间平等的人均温室气体排放权。印度在气候谈判会议上，多次强调其自身的人均低排放。对于自身的减排承诺，自2007年的八国领导人峰会上，印度总理首次提出本国的减排立场后，即从现在到2050年，印度人均碳排放不会超过发达国家，印度一直保守延续这一承诺。

10. 巴西

自 1990 年起，巴西对待气候变化问题的立场就由担心治理环境会阻碍本国发展，转变为需要积极应对气候变化问题。1992 年 6 月，巴西就作为联合国环境与发展大会的主办方，第一个签署了 UNFCCC。1997 年，巴西提出建立清洁发展基金，用来支持发展中国家的减排项目，其中基金主要来源是未完成减排目标的发达国家所缴纳的罚金。2002 年 8 月，巴西批准《京都议定书》。2007 年 11 月，巴西总统卢拉颁布的第 6263 号法案中，第一次提出到 2020 年亚马孙毁林要减少 80% 的目标。巴西在 2009 年 12 月颁布的第 12187 号法案中明确提出了巴西到 2020 年的减排目标。

在国际气候会议中，巴西采取了积极且灵活的谈判立场。巴西一方面将本国定位为"新兴的发展中国家"，希望通过在气候谈判中维护发展中国家的整体利益，来增强本国在发展中国家的话语权。因此巴西与其他发展中国家在减排责任划分、制定减排目标、资金与技术援助等方面持有相同的立场，即巴西认为：发达国家应承担历史责任，在治理气候变化问题上做出更大的贡献；对于本国所做出的减排承诺，在不损害本国经济发展的前提下，可做出适当减排承诺；发达国家应向发展中国家提供充足的资金与技术援助，以降低发展中国家的减排成本。在 2014 年 11 月的利马气候会议上，巴西再一次保有了这一立场，在减排问题上依旧强调"共同但有区别的责任"原则，发达国家应继续执行 1997 年生效的具有法律约束力的《京都议定书》中规定的有关责任，要求发达国家切实履行在气候变化问题上的承诺，加大减排力度，提供资金与技术援助。

但在另一方面，拥有亚马孙热带雨林的巴西可以通过降低毁林速度来实现减排目标，这将大大缓解其在其他方面的减排压力，并可减少因减排对经济增长造成的不利影响，且巴西在新能源经济方面发展迅速，能源结构主要以可再生能源为主，在乙醇等生物能源方面与欧美相比还拥有竞争优势，因此巴西面对相对较低的减排压力，并且希望通过气候谈判加强与发达国家的新能源合作，带动本国新能源经济的发展。在某些谈判时点与谈判问题上，巴西有时会倾向于某些发达国家的立场，以此实现巴西本国利益的最大化。2009 年 11 月 14 日，巴西总统卢拉与法国总统萨科齐签署了《气候变化共同立场文件》，宣布在即将到来的哥本哈根气候会议上，两国将采取共同立场。在 2011 年的德班气候会议上，巴西试图缩小欧盟与其他基础四国成员谈判立场的分歧，尤其是试图说服中国和印度采取更加灵活的立场。早在 2009 年，其时任总统卢拉就呼吁：经济快速增长的中国应在应对气候变化问题上更有"勇气"。在 2012 年的多哈气候会议上，巴西与欧盟立场相似，认为可以达成 2020 年后对所有缔约方均具有法律约束力的减排目标。

从整体来看，巴西在应对气候变化问题上的态度立场越来越积极。在定位为"新兴发展中国家"的基础上，巴西身为基础四国的一员，在自 2009 年至今的气候会议上，四国在减排责任、资金支持等方面均保持较一致的立场。但由于巴西在能源方面的发展处于发展中国家的前列，因此其与法国、欧盟有较多的合作，这导致在气候谈判的"减排是否受到约束"方面，巴西立场有些许偏移，但根本立场并未动摇。

11. 南非

在国际气候谈判初期，南非在参与国际减排公约以及减排行动上都不积极，虽然在 1993 年就签署了 UNFCCC，但是直到 1997 年才在国内批准。在 2005 年之前，虽然南非逐渐加深对气候变化的认识、逐渐认真研究对待气候变化问题，但是在减缓气候变化问题上并未有过实质性进展，且在国际气候会议谈判中的表现也并不积极。由 2005 年开始并于 2007 年 10 月完成的"南非减缓气候变化长期情景"初始技术工作，对南非在国际气候会议上减排目标的承诺具有深刻影响，其设定"不加限制增长"与"科学要求"两种情景，在以 2003 年为基准年的情况下对 2050 年的排放量进行预测。结果表明，在两种情境下，温室气体排放量相差 13 亿吨。2008 年 7 月，南非政府批准通过"气候变化减缓长期情景"，力争在 2020—2025 年左右南非温室气体排放达到峰值，在维持 10 年左右的平顶期下，于 2030—2035 年左右开始下降，即"先高峰—再平顶—后下降"的排放控制策略。

自 2009 年至今，南非在国际气候谈判上一直持有积极的立场态度，与其他基础四国成员不同的是，其在国际气候谈判上所做出的承诺比现期国家内采取的措施还要积极。在 2009 年 12 月的哥本哈根气候会议上，南非宣布在正常发展水平的基础上，未来 10 年减少 34% 的温室气体排放量，到 2025 年减排量将达到42%的峰值。2011年10月，南非正式公布《南非应对气候变化政策白皮书》，这是南非政府就气候变化问题出台的第一个全面的国家行动方案。在2011年的德班会议上，时任总统祖马再次声明南非的减排目标：到2020年降低34%，2025年降低42%。

在国际气候谈判中与巴西立场相近的是，南非在维护发展中国家根本利益的基础上，积极寻求与发达国家的沟通交流，力图缩小发展中国家与发达国家间的分歧。这一方面有助于其成为贫穷非洲国家的合法性代表，另一方面又有助于其与发达国家的密切政治交流与经济来往。在2012年的多哈会议上，南非强调应遵守UNFCCC与《京都议定书》中所确定的基本原则，发达国家应承担起历史责任并为发展中国家提供应对气候变化问题的支持。在2013年基础四国第17次气候变化部长级会议上，南非再次声明华沙会议谈判的重点应围绕发达国家兑现已做出的减排及提供支持的承诺。但南非在气候谈判中，并不严格区分发达国家与发展中国家，且希望在2020年后建立一个"自上而下"的减排机制，主张每个国家都要承担相应有法律约束力的减排义务。

从整体来看，南非在气候变化问题上也经历了从"不积极到积极"的转变过程。在国际气候谈判的近期，其一直持有略激进的立场态度，承诺至少到2025年其温室气体排放量将达到峰值。从国际气候会议上的立场观点来看，一方面为成为非洲各国的合法代表，南非十分重视与其他非洲各国以及其他基础四国成员团结起来共同维护发展中国家的利益；另一方面为成为发达国家的可信伙伴，有时南非的立场观点与发达国家相近的同时，也会积极同发达国家沟通交流，争取使发达国家在气候问题上做出更多让步。

参考文献

[1] ADELMAN I, YELDAN E. The Minimal Conditions for a Financial Crisis: A Multiregional Intertemporal CGE Model of the Asian Crisis [J]. World Development, 2000, 28 (6): 1087-1100.

[2] ARROW K J, DEBREU G. Existence of an Equilibrium for a Competitive Economy [J]. Econometrica, 1954, 22 (3): 265-290.

[3] ARROW K J, HAHN F, DAY H. General competitive analysis [M]. San Francisco: Holden-Day, 1971: 428-437.

[4] ARROW K J. Social choice and individual values [M]. Yale university press, 2012.

[5] ARROW K J. The measurement of real value added [M]. Nations and households in economic growth. Academic Press, 1974: 3-19.

[6] BARANZINI A, GOLDEMBERG J, SPECK S. A future for carbon taxes [J]. Ecological Economics, 2000, 32 (3): 395-412.

[7] BOSETTI V, CARRARO C, GALEOTTI M. Stabilisation Targets, Technical Change and the Macroeconomic Costs of Climate Change Control [J]. SSRN Electronic Journal, 2006.

[8] COASE R H. The Nature of the Firm [M]. Oxford University Press, 1991.

[9] CRIQUI P, KITOUS A, BERK M M, et al. Greenhouse gas reduction pathways in the UNFCCC Process up to 2025-Technical Report [J]. CNRS-IEPE, Grenoble, France, 2003.

[10] DE BRUYN S M, HEINTZ R J. The environmental Kuznets curve hypothesis [J]. Chapters, 1999.

[11] DEVANUR N. The computation of economic equilibria, [M]. Yale University

Press, 1973.

[12] DEWATRIPONT M, MICHEL G. On closure rules: homogeneity and dynamics in applied general equilibrium models [J]. ULB Institutional Repository, 1987, 26 (1): 65-76.

[13] EDMONDS J A. Modeling future greenhouse gas emissions: The second generation model description [J]. Modelling Global Change, 1995: 295-340.

[14] EDMONDS J, PITCHER H, SANDS R. Second generation model 2004: An overview [J]. Special Issue on Endogenous, 2004, 30: 425-448.

[15] EHRLICH P R, HOLDREN J P. One-dimensional economy [J]. Bulletin of the Atomic Scientists, 1972, 28 (5): 16-27.

[16] ELZEN M D, LUCAS P, VUUREN D V. Abatement costs of post-Kyoto climate regimes [J]. Energy Policy, 2005, 33 (16): 2138-2151.

[17] GERST, M. D, WANG P, ROVENTINI A, et al. Agent-based modeling of climate policy: An introduction to the ENGAGE multi-level model framework [J]. Environmental Modelling and Software, 2013, 44: 62-75.

[18] GOLDSMITH R W. A perpetual inventory of national wealth [M]. Studies in Income and Wealth, 1951, 14: 5-73.

[19] GREGORY J M, HUYBRECHTS P, RAPER S C B. Threatened loss of the Greenland ice-sheet [J]. Nature, 2004, 428 (6983): 616.

[20] HARDIN G. The Tragedy of the Commons [J]. Science, 1968, 162 (3859): 1243-1248.

[21] JANSSEN M, ROTMANS J. Allocation of fossil CO_2 emission rights quantifying cultural perspectives [J]. Ecological Economics, 1995, 13 (1): 65-79.

[22] JOHANSEN L. A multi-sectoral study of economic growth: Some comments [J]. Economica, 1963: 174-176.

[23] JOHANSSON P. An Introduction to Modern Welfare Economics [M]. Cambridge University Press, 1991.

[24] KELLY D L. On environmental Kuznets curves arising from stock externalities [J]. Journal of Economic Dynamics & Control, 2003, 27 (8): 1367-1390.

[25] KLEIN, L. 经济计量学教科书 [M]. 谢嘉, 译. 北京: 商务印书馆, 1983.

[26] KNIGHT F. Risk, Uncertainty and Profit [J]. Social Science Electronic Publishing,

1921 (4): 682-690.

[27] KOHAVI R, QUINLAN J R. Data mining tasks and methods: Classification: decision-tree discovery [M]. Oxford University Press, Inc. 2002.

[28] LINK P M, TOL R S J. Possible Economic Impacts of a Shutdown of the Thermohaline Circulation: an Application of FUND [J]. Portuguese Economic Journal, 2004, 3 (2): 99-114.

[29] MANKIW N G. Teaching the Principles of Economics [J]. Eastern Economic Journal, 1998, 24 (4): 519-524.

[30] MANN M E, BRADLEY R S, HUGHES M K. Global-scale temperature patterns and climate forcing over the past six centuries [J]. Nature, 1998, 392 (6678): 779-787.

[31] MANNE A S, RICHELS R G, JACOBY H, et al. The Kyoto Protocol: A Cost-Effective Strategy for Meeting Environmental Objectives [J]. The Energy Journal, 1999, 20 (Special Issue): 1-23.

[32] MANNE A S, RUTHERFORD T F. International Trade in Oil, Gas and Carbon Emission Rights: An Intertemporal General Equilibrium Model [J]. The Energy Journal, 1994, 15 (1): 57-76.

[33] MANNE A, MENDELSOHN R, RICHELS R. MERGE: A model for evaluating regional and global effects of GHG reduction policies [J]. Energy policy, 1995, 23 (1): 17-34.

[34] MANNE, A. S., PRECKEL, P. A Three-Region Intertemporal Model of Energy, International Trade and Capital Flows [J]. Mathematical Programming Study, 1985, 23: 56-74.

[35] MATSUOKA Y, KAINUMA M, MORITA T. Scenario analysis of global warming using the Asian Pacific Integrated Model (AIM) [J]. Energy Policy, 1995, 23 (4-5): 357-371.

[36] MORITA T. AIM-Asian Pacific Integrated Model for Evaluating Policy Options to Reduce GHG Emissions and Global Warming Impacts [J]. Global Warming Issue in Asia, 1993, 254.

[37] N. E. Theory of Games and Economic Behavior [J]. princeton university press princeton n j, 1944, 26 (1-2): 131-141.

[38] NIJKAMP P, WANG S, KREMERS H. Modeling the impacts of international climate

change policies in a CGE context: The use of the GTAP-E model [J]. Economic Modelling, 2005, 22 (6): 955-974.

[39] NORDHAUS W D, BOYER J G. Warming the world: the economics of the greenhouse effect [M]. Cambridge: MIT Press, 2000.

[40] NORDHAUS W D. Economic growth and climate: the carbon dioxide problem [J]. The American Economic Review, 1977, 67 (1): 341-346.

[41] NORDHAUS, W D. A Review of the Stern Review on the Economics of Climate Change [J]. Journal of Economic Literature, 2007, 45: 686-702.

[42] PIGOU A C. The Economics of Welfare [M]. London: MacMillan, 1920.

[43] POPP D. ENTICE: endogenous technological change in the DICE model of global warming [J]. Journal of Environmental Economics and management, 2004, 48 (1): 742-768.

[44] ROSE A, STEVENS B, EDMONDS J, et al. International Equity and Differentiation in Global Warming Policy [J]. Environmental & Resource Economics, 1998, 12 (1): 25-51.

[45] SAMUELSON P A. A Note on Measurement of Utility [J]. Review of Economic Studies, 1937, 4 (2): 155-161.

[46] SAMUELSON, PAUL A. The Pure Theory of Public Expenditure [J]. Review of Economics & Stats, 1954, 36 (4): 387-389.

[47] SCARF H E. On the Computation of Equilibrium Prices [J]. Cowles Foundation Discussion Papers, 1967, 37 (3): 466-471.

[48] SCARF, HERBERT. The Approximation of Fixed Points of a Continuous Mapping [J]. Siam J. appl. mach, 1967, 15 (5): 1328-1343.

[49] STANTON E A, ACKERMAN F, KARTHA S. Inside the integrated assessment models: Four issues in climate economics [J]. Climate & Development, 2009, 1 (2): 166-184.

[50] SVIREZHEV Y, BROVKIN V, BLOH W V, et al. Optimisation of reduction of global CO_2 emission based on a simple model of the carbon cycle [J]. Environmental Modeling & Assessment, 1999, 4 (1): 23-33.

[51] TOL R S J. On the optimal control of carbon dioxide emissions: an application of FUND [J]. Environmental Modeling & Assessment, 1997, 2 (3): 151-163.

[52] TOL R, YOHE G. W. A Review of the Stern Review. World Economics, 2006, 7

(4): 233-250.

[53] VAILLANCOURT K, ALCOCER Y, BAHN O, et al. A Canadian 2050 energy outlook: Analysis with the multi-regional model TIMES-Canada [J]. Applied Energy, 2014, 132 (1): 56-65.

[54] WANG Y, XU D, WANG Z, et al. Options and impact of China's pension reform: a computable general equilibrium analysis [J]. Journal of Comparative Economics, 2004, 32 (1): 105-127.

[55] WANG Z, LI H Q, WU J, et al. Policy modeling on the GDP spillovers of carbon abatement policies between China and the United States [J]. Economic Modelling, 2010, 27 (1): 40-45.

[56] YANG N Z. A Regional Dynamic General-Equilibrium Model of Alternative Climate-Change Strategies [J]. American Economic Review, 1996, 86 (4): 741-765.

[57] YUNEZ-NAUDE A, ROBINSON S, HINOJOSA-OJEDA R, et al. From Stylized to Applied Models: Building Multisector CGE Models for Policy Analysis [J]. The North American Journal of Economics and Finance, 1999, 10 (1): 5-38.

[58] 莱昂·瓦尔拉斯. 纯粹经济学要义 [M]. 蔡受百, 译. 北京: 商务印书馆, 1989.

[59] 陈洪波. 京都灵活机制与全球碳市场 [M]. 北京: 社会科学文献出版社, 2009.

[60] 陈文颖, 吴宗鑫. 碳排放权分配与碳排放权交易 [J]. 清华大学学报: 自然科学版, 1998, 38 (12): 15-18.

[61] 陈宣华, 董树文, 史静. 地质年代学发展历史的简要回顾及前景 [J]. 世界地质, 2009, 28 (3): 384-396.

[62] 崔丽丽, 王铮, 刘扬. 中国经济受 CO_2 减排率影响的不确定性 CGE 模拟分析 [J]. 安全与环境学报, 2002 (1): 39-43.

[63] 翟凡, 冯珊, 李善同. 一个中国经济的可计算一般均衡模型 [J]. 数量经济技术经济研究, 1997 (3): 38-44.

[64] 翟凡, 李善同, 王直. 关税减让、国内税替代及其收入分配效应 [J]. 经济研究, 1996, 000 (12): 41-50.

[65] 翟凡. 中国经济的可计算一般均衡建模与仿真 [D]. 武汉: 华中理工大学, 1997.

[66] 樊明太, 郑玉歆. 中国 CGE 模型: 基本结构及有关应用问题 (下) [J]. 数量

经济技术经济研究，1999（4）：24-30.

[67] 樊明太，郑玉歆. 中国 CGE 模型：基本结构及有关应用问题（上）[J]. 数量经济技术经济研究，1998，15（12）：39-47.

[68] 顾高翔，王铮，姚梓璇. 基于自主体的经济危机模拟 [J]. 复杂系统与复杂性科学，2011，8（4）：27-35.

[69] 顾高翔，王铮. 基于三个生产部门的经济危机 ABS 动力学模拟 [J]. 复杂系统与复杂性科学，2013，10（2）：1-12.

[70] 海小辉. EUETS 二氧化碳价格问题研究——基于 MSVAR 模型 [J]. 财经理论研究，2017（6）：37-46.

[71] 贺菊煌，沈可挺，徐嵩龄. 碳税对中国国民经济的影响：基于 CGE 模型的实证分析 [D]. 北京：中国社会科学院，2001.

[72] 贺菊煌，沈可挺，徐嵩龄. 碳税与二氧化碳减排的 CGE 模型 [J]. 数量经济技术经济研究，2002（10）：39-47.

[73] 黄卫来，张子刚. CGE 模型参数的标定与结果的稳健性 [J]. 数量经济技术经济研究，1997（12）：45-48.

[74] 贾茹. 欧盟碳排放权交易体系的运行及启示与借鉴 [D]. 长春：吉林大学，2012.

[75] 江彬. EUETS 视域下我国碳交易机制的结构性反思 [J]. 中州大学学报，2017（6）：12.

[76] 蒋璨（整理），林殷（整理）. 欧盟碳交易注册登记簿系统及特点 [J]. 开放导报，2013.

[77] 康卫东. 欧盟碳排放交易体系效率动态结构驱动分析 [D]. 西安：陕西师范大学，2017.

[78] 雷立钧，荆哲峰. 国际碳交易市场发展对中国的启示 [J]. 中国人口·资源与环境，2011（4）：30-36.

[79] 李大元，曾益，张璐. 欧盟碳排放权交易体系对控排企业的影响及其启示 [J]. 研究与发展管理，2017，29（6）：91-98.

[80] 李善同，翟凡. 中国加入世界贸易组织对中国经济的影响：动态一般均衡分析 [J]. 世界经济，2000，23（2）：3-14.

[81] 李雪松，汪同三. 中国加入世贸组织的 CGE 模型比较分析与政策建议 [J]. 国际技术贸易市场信息，1999（4）：30-32.

[82] 曲建升，曾静静，张志强. 国际主要温室气体排放数据集比较分析研究 [J]. 地球科学进展，2008（1）：47-54.

[83] 沈可挺，徐嵩龄，贺菊煌. 中国实施 CDM 项目的 CO_2 减排资源：一种经济—技术—能源—环境条件下 CGE 模型的评估 [J]. 中国软科学，2002（7）：109-114.

[84] 孙乙侨. 国际碳排放交易市场的交易模式研究 [J]. 环境科技，2018，31（6）：64-69.

[85] 赵娜，万方. 欧盟碳排放权交易体系研究 [D]. 长春：吉林大学，2015.

[86] 王灿，陈吉宁，邹骥. 基于 CGE 模型的 CO_2 减排对中国经济的影响 [J]. 清华大学学报（自然科学版），2005，45（12）：1621-1624.

[87] 王玉海，潘绍明. 金融危机背景下中国碳交易市场现状和趋势 [J]. 经济理论与经济管理，2009（11）：57-63.

[88] 王铮，蒋轶红，吴静，等. 技术进步作用下中国 CO_2 减排的可能性 [J]. 生态学报，2006，26（2）：423-431.

[89] 王铮，黎华群，张焕波，等. 中美减排二氧化碳的 GDP 溢出模拟 [J]. 生态学报，2007，27（9）：3718-3726.

[90] 王铮，刘扬，傅泽田. 粮食生产受价格影响的模拟分析 [J]. 经济科学，1999，21（3）：14-23.

[91] 王铮，吴静，李刚强，等. 国际参与下的全球气候保护策略可行性模拟 [J]. 生态学报，2009（5）：2407-2417.

[92] 王铮，许世远，丁金宏，等. 地理信息系统的地学信息需求分析模式 [J]. 地理学报，1993，60（2）：186-188.

[93] 王铮，薛俊波，朱永彬，等. 经济发展政策模拟分析的 CGE 技术 [M]. 北京：科学出版社，2010.

[94] 王铮，张焕波. 汇率变动与经济危机：人民币汇率问题分析 [J]. 经济科学，2005（5）：72-79.

[95] 王铮，郑一萍，蒋轶红，等. CO_2 排放控制的动态宏观经济模拟分析 [J]. 生态学报，2004，24（7）：1508-1513.

[96] 王铮，朱潜挺，吴静. 不确定性下的中国减排方案寻优研究 [J]. 中国科学院院刊，2011，26（3）：261-270.

[97] 王铮，朱永彬，刘昌新，等. 最优增长路径下的中国碳排放估计 [J]. 地理学报，2011，65（12）：1559-1568.

[98] 王铮. 气候保护的经济学研究 [M]. 北京：科学出版社，2010.

[99] 王铮. 气候保护及其对社会经济影响的模拟研究 [J]. 地理研究，2010，29（11）：1921-1931.

[100] 王铮. 中国国家环境经济安全的政策模拟分析 [M]. 北京：科学出版社，2004.

[101] 王直，王慧炯，李善同，等. 中国加入世贸组织对世界劳动密集产品市场与美国农业出口的影响 [J]. 经济研究，1997.

[102] 吴静，马晓哲，王铮. 我国省市自治区碳排放权配额研究 [J]. 第四纪研究，2010，30（3）：481-488.

[103] 吴静，王诗琪，王铮. 世界主要国家气候谈判立场演变历程及未来减排目标分析 [J]. 气候变化研究进展，2016（3）：202-216.

[104] 吴静，王铮，吴兵. 石油价格上涨对中国经济的冲击——可计算一般均衡模型分析 [J]. 中国农业大学学报（社会科学版），2005（2）：69-75.

[105] 谢书玲，王铮，薛俊波. 中国经济发展中水土资源的"增长尾效"分析 [J]. 管理世界，2005（7）：22-25.

[106] 徐道一. 天文地质学概论 [M]. 北京：地质出版社，1983.

[107] 薛俊波，王铮，朱建武，等. 中国经济增长的"尾效"分析 [J]. 财经研究，2004，30（9）：5-14.

[108] 薛俊波. 基于CGE的中国宏观经济政策模拟系统开发及其应用 [D]. 北京：中国科学院，2006.

[109] 佚名. 气候保护支出对中国经济安全的影响模拟 [J]. 生态学报（12）：2238-2245.

[110] 易兰，杨历，李朝鹏，等. 欧盟碳价影响因素研究及其对中国的启示 [J]. 中国人口资源与环境，2017，27（6）：42-48.

[111] 于志刚. 海洋地质 [M]. 北京：海洋出版社，2009.

[112] 张健，廖胡，梁钦锋，等. 碳税与碳排放权交易对中国各行业的影响 [J]. 现代化工，2009（6）：77-82.

[113] 张晶杰，王志轩，雷雨蔚. 欧盟碳市场经验对中国碳市场建设的启示 [J]. 价格理论与实践，2020（1）：32-36.

[114] 赵晖. 欧盟碳排放交易体系改革及对我国的启示 [D]. 长春：吉林大学，2016.

[115] 郑玉歆,樊明太.中国CGE模型及政策分析[M].北京:社会科学文献出版社,1999.

[116] 中国经济的社会核算矩阵研究小组.中国经济的社会核算矩阵[J].数量经济技术经济研究,1996,000(1):42-48.

[117] 周焯华,杨俊,张林华,等.CGE模型的求解方法、原理和存在问题[J].重庆大学学报:自然科学版,2002,25(3):142-145.

[118] 周建军.中国税制改革的递归动态CGE模型研究[D].湖北:华中科技大学,2004.

[119] 朱艳鑫,薛俊波,王铮.多区域CGE模型与区域转移支付政策模拟[J].管理学报,2010,7(6):909.

[120] 朱永彬,王铮,庞丽,等.基于经济模拟的中国能源消费与碳排放高峰预测[J].地理学报,2009,64(8):935-944.